동방 정교회 개론

동방 정교회 개론
EASTERN ORTHODOX THEOLOGY

초판 발행 1996년 3월 20일
개정판 발행 2014년 3월 20일
지은이 대니얼 B. 클린데닌
옮긴이 김도년
발행처 은성출판사
등록 1974년 12월 9일 제9-66호

© 1996, 2014년 은성출판사

주소 서울시 강동구 성내동 538-9
전화 070)8274-4404
팩스 02)477-4405
홈페이지 http://www.eunsungpub.co.kr
전자우편 esp4404@hotmail.com

이 책의 한국어판 저작권은 Baker Academics를 통한 독점 계약으로 한국어 판권을 은성출판사가 소유합니다. 저작권법에 의하여 한국 내에서 보호를 받는 제작물이므로 무단전제와 복제를 금합니다.

Eastern Orthodox Christianity: A Western Perspective. 2nd edition Copyright © 1995, 2003 by Daniel B. Clendenin(Editor). Published by Baker Academic. All rights reserved Korean translation copyright © 2012 by Eunsung Publications Korean translation rights.

printed in Korea

ISBN

Eastern Orthodox Christianity
A Wesren Perspective

by
Daniel B. Clendenin

translated by
Do-Nyoun Kim

동방 정교회 개론

대니얼 B. 클렌데닌 지음

김도년 옮김

차례

서문/ 9
감사의 말씀/ 13

제1장 향기와 종소리: 정교회를 위한 변호/ 15
    정교회의 세계: 익명성과 신비 / 19
    정교회를 검토하는 사례 / 25
    정교회와의 효과적인 대화를 위한 필수 조건 / 38

제2장 잊혀진 가족/ 47
    정교회의 분포도 / 49
    고전적 정교회: 787년까지 / 55
    새로운 기회와 새로운 도전(1453년까지): 슬라브족의 개종 / 62
    동방과 서방의 분열 / 65
    이슬람의 위협 / 70
    현대: 1453년 이후 / 72

제3장 하나님의 신비성: 아포파틱 비전/ 77
    서방의 즉위와 합리주의에 대한 동방의 불신 / 80
    아포파틱 동방교회 / 92
    두 가지 사례 연구: 신 신학자 시므온과 팔라마스의 그레고리 / 109

제4장 그리스도의 형상: 색깔의 신학/ 121
    시각, 소리, 그리고 거룩함 / 124
    심미적 이미지와 학술적 본문들(동방 대 서방) / 128
    성상파괴 논쟁 / 137
    역사 / 142
    신학 / 146

제5장 성령의 증언: 성경과 전통/ 165
　　서방교회의 입장과의 차이점: 전통과 교황 수위권 / 171
　　전통과 '오직 성경' / 178
　　정교회에서의 권위: 내적인 표준 / 184
　　거룩한 성경의 수위권 / 188
　　거룩한 전통의 필연성 / 191
　　거룩한 전통의 양식 / 198
　　진리의 영 / 201

제6장 인간의 신화: 테오시스/ 203
　　그리스도의 사역에 대한 동방과 서방의 관점 / 209
　　테오시스에 대한 성경적, 역사적 증거 / 218
　　테오시스를 정의함 / 226
　　동의어와 유비 / 229
　　타락으로부터 불멸까지 / 231
　　형상으로부터 닮음으로 / 234
　　테오시스의 수단 / 236

제7장 사랑의 해석학/ 243
　　비판을 위한 맥락 / 244
　　정교회의 삶과 역사가 주는 교훈 / 255
　　일반적 문제 / 262
　　정교회의 뚜렷한 강조점에 대한 비판: 하나님의 장엄함과 신비 / 263
　　그리스도의 형상: 이콘들 / 267
　　성령의 증언: 성경과 전통 / 272
　　인간의 신화: 테오시스 / 275

참고문헌/ 281
찾아보기/ 295

서문

이 책은 자매서로서 여덟 명의 현대 정교회 신학자들이 정교회의 주요 주제들에 관하여 쓴 13편의 글을 모은 책인 『정교회 신학: 현대의 독자들을 위하여』Grand Rapids: Baker, 1994와 함께 사용할 수 있도록 집필된 것이다. 이 두 책은 정교회의 역사와 신학의 요점을 정교회에 무지한 개신교 기독교인들에게 소개할 목적으로 쓰여졌다. 그러나 나는 주요 주제들을 포괄적으로 다루려 하지는 않았다.

이 책에서는 주제를 소개한 후에(1-2장), 정교회 신학의 네 가지의 주제를 집중적으로 서술할 것이다: 아포파티즘, 이콘, 성경 및 전통, 그리고 테오시스(3-6장). 나는 그것들을 개신교 내의 그와 유사한 주제들과 구별할 것이지만 정교회의 세계와 개신교의 세계가 상호 대립적이라기보다는 상호 보완적이라고 말하지 못할 이유가 없다고 본다. 대체로 양 세계의 최선의 유산을 향유하는 것을 막을 것은 아무 것도 없다. 마지막 장은 정교회 신학에 대한 몇 가지 비판적 결론을 제시하려 한다.

이미 지적한 대로 나의 주된 관심은 동방 정교와 개신교를 비교하고 대조하는 것이며, 때때로 가톨릭교와도 대조할 것이다. 물론 이 세 전통들은 여러 면에서 서로 일치하기도 하고 불일치하기도 한다. 정교회는 개신교와 가톨릭교를 마치 동전의 앞뒷면처럼, 유사하게 보는 경향이 있다. 예를 들면 법정적 개념 및 외적인 신학적 권위에 호소하는 점에서 그렇다(개신교의 경우는 오직 성경에, 그리고 가톨릭교의 경우에는 교황제에). 개신교와 정교회 신자들은 로마의 교황제를 거부한다는 점에서 일치한다. 가톨릭과 정교회는 성찬 및 예전적 구조, 마리아론, 성자 및 이콘 숭배 등에 있어 유사하다. 아마 이 세 전통은 동일한 부모에게서 태어났지만, 각기 다른 두 형제들과 여러 가지 면에서 다른 삼 형제들로 보는 것이 가장 좋을 것이다. 그러나 지금 이 책에서는 정교회와 개신교에 우선적으로 초점을 맞출 것이다.

전 세계 정교회의 약 85퍼센트를 차지하면서 정교회의 중심지 역할을 했던 옛 소련 연방과 동유럽에서 정교회와 다른 기독교교와의 관계는 대단히 악화되었다. 예를 들면 러시아 총대주교는 러시아 내에서 러시아 정교회 이외의 다른 외국 종교의 활동을 금지하거나 심각히 억제하는 법이 1993년 여름, 러시아 의회에 제출되자 그 법을 강력하게 지지했다. 마지막 장에서 분명히 드러나겠지만, 정교회에 대한 나의 입장은 무비판적이지는 않다. 그러나 전체적으로 나는 논쟁적인 입장에 서 있지는 않다. 달리 말하자면 악화된 다른 기독교 형제들과의 관계는 상호 이해를 위한 더 많은 노력을 요구한다는 것이 나의 입장이다.

이 책 및 이 책의 자매서를 통해서 각 기독교 형제들 간에 상호 존경과 관용, 그리고 심지어 호혜의 정신이 북돋아지기를 바란다. 다음에 소개하는 것은 정교회의 가장 위대한 신학자들 중의 한 사람인 고백자 막시무스 (Maximus the Confessor, 580-662)의 글인데, 이것은 내가 이 책을 집필하기 위해 연구하는 동안 내게 큰 힘이 되었다. 그의 책 사랑에 관한 4백 개의 본문의 서문에서 막시무스는 수신자인 교부 엘피디오스(Elpidios)에게 말하기를 "이 책은 당신의 기대에 못 미칠지 모르지만, 이것은 내가 할 수 있는 최선이었다…만일 이 장들 속에 있는 어떤 내용이 독자의 영혼에 유익을 가져다 주었다는 것이 드러난다면, 그것은 그가 단지 호기심으로 읽지 않고 하나님에 대한 경외심과 사랑으로 읽었다는 증거이며, 그 유익은 오직 하나님의 은혜로 그에게 계시된 것이다. 만일 독자가 영적인 유익을 얻기 위해서 이 책이나 다른 어떤 책을 읽는 것이 아니라 저자의 흠을 잡기 위해 애를 쓴다면, 그럼으로써 그 자신이 저자 보다 더 박식한 사람이라는 자만심을 드러내려고 한다면, 유익이 될 만한 아무 것도 그에게는 계시되지 않을 것이다"라고 했다.

바로 이것이 개신교 신자인 내가 정교회에 참여해 보려고 힘쓴 마음가짐이며, 또한 이것이 이 책의 독자들에게 내가 요청하는 자세이다.

캘리포니아의 홀몬산에서
1994년 7월
대니얼 B. 클렌데닌

감사의 말씀

　수많은 사람들과 기관들이 이 과제를 완성하기까지 여러 가지 모양으로 도움을 주었다. 나는 이 지면을 빌어 그들에 대한 감사의 마음을 표하고 싶다: 도널드 블레쉬, 존 벡크 신부, 데이비드와 낸시 부스카트, 막 일리오트, 미시건 주의 파밍톤 힐에 위치한 은혜 복음주의 장로 교회, 민스크에 위치한 후마니타리안 대학의 예브게니 그루세츠키와 블라디미르 두나예프, 성 페테르스부르그 시의 '열린 기독교를 위한 협회'의 켄트 힐, 다니엘 부비아크, 콘스탄틴 이바노프 및 그의 동료들, 데니스 킨로오, 루드빅 코키 및 트루디 코키, 알렉산더 크라스니코프, 나타샤 크리쿠노바, 샤론 린찌, 브레들리 나시프, 키릴 니코노프, 노마스 오덴, 게리 파아슨즈 및 제니 파아슨즈, 필 페인 및 낸시 페인, 존 페인 및 마델레 페인, 안톤 페트렌코, 알렉산더 포포프, 필 로오러 및 라헬 로오러, 로저 심슨 및 메어리 심슨, 제임스 스타물리스, 멜 스테워트 및 도나 스테워트, 도널드 도오슨 및 신디 도오슨, 제임스 우드 및 도로시 우드, 켄 뤼르 및 로렐 뤼르, 프리쉴라 영, 그리고 모스크바 국립 대학의 나의 세미나 학생들.

나는 국제 기독교 연구소(P. O. Box 12147, Overland Park, Kansas 66212)에 특별히 감사를 표하고 싶다. 그 연구소는 전 세계의 국공립 대학에서의 기독교 학문 연구 및 강의를 매우 적극적으로 지원해 주었다. 특히 그 연구소의 총무로 일하는 데릴 맥카씨, 다나 프로쉬, 데비 워너, 마샤 윌슨, 그리고 그 연구소의 이사회에 감사드린다. 또한 베이커 출판사의 원로 편집장인 레이 위르스마씨께 심심한 감사의 마음을 전한다.

나의 아내 패티는 원고 전체를 읽고 비평해 주었고, 매우 가치 있는 제안을 해 주었다. 그녀와 우리의 세 자녀인 마태, 안드레, 그리고 메간에게 진심으로 고마운 마음을 전한다.

1

향기와 종소리
— 정교회를 위한 변호 —

> 우리는 "비교 신학"을 시작하려는 것이 아니다: 신앙 고백적 논쟁을 재개하려는 것은 더욱 아니다. 우리는 여기서 서방기독교와 동방기독교간의 교리적 상이성을 진술하는 것에 자신을 제한하려고 한다…한편으로는 독자적인 교리적 관점에 충실하면서도 우리는 서로를 더 잘 알아 갈 수 있다면, 무엇보다도, 우리가 서로 다른 지점에서 그러할 수 있다면, 이것은 차이점을 그대로 내버려두는 것보다 일치를 향해서 나아갈 수 있는 보다 확실한 방법이 될 것이다. 왜냐하면 칼 바르트가 말했듯이 "교회의 일치는 만들어지는 것이 아니라 우리 스스로 발견하는 것"이기 때문이다.
>
> —블라디미르 로스키(Vladimir Lossky)

그들은 극히 상반된 배경에서 나왔다. 작고한 복음주의 신학자인 프랜시스 쉐퍼Francis Schaeffer의 아들인 프랭크 쉐퍼Frank Schaeffer는 장로교인으로서 성장했다. 앤소니 스코트Anthony Scott와 톰 워커Tom Walker는 남침례교인이었다. 폴 켈러헌Paul O'Callaghan은 소수 민족 계열의 로마가톨릭 가문에서 성장했다. 플 브라이트 재단의 학자이며, 역사학 교수인 존 모리스John Morris는 연합감리교회에서 성장했다. 조지아 의과 대학의 부교수인 마리아 킹Maria

King은 리베리아에서 2년 동안 선교사로 봉사했던 성공회 수녀였다. 데이비드 지프리David Giffrey는 힌두교 수도원에서 수개월간 지낸 적이 있다. 톰 아브라미스Tom Avramis는 대학생 선교회의 간사이자 강사였다. 고든 워커 Gorden Walker와 피터 길퀴스트Peter Gillquist도 또한 대학생 선교회 출신이다. 그 외 다른 사람들은 Y. F. C, 젊은이의 삶, 복음주의 자유 교회, 그리고 기독교 선교 연합 등과 같은 단체 출신이다. 그들은 전혀 상이한 학교에서 공부했다: 오랄 라버츠 대학, 풀러 신학교, 달라스 신학교, 휘튼 대학교, 콜롬비아 성경 대학, 웨스트민스터 신학교, 서부 보수 침례 신학교, 비올라 대학교, 에즈배리 신학교, 서남 침례 신학교, 루터 라이스 신학교, 트리니티 복음주의 신학교, 일반 신학교, 루이빌 장로교 신학교, 니악크 대학, 그리고 시온 성경 대학 등이다.[1]

이처럼 다양한 배경에도 불구하고 이 모든 사람들은 공통된 화제를 가지고 있다: 그들은 모두 정교회로 회심한 기독교인들이라는 점이다. 이 회심자들의 대부분은 아니라 할지라도, 많은 사람들이 정교회를 향해서 깊은 영적 순례를 경험했다.[2] 그 외의 어떤 사람들은 피터 길퀴스트가 이끄는 무리들이 그랬던 것처럼 집단적으로 동방교회로 전향했다.[3] 길퀴스트와 그의 몇

---

1) "새로운" 정통이 복음주의자들의 마음을 끈다," *Christianity Today* 36. 6(1992년 5월 18일): 50, 53.

2) Thomas Doulis, ed., *Journeys to Orthodoxy. A Collection of Essays by Converts to Orthodox Christianity* (Minneapolis: Light and Life, 1986); Frank Schaeffer, *Dancing Alone: The Quest for Orthodox Faith in the Age of False Religions* (Brookline, Mass. : Holy Cross Orthodox, 1993).

3) Peter E. Gillquist, *Becoming Orthodox: A Journey to the Ancient Christian Faith* (Brentwood, Tenn.: Wolgemuth and Hyatt, 1989); idem, *Making America Orthodox: Ten Questions Most Asked of Orthodox Christians* (Brookline, Mass.: Holy Cross Orthodox,

몇 친밀한 친구들이 17개의 교회에서 온 2천 명의 신자들을 이끌고 북미 정교회의 안디옥 대교구에 가담한 것은 1987년의 일이었다. 그 때 이후로, 또 다른 15개의 교회 회중들이 그 뒤를 따랐다. 그리고 대사제이자 그 대교구의 선교 및 복음 전도 위원장인 피터 길퀴스트에 따르면 "너무나 많은 사람들이 문의를 해 오고 있으나, 나는 너무나 바빠서 관심을 표명하는 사람들을 일일이 상담할 시간이 없다. 복음주의자들은 이제껏 잊혀져 왔던 환원주의와 진정한 예배에 대한 굶주림에 대해서 점차적으로 이해의 폭을 넓혀 가고 있다. 그들은 더 이상의 무엇을 필요로 하고 있다."[4]

정교회 내에서도 점차적으로 활기와 갱신의 징후가 보이고 있다. 뉴욕에 있는 성 블라디미르 정교회 신학생들 중에서 50퍼센트가 비정교회의 배경을 가지고 있다. 미국의 정교회 내에서 약 절반의 주교가 비정교회의 배경을 가지고 있다. 정교회 내의 강력한 복음주의 운동에는 그리스의 "조에"Zoe 운동, 루마니아의 "주의 군대" 운동, 미국의 "신 신학자 성 시메온의 정통 형제회"(이는 정교회의 복음주의적 은사 운동을 주도하는 사제인 대수도원장 유세비우스 스테파누가 이끌고 있다), 그리고 1987년에 있었던 복음주의 정교회와 북미 안디옥 정교회와의 교단 통합의 사건 등이 포함된다.[5] 심지어 한 출판사는 오늘날 특별히 정교회적인 주석 성경을 광고하고 있다.

정교회로 개종한 사람들은 수많은 난관에 부딪힘에도 불구하고 그들은 종종 값진 진주, 혹은 오랫동안 잃어버렸던 보배를 되찾았다는 느낌을 전한

1984); idem, ed., *Coming Home: Why Protestant Clergy Are Becoming Orthodox*.

4) "'New; Orthodox," 50에 인용됨.

5) Bradley Nassif가 이러한 새로운 운동들에게로 나의 관심을 이끌었다.

다.[6] 그처럼 다양한 사람들의 마음이 정교회라는 공통분모에 이끌려진 것은 도대체 무엇 때문이었을까? 케노스(xenos, 혹은 국외자)들을 종종 민족중심주의에 감염되기 쉬운 이민자 교회로 이끄는 힘이 무엇인지 어떻게 설명할 수 있겠는가? 왜 기독교인들은 친밀한 예배공동체, 그리고 종종 가족마저 버리고 향기와 종소리, 향냄새, 이콘, 사제복, 그리고 여전히 종종 외국어로 영창되는 예배의 세계를 향해서 떠나가는가? 정교회는 이 개종자들이 이전의 기독교인 삶에서 겪은 어떤 갈증을 정확히 채워 주었는가? 보다 엄격히 말해서 그의 교구민들에 대한 피터 길퀴스트의 경험을 회상해 보면 "과연 무엇이 성경을 믿고, 피로 사신 바 되고, 복음을 선포하고, 그리스도 중심적이며, 일평생 복음주의적 개신교도였던 2천 명의 사람들로 하여금 이렇게 열정적으로 정교회를 신봉하도록 만들었는가?"[7]

이 질문들은 흥미진진한 만큼이나 복잡하다. 그리고 이 책이 가지고 있는 한 가지 목적은 가능한 답변을 모색해 보는 것이다.[8] 정교회의 예전적 장식의 미와 힘, 건조하고 환원론적인 합리주의로부터의 해방, 율법주의로부터 해방된 "거룩한 물질주의"의 찬양, 장엄함과 신비에 대한 진심어린 수용, 교

---

6) 그들이 겪는 난관에 대해서는, Doulis, *Journeys*, 39, 91을 보라. 정교회를 떠난 사람들과 그들이 떠나게 된 이유를 연구해 보는 것도 흥미로운 일이다.

7) Gillquist, *Becoming Orthodox*, 6.

8) 나는 정교회 신학에만 초점을 맞출 것이다; 정교회의 정치적 운명, 그것의 복잡한 교회-국가 관계의 역사, KGB와의 연관성, 등등은 이 연구의 범위를 벗어나는 것이다. 이러한 점들에 대한 정교회의 통찰력 깊은 비판에 대해서는 Kent R. Hill, "The Orthodox Church and a Pluralistic Society," in *Russian Pluralism* (New York: St. Martin's 1993); Anthony Ugolnik의 미간행 논문, "The Orthodox Church and Contemporary Politics in the USSR"1991); and regular newspaper stories such as "in Hard Times, No Time to Hunt Down KGB Agents," *International Herald Tribune*, 2 February 1992, on exposed KGB agent Metropolitan Pitirim of the Russian Orthodox Church.

부들의 삶과 신학에 대한 흔들림 없는 헌신에서부터 탄생하여 최신의 신학적, 혹은 교회론적 발전 속에서도 존속하는 부동성—이 모든 것들이 정교회로 개종한 사람들이 언급하는 공통된 주제들이다. 그것들은 또한 어떤 서구의 신자들에게는 낯선 주제들이며, 또한 그것들은 대체로 그리고 대부분의 서구인들에게 있어 정교회는 전적으로 미지의 것이거나 종교적 불가해의 대상이라는 것을 알려준다.

정교회의 세계: 익명성과 신비

대체로 미국의 정교회는 어느 정도의 익명성과 문화적 불가시성을 감내해야만 했다.[9] 정교회의 헌신적인 신자들 및, 특별히 앞에서 나열된 사람들과 같이 대단히 헌신적인 개종자들은 정교회를 미국의 초일급 비밀이라고 생각하고 싶어 한다. 그러나 "정교회는 미국의 종교적 교단 중에서 대단히 미지의 것이다"[10]라고 한 토머스 둘리스Thomas Doulis의 판단이 보다 현실적이다. 제임스 스타물리스James Stamoolis는 정교회가 미국의 4대 주요 종교라고 인식될 때까지는 미국 군대에서 복무해 온 정교회 신자들의 식별 표에는 개신교라는 낙인이 찍혀 있었다고 지적했다.[11] 이러한 정교회의 익명성을 설

---

9) Constance Tarasar, ed., *Orthodox America, 1794-1976: Development of the Orthodox Church in America* (Syosset, N. Y. : Orthodox Church in America, 1975).

10) Doulis, *Journeys*, 7. Cf. Carnegie S. Calian, *Theology without Boundaries: Encounters of Eastern Orthodoxy and Western Tradition* (Louisville: Westerminster John Knox, 1992).

11) James J. Stamoolis, *Eastern Orthodox Mission Theology Today* (Maryknoll, N.Y.: Orbis, 1986), 1-2. Cf. John E. Paraskevas and Frederick Reinstein, *The Eastern Orthodox Church: A Brief History* (Washington, D. C. : El Greco, 1969), 3, 88.

명하기 위해서는 몇 가지 요소들을 언급할 수 있다.

첫째, 대부분의 미국인들은 3대 종교라는 관점에서 미국의 종교를 생각해 왔다는 것이다. 이런 맥락에서 미국의 종교를 사회학적 관점에서 연구한 저서로서 중요한 윌 헤르베그Will Herberg의 책의 제목은 『개신교, 가톨릭, 그리고 유대교』(1955)였다. 교회사를 다루는 많은 교재나 신학교의 강좌는 동방기독교의 독특한 기여와 에토스ethos에 대해서는 대부분 스쳐 지나가는 정도의 관심도 두지 않았다. 다른 책들은 아예 생략하기도 한다. 예를 들면 야로슬라브 펠리칸 교회사 시리즈에서는 동방기독교에 대한 책을 할애하지 않는다.[12]

둘째, 대부분의 미국의 정교회는 일부 다른 교단들과 마찬가지로—독일 침례교, 스칸디나비아 자유 교회, 라트비안 복음주의 루터교—기본적으로 이민 교회였다. 둘리스의 표현을 빌자면, 그 강점과 약점이 종족적 발전 여부에 달려 있는 "종족적 영역"이었다. 그 결과 정교회가 자리 잡은 대 공동체 속에서 그것의 존재는 약소했고, 또한 어떤 점에서는 사회적으로 변두리화되었던 것이다. 정교회는 미국의 종교적 삶과 사회라는 보다 큰 광장으로 제대로 동화되지 못했던 것이다. 앞에서 언급된 구체적인 사례에도 불구하고 새로운 개종자들의 마음을 끌어당기는 이 종족적 영역의 노력과 성공은 둘리스가 지적한 대로 주로 종족적 신자들의 배우자들에게 국한되었다.

셋째, 구체적으로 미국의 러시아 정교회 신자들은 최근의 1980년 후반까지도 대중 매체와 문화, 심지어 교회조차도 그들의 조국과 조상들을 "악의 제국"이라고 낙인을 찍는 나라에서 성장해야 하는 정치적 편견에 직면해 왔

---

[12] Anthony Ugolnik, *The Illuminating Icon* (Grand Rapids: Eerdmans, 1989), xv.

다. 반면에 이 시나리오에 따르면 미국은 하나님의 특별한 애정과 기쁨의 대상이었다. 실베스타 스텔론이 초인적인 모습을 한 러시아인을 물리치는 드라마인 「록키」나, 혹은 레이크 플레시드에서 미국 올림픽 하키 대표팀이 승리하는 것을 보면서 애국주의의 감정이 폭발하던 광경을 회상해 보라. 그러고 나서 러시아계 미국인 신자가 어떤 반응을 보였을 것인지 상상해 보라. 그리고 우리들 중 얼마나 많은 사람들이 에스겔서나 혹은 다른 예언서에 근거해서 복잡한 미래 역사를 해석하면서 러시아를 이스라엘을 기습해 내려오는 큰 짐승으로 묘사하는 열렬한 설교자의 설교를 들었던가?[13] 거룩한 러시아가 미국이 국가로 형성되기 8백 년 전에 기독교의 본 고장이었다는 사실이 미국인들에게는 거의 실감나지 않는다. 단적으로 말해서, 냉전의 유산이 우리 중 많은 사람들로 하여금 러시아 기독교인들을 알거나 알려는 노력조차도 방해해 왔던 것이다.

　마지막으로 정교회는 가톨릭과의 혼동 때문에 익명성의 상태로 지내 왔다(그리고 개신교와 한 묶음이 되었음에도 불구하고!). 독일의 개신교 신학자인 에른스트 벤츠Ernst Benz는 "정교회의 정신과 관습을 친숙한 로마가톨릭과 뒤섞어 버리는 자연적인 경향"에 대해서 언급한다.[14] 일반적인 관찰자들이 몇몇 외적인 유사성으로 인해 이러한 혼동을 하게 되는 것은 납득할 만한 일이다. 특히 우월한 입장에 서 있는 개신교의 경우는 더욱 그러하다. 그러나 그것 또한 큰 실수이다.

---

13) Uglonik, *Illuminating Icon*, 174-81, 여기에서는 이 "미국의 종말론적 설교의 중심 주제"라는 문제로 우리의 관심을 끈다. 인용된 다른 예들은 그의 책 제1장에서 언급되었다.

14) Ernst Benz, *The Eastern Orthodox Church: Its Thought and Life*, trans. Richard and Clara Winston (Garden City, N.Y.: Anchor Books, 1963), 1.

왜냐하면 종교 및 정치적 역사, 신학, 예배, 그리고 전체적인 구조면에서 정교회는 가톨릭과 매우 상이하기 때문이다. 사실 정교회의 관점에서 본다면 개신교와 가톨릭은 단순히 같은 동전의 양 면에 불과하며 정교회에 대해서보다는 양자 상호간에 유사성을 더 많이 가지고 있다. 동방교회는 색다른 세계이다. 19세기 러시아의 평신도 신학자였던 알렉세이 코미아코프Alexei Khomiakov는 그 점을 다음과 같이 표현했다:

"모든 개신교 신자는 비밀스런 교황주의자이다.…대수학의 간명한 언어를 사용한다면, 모든 서구는 단지 'a'라는 사실만을 알고 있을 뿐이다. 로마주의자들의 경우에서 보는 것처럼 긍정적인 표시인 '+'가 그 앞에 첨가되든지, 혹은 개신교인들처럼 부정적인 표시인 '−'가 그 앞에 첨가되든지 관계없이 'a'라는 사실은 언제나 남아 있는 것이다. 이제 정교회라는 단어를 사용하기만 해도 과거로부터, 과거의 과학과 신조와 삶으로부터의 배교와 같은 것으로 보인다. 그러한 행위는 미지의 새로운 세계로 질주하는 것이다."[15]

정교회는 가톨릭이 아니다. 그리고 만일 정교회를 이해하려고 한다면 반드시 이러한 공통의 오해를 버려야 한다. 심지어 반드시 정교회를 이해해야 하는 사람들 가운데서도 이는 종종 미지의 실체이다. 나는 박사과정 학생으로서 종합 시험을 치를 때 생전 들어보지도 못한 신학자들에 관한 지식을 요구하는 질문에 마주쳤을 때 느꼈던 충격과 당황스러웠던 심정을 잘 기억한

---

15) Timothy Ware, *The Orthodox Church* (Baltimore: Penguin, 1964), 9에 인용됨. Thomas Hopko도 Jordan Bajis, *Common Ground: An Introduction to Eastern Christianity for the American Christian* (Minneapolis: Light and Life, 1991), ix n. 2에서 동일하게 주장한다.

다. 나는 이전에 그들의 이름을 본 적도 없었다. 그들은 나에게 전혀 미지의 사람들이었다. 당황스럽게도 나는 몇몇 위대한 정교회 신학자들에 대해서도 무지했다. 다음과 같은 패트릭 헨리의 말이 나와 오늘을 사는 많은 서방의 기독교인들에게도 적용된다: "동방교회에 대한 무지는 서방교회의 수치이다."[16]

어떤 방식으로든 정교회를 조금이나마 경험했던 사람들은 대부분 동방의 종교적 삶이 낯설고 독특한 것, 심지어 경탄스럽고 진귀한 것, 곧 그들이 서구에서 알아 왔던 거의 모든 기독교의 표현들과는 판이하게 다르며, 전적으로 이방적인 것이라는 사실을 고백한다. 콘스탄티노플의 성 소피아 교회 Church of Holy Wisdom에서 동방의 독특한 예전을 경험하고는 경외심에 사로잡혔던 러시아 황제 블라디미르의 사절과 마찬가지로[17] 정교회로 개종한 사람들이 자신이 난생 처음 경험했던 정교회의 예식을 매우 생생하게 회상하는 것은 흔히 볼 수 있는 광경이다.[18]

나는 러시아의 니쯔니 노보고로드(이전의 이름은 고르키)에서 내가 처음으로 경험했던 정교회 예전을 평생토록 잊지 못할 것이다. 처음 방문자는 심지어 교회당 안으로 들어가기 전부터 독특한 건축 양식을 보고 깜짝 놀라게 된다. 맑은 날에는 마치 다이아몬드처럼 밝게 빛나는 둥근 천장, 교회 안으로 들어가게 되면 서방기독교인은 감각적으로 충격을 받는다. 의자는 전혀

---

16) Ugolnik, *Illuminating Icon*, 30에 인용됨.

17) James H. Billington, *The Icon and the Axe: An Interpretive History of Russian Culture* (New York: Random House, 1966), 6-7.

18) Anthony Scott, *Paul O'Callaghan, and Victoria Smith* in Doulis, *Journeys*, 26, 37, 100-101을 보라.

보이지 않고 희미한 불빛, 흠숭의 표시로서 모든 여인들이 두른 스카프, 벽과 천장을 거의 1인치마다 덮은 이콘과 프레스코화, 사제와 예배자들을 분리시켜 주는 거대한 성화벽iconostasis, 짙은 향기와 죽은 자들을 기억한다는 상징으로 태워지는 수백 개의 촛불이 타는 소리, 빛나는 사제복을 입고 수염을 기른, 울리는 목소리로 말하는 사제, 끊임없이 부복하며, 이콘에 입을 맞추고, 십자가 성호를 그리는 예배자들, 그리고 러시아에서는 19세기 러시아어로 영창되는 예전과 함께 어우러지는 전문적인 성가대의 목소리가 발코니에서부터 교회의 천장을 두루 스치며 울리는 소리. 내가 곧 발견하게 된 것처럼 이 모든 것들에 극도의 경외와 흠숭의 심정이 더해진다.

성 페테르스부르그에서 나는 손을 호주머니에 넣고 서 있는 실수를 범했는데, 한 늙은 여성이 지적하고 나서야 나는 나의 잘못을 깨닫게 되었다. 또한 모스크바에서 나는 성경 독서대 아래에 깔려 있는 조그만 카페트 위에 서 있는 잘못을 범하게 되었는데, 그 때도 한 늙은 여성의 지적을 받고서야 나의 잘못을 발견하게 되었다—나는 거룩한 땅을 밟고 있었던 것이다! 정교회의 예전을 경험한 소감은 대부분의 미국 사회에서 발견할 수 있는 전형적인 개신교의 그것과는 판이한 세계를 체험했다는 느낌을 자아낸다.

그렇다면 정교회에 어느 정도 친숙한 사람들조차도 정교회는 대단히 낯설고 신비스런 환경이라는 것, 즉 확실히 대부분의 미국 기독교의 종교적 표현과는 동떨어진 것이라는 사실을 발견하게 된다. 코미아코프가 조언하기를, 서방의 기독교인들은 정교회가 "새로운 미지의 세계"로서 해답뿐만 아니라 질문 또한 매우 낯선 세계라는 그의 말은 옳았다. 정교회의 개종자인 티모시 웨어는 코미아코프의 통찰에 우리의 주목을 끌면서, 다음과 같이 제안한다.

"정교회는 단지 교황만 없을 뿐 로마가톨릭과 다를 바 없는 것(개신교 기독교인들이 흔히 잘못 판단하듯이)이 아니라 서방의 어느 종교 제도와도 뚜렷하게 구별되는 것이다."[19]

정교회의 사제들은 잠재적인 정교회로의 개종자들에게 동방의 헬라적 사고방식과, 서방의 라틴적 유형의 예배와 삶 및 사상간의 뚜렷한 차이점에 대하여 경고하고 주의시켜 왔다.

그래서 대부분의 서방기독교인들은 정교회를 거의 전적인 무지의 차원이나 의심에 가까운 신비화의 관점에서 마주치게 되는 것이다. 이러한 감정은 단순히 종교적인 외국인 혐오주의xenophobia나 민족 중심주의가 아니다. 코미아코프가 지적했듯이 동방기독교와 서방기독교간의 차이점은 매우 크다. 만일 그것이 사실이라면, 왜 서방의 신자들은 정교회에 계속 관심을 갖고 있는가?

정교회를 검토하는 사례

만일 우리가 정교회의 익명성과 신비성을 축출하기를 원한다면, 우리는 오랫동안 연구를 하거나 정교회의 세계로 들어가도록 사람들을 압도하는 수많은 이유들을 발견하려고 애를 쓸 필요가 없다. 첫째로, 이미 언급한 처럼 오늘날 정교회는 미국의 4대 종교로 인식되고 있다.[20] 이민자들에게서

---

19) Ware, *Orthodox Church*, 9-10.

20) Arthur C. Piepkorn, *Profiles in Belief: The Religious Bodies of the United States and Canada*, 4 vols. (New York: Harper and Row, 1977-79), 1:52.

기원한 정교회의 뿌리, 고유의 민족적 공동체를 크게 벗어나지 못하는 제한된 사회적 수준, 그리고 정치적 편견의 오명에도 불구하고 미국의 정교회 기독교인들의 수는 이제 6백만 명을 상회한다.[21] 만일 전 세계의 정교회 신자들에게로 범위를 확대해서 본다면 그 수는 약 1억 8천 5백 만 명에 달한다. 러시아만도 수백 만 명에 이르는 다른 비정교회 기독교인들을 제외한다 해도 7천만 명의 정교회 신자들의 고향이다. 이러한 사실들에 근거해 볼 때 미국의 기독교인들은 그들의 맞은 편에 있는 동방 기독교인들을 무시하거나 거부하려는 자세를 버려야 한다. 물론 그러한 통계는 신봉자들을 정의하는 문제, 명목상의 신자들을 포함하느냐 배제하느냐의 문제, 그리고 무신론적 공산주의에 의한 사악한 종교 학살—예를 들면 1941년 약 98퍼센트의 정교회 교회들이 공산주의자들에 의해 폐쇄되었다—이 자행된 이전과 이후의 정교회의 운명 등의 요소들에 의해서 변동이 있을 수 있다. 그러나 어떤 경우든지 동방과 서방의 정교회는 상당한 수의 추종자들을 가지고 있다는 결론이며, 따라서 그것만으로도 정교회는 연구 대상으로서의 가치를 가지고 있는 것이다.

둘째로 기독교의 근본적인 진리들에 대한 강력한 방어와, 슐라이에르마하의 19세기 자유주의와 존 힉의 현대적 다원주의와 같은 종교적인 변형에 대한 의도적인 거부로 특징지어지는 복음주의적 전통에 서 있는 기독교인들은 정교회가 그들의 친구이며 또한 기독교의 기본 진리에 대한 강력한 옹호자임을 발견하게 될 것이다. "(정교회) 신학자에 대해 가할 수 있는 가장

---

21) Doulis, *Journeys*, 7.

심한 모욕은…그를 '창조적 지성인'이라고 부르는 것일 것이다."²²⁾ 사도적 신앙에 대한 충성과 흔들림 없는 충절이 동방기독교의 특징이다. 정교회로 개종한 사람들이 제시하는 가장 보편적인 개종의 이유는, 그들이 이전에 몸 담고 있던 교회들이 자유주의 신학에 너무나 깊이 감염되어 있거나, 유행에 따라서 너무나 변화무쌍하다는 인식에서 나오는 좌절감이었다. 그들은 신약적 기독교에 대한 진실된 표현을 갈망하고 추구해 왔다. 이러한 많은 개종자들에게 있어서 정교회는 그들이 지금껏 놓쳐 왔던 견고한 교리적 닻을 제공해 준다.

정교회는 초대 교회의 전통에 깊이 젖어 있기 때문에 자신을 일곱 공의회의 교회와 동일시한다. 사실 복음주의와 마찬가지로 정교회는 정태적이고 현대 사회의 흐름에 동떨어진 채 과거에만 매여 있다는 비판을 종종 받아왔다. 어떤 면에서는 그 비판은 옳다. 그러나 사도적, 교부적 전통과의 직접적 연결을 유지하려는 의도를 가지고 있는 정교회에게 있어 그러한 비판은 자랑의 표식이지 당혹의 조건이 아니다. 모든 훌륭한 정교회 기독교인들은 위대한 정교회 신학자인 다마스커스의 요한John of Damascus의 말을 좋아한다:

"우리는 우리의 조상들이 세워 둔 영원한 범주를 변경하기를 원하지 않으며, 우리가 받은 전통을 그대로 보존하기를 원한다."²³⁾

복음주의자들이 정교회와 일치하지 못하는 중요한 몇 가지 영역이 있다:

---

22) Jaroslav Pelikan, *The Spirit of Eastern Christendom* (600-1700) (Chicago: University of Chicago Press, 1974), vii.

23) John of Damascus, *On the Divine Images* 2.12.

성만찬주의, 마리아 숭배 등. 그러나 엄밀하게 검토해 보면 정교회는 기독교의 거의 모든 주요 교리들에 대해서 기독교인들이 레렝의 빈센트Vincent of Lérin, c. 434가 말했다고 여기는 바 "언제, 어디에, 그리고 모든 사람들에 의해서" 신봉되는 전통의 범주 안에 정확히 위치하고 있다. 정통적 기독교의 범주에 대한 이처럼 확실한 충성과 "고대 기독교의 신앙에 대한 흔들림 없는 헌신"은 정교회와 복음주의자들을 자연스럽게 연결시켜 준다.24) 피터 길퀴스트Gillquist에 따르면 "정교회의 순수하고 견고한 교리와 전형적인 헌신적 복음주의자들의 교리 사이에는 중복되는 점이 많이 있다. 삼위일체, 그리스도의 부활, 재림 등은 그 예이다."25) 매년 가을에 정례적으로 열리는 정교회와 복음주의 연구협회 주관의 회의에서 양 진영의 신학자들은 일치와 불일치의 영역을 공동으로 탐구한다. 이 협회의 창설자요 회장인 브래들리 나시프Bradley Nassif는 이러한 모임을 통해서 양 진영의 유사성을 자연스럽게 고무시킬 수 있기를 희망한다.26)

복음주의자들은 기독교의 기본적인 진리들을 변호하는 데 상호 관심을 피력할 뿐만 아니라 또한 자신들이 가장 취약한 분야에서 정교회가 종종 가장 강력하다는 것을 발견하는데, 이는 우리가 정교회에 친숙해야 할 세 번째 이유를 제시한다. 정교회는 어떤 사람들이 복음주의 내에서 경험해온 환원주의, 불모성, 혹은 최소주의에 응답한다. 예배의 장엄성과 신비성에 대한 강

---

24) John Morris, "My Voyage to Orthodoxy," in Doulis, *Journeys*, 49.

25) "New Orthodox," 53.

26) "Peering over the Orthodox-Evangelical Crevasse," *Christianity Today* 36. 13 (Nov. 9, 1992): 63.

력한 인식, 기쁨과 확신에 찬 복음적 예전의 경축, 성경에 대한 보완으로서 신학의 자원으로 활용되는 전통의 역할에 대한 헌신, 교부들의 역사적 의식에 뿌리를 둔 잘 규정된 기독교적 정체감, 극심한 박해의 화염 속에서 검증 받은 기독교인의 견인의 전통, 그리고 몇몇 간과된 성경적 진리에 대한 강조 (벧후 1:4의 신화의 주제와 같은) 등 모든 것들은 복음주의적 전통 속에 있는 기독교인의 영적인 삶을 위해 봉사할 수 있는 정교회의 고유 자산이다.

과거 10년 동안 동유럽 역사에서 일어난 엄청난 변화는 서방의 기독교인들이 정교회를 연구해야 할 네번째 이유를 제공한다. 고르바초프가 권력을 장악한 1985년 이전에 동방기독교는 공산주의의 철의 장막에 의해서, 미국인들로 하여금 구 소련 연방을 기독교적이 아닐 뿐만 아니라 무신론적으로 여기도록 규정지었던 냉전 시대의 문화적 조건, 그리고 정교회 자체가 심하게 박해와 억압을 받았던 사실로 인해서 서방 사회로부터 차단되었다. 1989년에 발생한 베를린 장벽 붕괴 및 2년 후에 이루어진 소련 연방의 와해와 더불어 동유럽과 소련은 역사상 처음으로 서방 사회에 개방되었고, 정교회는 과거 75년 동안 경험하지 못했던 새로운 예배의 자유를 부여 받게 되었다. 동방과 서방의 기독교인들은 서로 알고 배우고 상호작용할 수 있는 전례 없는 기회를 경험하게 되었다. 러시아에서의 나의 경험은 우리가 제시할 수 있는 많은 특이한 경험의 한 가지에 불과하다: 과거의 국립 모스크바 대학 과학적 무신론 분과에서 나는 복음주의적 신학자로서 3년 동안 기독교를 강의했다.[27]

---

27) Daniel B. Clendenin, *From the Coup to the Commonwealth* (Grand Rapids: Baker, 1992).

러시아와 동유럽에서 일어난 이러한 역사적 변화의 한 가지 결과는 서방 기독교인들이 이들 지역에 대거 유입된 것이다. 충격적으로 여겨질지 모르지만 거의 칠백 개에 이르는 서방의 기독교 단체들이 현재 동유럽과 구 소련 연방에서 활동하고 있다는 보고가 있다.[28]

만일 서방기독교인들이 어느 정도의 문화적 예민함과 존경심을 가지고 사역하기 원한다면 정교회의 삶, 역사, 그리고 기본적인 사상을 반드시 소화해야 한다. 정교회가 서구, 특히 서방기독교인들에 대해서 보여 온 체계적인 신학적, 문화적 외국인 혐오증을 고려해 볼 때 이것은 반드시 필요한 것이다. 서구를 향한 이러한 외국인 혐오증은 일반적으로 지난 천 년 동안의 러시아 역사 속에서 점점 흥망성쇠해 왔는데, 지난 5년 동안 정교회 내에서 그런 움직임은 괄목할 정도로 증가되어 왔다.

7천 만 명의 신봉자를 가지고 있어서 현재 세계에서 가장 큰 정교회인 러시아 정교회는 자기네 집의 잔디밭, 곧 정교회의 관점에서 볼 때 천 년 이상 동안 기독교의 본 고장이 되어 온 땅에서 그들을 복음화하고 개종시키려는 가톨릭과 개신교의 노력에 대해서 유쾌하지 않은 감정을 말과 행동으로 표현해 왔다. 어느 정교회 사제가 인터뷰에서 지적한 것처럼 서방이 기독교를 가르치기 위해서 러시아에 선교사를 파송하는 것은 마치 러시아가 자본주의를 가르치기 위해서 서구에 경제학자를 보내는 것과 다를 바 없다. 서방의 선교사들에 대한 "적개심"은 보리스 옐친에 의해서 해산된 직후에 외국 종교 단체들의 활동을 제약하는 법(93년 7월 14일)을 통과시킨 구소련 의

---

[28] *East-West Christian Organizations: A directory of Western Christian Organizations Working in East Central Europe and the Former Soviet Union*, ed. Sharon Linzey, Holt Ruffin, and Mark Elliott (Evanston, Ill.: Berry, 1993).

회에 의해 가장 강하게 표현되었다. 미국의 정교회 사제인 레오니드 키쉬코프스키는 러시아에서의 복음 전파에 참여하기를 거부하는 정교회의 태도에 대해 언급하면서, 서방의 선교적인 노력에 대한 정교회의 부정적인 태도는 "심지어 그들(정교회의 지도자들)이 이러한 선교적인 노력이 적대적인 것이 아니라는 증거를 가지고 있음에도 불구하고" 이루어지고 있음에 주목한다.[29] 따라서 러시아에 가서 살면서 사역하기를 원하는 서구인들은 정교회의 풍부한 유산에 대한 양심적인 연구와 인식을 통해서 이 불행한 간극을 메꿔야 한다. 그저 러시아가 전형적으로 무신론의 나라인 반면 미국은 기독교의 나라라고 생각해 온 서구인들이 정교회의 이 깊고 풍부한 문화적 영향이 러시아에 얼마나 깊이 뿌리내리고 있는지를 발견하게 되면 깜짝 놀라게 될 것이다.

동유럽과 구 소련연방에서의 정교회의 운명은 서방에서의 그것과는 거의 정반대이다. 서방에서 정교회는 미국의 삶과 문화의 변경에 위치한 이민 교회이다. 그러나 이 교회는 규모는 작지만 민주적 정치 제도의 보호를 향유하고 있다. 동방에서 정교회는 러시아 문화를 형성하는 데 있어서 유일하게 위대한 요소가 되었을 것이다. 심지어 75년간의 무신론조차도 천 년의 유구한 역사 속에서 행사해 온 정교회의 깊은 영향을 지울 수 없었다. 러시아의 황제 블라디미르가 주후 988년에 서방기독교 대신에 비잔틴 기독교를 선택했을 때 그는 "러시아의 운명을 결정했다.…모든 러시아의 정신과 마음은 동방의 틀에 의해 주조되었다."[30] 블라디미르의 신앙은 단순히 사람들의 개

---

29) "Witnessing on the Volga," *Christianity Today* 36. 12 (Oct. 26, 1992): 77.
30) George P. Fedotov, *The Russian Religious Mind* (New York: Harper and Row, 1965), 21.

인적인 신앙만을 낳은 것이 아니라 또한 "전체적인 기독교 문화와 문명"[31]을 형성했다. 무신론의 중심지가 되기 훨씬 전부터 모스크바는 로마 및 콘스탄티노플과 함께 "제3의 로마"로 찬양받았다. 의회 도서관의 사서인 제임스 빌링톤은 16세기까지 러시아는 사실상 세속 문화를 제거해 버린 "사회의 급진적인 수도원화"를 경험했다고 주장한다. 폭군 이반Ivan the Terrible, 1533-1584의 통치기까지 무스코비(러시아의 옛 이름)는 역사적 자부심과 전체 문화의 종교적 특징으로 인해 심지어 정교회를 신봉하는 다른 슬라브족들과도 구별되었다.[32]

서구인들은 정교회의 수적인 힘을 인정하고, 서방의 선교사들에 대한 외국인 혐오주의적 적개심의 간극을 메워야 할 필요성을 배워야 할 뿐만 아니라 천 년의 역사를 자랑하는 동방기독교가 동유럽과 구소련연방에서 끼쳐온 엄청난 문화적 영향의 깊이를 이해해야 한다. 나의 제자 중 한 사람이 나에게 상기시켜 주었던 것처럼 특히 러시아인들에게 있어 정교회는 단순한 교회 이상의 것이다. 그것은 전체적인 삶과 문화의 길이다. 러시아의 격언 중에 "러시아인이 되려거든 정교회인이 되라"는 말이 있다. 가톨릭을 이해하지 못한 채 이탈리아에 살고, 쿠웨이트를 여행하면서 이슬람교를 무시하고, 몰몬교의 역사를 공부하지 않은 채 유타Utah의 사람들을 이해하려고 애쓰는 것이 가능하겠는지 상상해 보라. 정교회의 역할을 무시하면서 동유럽과 구소련연방에 참여하려고 노력하는 것은 불행한 결과를 초래할 것이다.

서방의 기독교인들이 정교회를 연구해야 하는 다섯 째 이유가 있다. 아마

---

31) Ware, *Orthodox Church*, 86.

32) Billington, *Icon and the Axe*, 61, 69.

예수님이 명하신 가장 위대한 신학적 과제는 교회의 일치였을 것이다. 그리스도께서는 지상 사역이 끝나갈 무렵 제자들에게 유언을 남기셨는데, 그것은 기독교인의 정체성에 관한 가장 근본적인 진리를 강조하려는 의도였다. 요한복음 17장의 기도에서 예수는 세 번이나 제자들이 "하나가 되기를" 기도하셨다. 그 분은 그들이 "온전함을 이루어 하나가 되려 함은 아버지께서 나를 보내신 것과 또 나를 사랑하심 같이 저희도 사랑하신 것을 세상으로 알게 하려 함이라"고 하셨다. 사도 바울도 그리스도를 따르는 모든 사람들에게 다음과 같이 명했다: "평안의 매는 줄로 성령이 하나되게 하신 것을 힘써 지키라 몸이 하나요 성령도 한 분이시니 이와 같이 너희가 부르심의 한 소망 안에서 부르심을 받았느니라"(엡 4:3-4). 나아가서 그리스도 안에서 하나 됨을 위협하는 분파주의에 대해서 날카롭게 경고했다(고전 1:10-31). 불행히도 사랑과 일치를 우리의 주된 특징으로 삼으라는 주님의 명령에도 불구하고 우리가 잘 아는 바대로 기독교인들은 "상호 비방"으로 너무나 높은 명성을 쌓아 왔다.[33]

오늘날 많은 기독교인들은 그들 자신의 독특한 기독교적 경험의 제한된 범주를 넘어서 보는 것이 어렵다는 것을 발견한다. 우리의 종교적 근시안과 자기중심으로 인해 우리는 그리스도의 몸의 완전한 다양성을 경험하고 인식하는 데 어려움을 겪는다.

예를 들면 어떤 복음주의자들은 에큐메니칼적인 냄새를 풍기는 주제를 연구하거나 참여하기를 몹시 꺼려한다. 개혁주의 신자들과 웨슬리주의 신

---

33) David Barrett이 편집한 『세계 기독교 사전』(New York: Oxford University Press, 1982)에 따르면 20세기초에는 약 1,900개의 교단이 존재했다. 오늘에는 약 20,800개의 교단이 존재한다. 5페이지를 보라.

자들은 서로를 습관적으로 무시하며, 심지어 어떤 경우에는 경멸하고 거부하기도 한다. 세대주의자들과 은사주의자들, 혹은 오순절주의자들은 상호 협력이 거의 불가능하다는 것을 발견한다. 주류의 교회들과 독립성경 교회들은 서로 노골적인 의심의 눈길을 보낸다. 저교회low church와 고교회high church는 결코 함께 어울려 예배드리지 않는다. 미국 흑인 교회의 풍부한 전통은 대부분의 백인 기독교인들에게 있어서 완전히 미지의 실체로 남아 있다.

이처럼 우리들 대부분은 마치 정교회가 밉살스런 의붓자식이나 되는 것처럼 이 교회에 대해서 무지한 상태에 있다. 만일 우리가 주님의 위대한 명령을 순종하고자 한다면, 우리는 그러한 상황이 지속되어서는 안 된다는 바울의 경고를 마음에 새겨야 한다. 그리스도의 몸의 일치는 선택이 아니라 필연적인 의무이다. 431년의 에베소 공의회와 451년의 칼케돈 공의회와 같은 에큐메니칼 공의회 이래로 그리스도의 교회는 그 진정한 표징으로서 거룩성, 보편성, 그리고 사도성뿐만 아니라 단일성도 포함시켜야 한다는 것을 확언했다. 그러나 너무나 오랫동안 신학과 교회 정치의 장애로 인해 우리는 이러한 비전을 볼 수 없게 되었다.

어느 주일에 모인 개신교 회중들이 고전적인 찬송인 "그리스도 안에는 동이나 서가 없네"라는 찬양을 부를 수 있을지도 모른다. 그러나 현실은 그렇지 못하다. 코미아코프의 감상적인 말에서 잘 표현된 신학관의 차이는 오랫동안 기독교인의 일치를 방해해 왔다. 개신교인들이 흔히 혼동하는 정교회와 가톨릭의 관계에 있어서 이러한 혼동이 이해되지 않는 것은 아니지만, 정교회가 교황제 및 논쟁이 되는 가톨릭의 교리, 즉 성령이 아버지, "그리고" 아들로부터filioque 발출된다는 교리를 거부함으로써 하나됨을 향한 진정한 전진을 이룰 수 없게 되었다. 그리고 정교회의 성만찬적, 예전적 비전, 곧 동방의 신자들이 소중하게 여기는 향기와 종소리는 개신교인들, 특히 복음주의자들로 하여금 그들이 정교회의 기독교인들과 공유할 수 있는 공동의 토대가 있다고 믿기 어렵게 만들었다. 상황이 이렇게 된 데에는 정교회의 책임도 어느 정도 있다. 정교회는 최근 1992년에 가톨릭의 대화 제의를 일축했다. 또한 자신이 개최하는 성회에 대해서 초교파적인 지원을 요청했던 개신교 복음전도자인 빌리 그래함의 주장은 1992년 모스크바 집회 중 러시아 정교회의 총대주교 알렉세이 2세에 의해 미온적인 반응을 받았을 뿐이다. 가톨릭과 개신교가 구소련 연방의 영역에 들어와서 정교회 측에서 보기에 불필요한 개종화 활동을 벌이는 것에 대해서 정교회는 불쾌한 감정을 계속 피력해 왔다.

앤소니 우골리니크Anthony Ugolnik는 일치를 향한 이러한 신학적 장애뿐만 아니라 정치적 편견의 독약이 미국의 기독교인들에게 있어 매우 심각한 장애가 되고 있다고 선언한다. 그의 지적에 따르면 문제는 러시아의 신자들이 "대부분의 미국인들이 적으로 인식하고 있는 그러한 러시아인들을 가슴에 품고 있는 교회를 옹호하고 있는 것"이다.[34] 서구의 정치 체제에 대한 충성과 동방기독교인들의 힘과 역사에 대한 무지는 우리를 하나로 묶어주어야 할 복음의 사역을 좌절시켜 왔다. 시민신학civil theology과 종족주의phyletism—자신의 국가와 그 가치를 보편적 교회와 동일시하는 사상—는 우리로 하여금 소련의 정치 체제를 거부했던 것처럼 또한 러시아의 신자들을 거부하도록 유도했다. 미국 내의 러시아 이민자 가문에서 태어난 우골리니

---

34) Ugolnik, *Illuminating Icon*, 4.

크는 고등학교까지 다니는 동안 선생님들이 붉은 학살Red Menace—상원의원 조셉 맥카씨의 격한 외침을 연상케 함—에 대해 경고하는 것을 들었을 때 혼동과 당혹감을 느꼈다. 우골리니크는 부모님들이 그들의 민족적 정체성이 드러날 것을 두려워한 나머지 밤에 뒤뜰에서 몇몇 러시아 문학서들을 태울 때 맡았던 냄새를 생생히 기억한다. 그는 또한 러시아 사제의 사진을 싣고서 "붉은 줄 위의 꼭두각시"라는 제목을 붙인 기사를 게재한 「뉴스위크」지를 보았던 기억을 가지고 있다. 정교회 자체도 민족주의와 종족주의라는 염병과 투쟁하고 있다는 데 의문의 여지가 없다. 다행히 냉전의 종결은 이러한 이데올로기적인 상호 의심을 완화시켜 주었다. 바라기는 우리를 그렇게 오랫동안 분열시켜온 정치가 우리를 하나로 묶어 주는 복음에 다시는 우선하지 못하게 하는 것이다.[35]

교회의 일치에 대한 그리스도의 명령에 불응하는 이러한 신학적, 정치적 장애에도 불구하고 사실상 최근에는 정교회와 다른 기독교들과의 대화를 고무시켜 주는 징후들이 나타나고 있다. 그들의 민족 중심적인 특징과 그들이 그리스도의 진정한 가시적 교회라는 주장에도 불구하고 정교회는 오랫동안 에큐메니칼 운동에 참여해 왔다. 그들은 수십 년 동안 세계교회협의회 World Council of Churches에 참여해 왔을 뿐만 아니라 그들의 사제 중 일부는 심지어 세계교회협의회의 회장으로 봉사하기까지 했다.[36] 뿐만 아니라 많은

---

35) Ibid., chap. 1, esp. p. 8.

36) 정교회와 WCC와의 관계는 때때로 난관을 겪었다. 이것은 부분적으로는 WCC의 자유주의 신학과 정치적 입장때문이었는데, WCC는 교리적 엄격성의 측면에서 볼 때 너무 개방적이고, 소련 연방의 인권 억압에 대해서 관대한 입장을 취했다. 그 반면에, 인권 억압에 대한 정교회 고유의 책임에 대해서는 특별히 Hans Hebly에 의해서 지적되었다.

회의와 연구와 위원회는 정교회와 개신교 간의 관계,[37] 그리고 심지어 정교
회와 유대교의 관계도 탐구해 왔다.[38] 정교회는 성공회,[39] 개혁교회,[40] 루터
교회,[41] 남침례교,[42] 그리고 심지어 통일교회[43] 등 특정한 교단들과의 합동
연구에도 참여해 왔다.

최근까지 복음주의자-정교회간의 대화는 실질적으로 부진한 상태에 있

---

37) Derek Baker, *The Orthodox Churches and the West* (Oxford: Basil Blackwell, 1976); Carnegie S. Calian, *Icon and Pulpit: The Protestant-Orthodox Encounter* (Philadelphia: Westminster, 1968); idem, *Theology without Boundaries; Apostolos Makrakis, An Orthodox-Protestant Dialogue* (Chicago: Orthodox Christian Educational Society, 1966); and Wilhelm Niesel, *Reformed Symbolics: A Comparison of Catholicism, Orthodoxy, and Protestantism* (London: Oliver and Boyd, 1962).

38) "The Greek Orthodox-Jewish Consultation," *Greek Orthodox Theological Review* 22.1 (1977).

39) *Anglican-Orthodox Dialogue: The Moscow Agreed Statement of 1976* (London: S.P.C.K., 1977), and *Anglican-Orthodox Dialogue. The Dublin Agreed Statement of 1984* (Crestwood, N. Y. : St. Vladimir's Seminary Press, 1985).

40) 다음을 보라: John Meyendorff and Joseph McLelland, eds., *The New Man: An Orthodox and Reformed Dialogue* (New Brunswick, N.J.: Agora Books, 1973); *The Orthodox Church and the Churches of the Reformation: A Survey of Orthodox-Protestant Dialogue*, Faith and Order paper 76 (Geneva: World Council of Churches, 1975); and *Theological Dialogue between Orthodox and Reformed Churches*, ed. Thomas F. Torrance (Edinburgh: Scottish Academic Press, 1985), a volume that comprises the papers read at three consultations between Orthodox and Reformed theologians (Istanbul, 1979; Geneva, 1981, 1983).

41) John Meyendorff and Robert Tobias, eds., *Salvation in Christ: A Lutheran-Orthodox Dialogue* (Minneapolis: Augsburg:, 1992)을 보라.

42) 다음을 보라: *Greek Orthodox Theological Review* 22.4 (1977) and 27.1(1982) for the papers presented at the Greek Orthodox-Southern Baptist consultations held in 1977 (Garrison, N. Y.) and 1981(Bagdad, Ky.).

43) *Orthodox-Unification Dialogue*, ed. Constantin N. Tsirpanlis (New York: Rose of Sharon Press, 1981)을 보라.

다. 복음주의자들은 정교회에 관해서 거의 아무런 집필도 하지 않았고, 이 영역에서의 정교회 사상가들의 노력은 모두 정교회를 복음주의자들에게 소개하고 일반적인 질문에 답변하는 등 간단하고 대중적인 시도에 불과한 것이었다.[44] 온전한 의미에서의 학문적 · 대화적인 만남이 전혀 없었다. 그럼에도 불구하고 지금 약 육십 명 정도의 학자들이 참여하고 있는 '동방 정교와 복음주의 연구를 위한 협회' 주최의 가을 회의는 확실히 올바른 방향을 향한 발걸음을 내딛은 것으로 평가된다.

정교회와의 효과적인 대화를 위한 필수 조건

기독교의 일치라는 대 명령을 이루려면 우리를 분열시켜온 신학적 · 정치적 장애들을 어느 정도 물리칠 수 있어야 한다. 오랫동안 무시되어온 바 서방의 기독교인들에 의한 정교회의 연구가 그러한 신적인 명령을 현실화시키는 데 도움을 줄 수 있다. 정교회와 다른 기독교들이 그리스도 안에서 일치를 이루기 위해서 그 외의 무엇이 필요하겠는가? 정교회와의 대화의 중요성이 마침내 인식된다면, 무엇에 근거해서 정교회와의 대화는 이루어져야 할 것인가?

현대의 가장 위대한 정교회 신학자 중 한 사람이며, 뉴욕의 성 블라디미르 정교회 신학교의 학장을 역임한 알렉산더 쉐메만Alexander Schmemann은 이 문

---

44) Bajis, Common Ground; Paul O'Callaghan, *An Eastern Orthodox Response to Evangelical Claims* (Minneapolis: Light and Life, 1984); Gillquist, Making America Orthodox; and the Lausanne pamphlet "Wiitnessing to Nominal Orthodox Christians."

제에 관해서 몇 가지 사려 깊은 제안을 했다.[45] 그는 정교회와의 에큐메니칼적인 대화에서 진정한 만남이 거의 일어나지 않는다는 우려를 표명했다. 그 주된 이유는 코미아코프가 지적했듯이 동방과 서방 사이에 근본적으로 상이한 견해가 존재하기 때문이다. 서방의 기독교인들은 1517년 10월 31일 마틴 루터가 비텐베르크 교회의 게시판에 95개조의 격문을 내걸음으로써 촉발된 가톨릭-개신교 분열이라는 관점에서 에큐메니칼적 사고를 전형적으로 이해한다. 반대로 동방 기독교인들은 개신교와 가톨릭 교회를 동전의 양 면으로 본다. 정교회는 보다 고대적인 프리즘, 곧 1054년에 일어난 동·서방 교회의 대분열이라는 시각에서 이해한다.

알렉산더 쉐메만에 따르면 "정교회의 입장에서 볼 때 동방과 서방 사이에 근본적인 갈등이 존재하며, 이 갈등은 두 개의 영적·신학적 '조류' 혹은 '세계'로 이해되고 있다. 따라서 정교회의 사고에서는 에큐메니칼적 만남을 위해 우선적으로 시도되어야 할 것이 바로 이 갈등의 해소에 있다. 정교회가 그 고유의 역사 속에서 실존적으로 분리된 사건으로 기억하는 유일한 분리나 분열은 정교회가 서구의 전 역사로부터 소외된 그 사건을 정확히 지칭하는 것이라는 점을 잊어서는 안 된다.[46] 알렉산더 쉐메만의 블라디미르 신학교 동료 교수이자 미국 내에서 가장 위대한 정교회 신학자로 간주되는 존 메엔도르프John Meyendorf는 이 중요한 점을 다음과 같이 반복해서 말한다.

---

45) Cf. Starnoolis, *Orthodox Mission Theology*, 3-5.

46) Alexander Schmemann, "Moment of Truth for Orthodoxy," in Keith R. Bridston and Waiter D. Wagoner, eds., *Unity in Mid-Career: An Ecumenical Critique* (New York: Macmillan, 1963), 50-51.

"중세 시대와 르네상스 시대를 통틀어 서구에서 발생한 사건에 비추어서 살펴보면 정교회 역사가는 로마와 콘스탄티노플 사이에 벌어진 분열이 가장 근본적인 사건으로서 이로 인해 전체 서방기독교가 그 역사 속에서 영적·신학적 균형을 상실하게 된 근본적인 비극으로 이해한다."[47]

우리가 신학적 토론에서 사용하는 용어들은 주로 서방교회의 사고 양식에 의해서 형성된 것이며, 따라서 동방교회의 사고 구조에는 낯선 것이기 때문에, 알렉산더 쉐메만이 첫번째로 추천하는 방법은 서방의 신자들이 그들과 전혀 다른 동방의 사고 양식을 이해하는 법을 배우고, 그래서 코미아코프가 적절히 묘사한 대로 1517년이 아닌 1054년에 발생한 동방교회 역사적으로 고착된 사건의 중요성을 이해해야 한다는 것이다. 최소한 대화자들은 서로 다른 두 개의 세계관, 즉 상이한 방식으로 신학적 질문과 답변을 구성하는 세계관 사이에서 일어난 틈을 이해하고 그것을 메울 수 있어야 한다.

두번째로 쉐메만이 추천하는 방법은 첫번째 방법의 기초 위에 세워진다. 정교회의 입장에서 볼 때 가장 근본적인 분열은 가톨릭과 개신교 사이에 일어난 것(1517)이라기보다는 동방과 서방 사이에 일어난 것(1054)이기 때문에 대화에 참여하는 사람들은 분열 이전에 사용되었던 비 당파적 언어를 사용할 필요가 있다. 그러한 신학적 용어들은 동방에게만 독점된 것이 아니라 쉐메만이 주장하듯이 모든 신자들의 공동의 유산인 초대 교부적 전통을 반드시 반영해야 한다. 제임스 스타물리스James Stamoolis는 "이와 같이 원천

---

47) John Meyendorff, *Orthodoxy and Catholicity* (New York: Sheed and Ward, 1966), 133-34.

으로 되돌아가는 것이 서방의 논쟁들의 미궁에서 벗어나는 길로 보인다"[48]라고 쓰고 있다. 초대 교회의 문헌에서 공동의 신학적 언어를 찾고자 하는 듀북 신학교의 도널드 블뢰쉬Donald Bloesch와 드류 대학교의 토머스 오덴 Thomas Oden, 그리고 휘튼 대학교의 로머트 웨버Robert Weber 등과 같은 복음주의 신학자들의 최근의 노력은 알렉산더 쉐메만의 조언을 따르는 것이며, 성공을 위한 잠재적 능력을 선언하는 것이다.

알렉산더 쉐메만의 마지막 조언은 서방인들이 신학에 있어서 진리와 오류의 감각을 재확언하는 것이다. 즉 이단의 개념을 회복해야 한다는 것이다. 이것은 다음과 같은 이유때문에 필수적으로 요청된다: "정교회의 관점에서 볼 때 유일하게 적합한 에큐메니칼적 방법론은 그 불가피하고 논리적 결론으로서 진리의 수용과 오류의 거부라는 자세를 가지고 전체적이고 직접적으로 교리적 대결을 불사하는 것이다."

많은 에큐메니칼 토론들은 진리와 오류의 문제를 흐리게 만들거나 회피한다. 그리고 합의할 수 있는 최소한의 공통분모를 만족시키려 한다. 참가자들의 상호 존중의 정신, 또한 정치적으로 불의한 죄들, 즉 불관용, 광신주의, 편협한 마음 등에 대한 현대주의의 우려때문에, 신학적 진술의 차이가 때때로 거의 의의를 차지하지 못하는 것으로 간주되고 있다. 쉐메만은 그러한 자세를 받아들일 수 없다고 주장한다. 왜냐하면 궁극적으로 고려되고 있는 쟁점은 진리와 오류에 관한 지적인 쟁점일 뿐만 아니라 이단이 구원의 가능성 자체마저 위협하고 있는 구원적 쟁점이기 때문이다. "그러므로 정교회의 입장과 경험에서 본다면 에큐메니칼 운동의 진정한 목표가 되어야 할 것

---

48) Stamoolis, *Orthodox Mission Theology*, 4.

은 일치가 아니라 진리이다."⁴⁹⁾ 단적으로 말하자면 지금 우리는 너무나 지나친 관용으로 인해서 오류를 용인하는 지경에 와 있다.

어떤 사람들이 주장하듯이 진리와 이단에 대한 재강조는 대화의 종말을 가져오는 것이 아니라 오히려 대화의 시작이 될 수 있다. 모든 세 개의 전통(정교회, 가톨릭, 개신교)에 속한 기독교인들은 각기 일치라는 그리스도의 명령에 순종하지 못한 데 대한 책임을 가지고 있다. 예를 들어 메엔도르프는 솔직하게 다음과 같은 사실을 인정한다: "동방교회가 종종 서방에 대해서 자기 충족적인 태도를 취해 왔다는 것, 이것이 우리의—바로 인간적인—죄이다. 왜냐하면 형제의 문제를 발견했을 때 그를 성급하게 저주하고 정죄하기 전에 그의 문제를 함께 나누며 또한 그가 문제를 해결하도록 돕는 것이 가톨릭성(보편성)의 본질에 속하는 것이기 때문이다."⁵⁰⁾ 우리들 간에 존재하는 깊은 차이점, 독특한 관점, 이단을 거부해야 하는 시급성 등을 무시하지 않은 채 기독교인들이 상호 이해의 정신에서 일치를 향해서 전진하는 것은 때늦은 감이 있다.

개신교 학자와 정교회 학자가 최근에 그리스도의 계명을 실행할 수 있는 방법을 예시해 주었다. 카네기 캘라이언Carnegie과 앤소니 우글리니크Ugolinik의 개인적 전기와 학술적 저술들을 살펴 보면, 이들은 개신교와 정교회간의 경계를 넘어서기 위해 개인적으로 광범위한 노력을 기울여 왔음을 알 수 있다. 정교회에서 세례를 받았지만 개신교인으로서 성장한 캘라이언은 피츠버그 신학교의 총장이요 교수이다. 그는 동·서방 간의 사고방식의

---

49) Schmemann, "Moment," 52.

50) Meyendorf, *Orthodoxy and Catholicity*, 134.

차이를 예리하게 구별하는 것은 "시대착오적인 것"이며, 이러한 정서를 유지하는 한 신학의 파편화가 더욱 더 초래될 수밖에 없다고 주장한다: 오늘날 우리는 각 교회론적 전통이 "예수 그리스도의 복음"에 대한 고유한 해석을 기록했고 또한 그 해석을 따라왔다는 것을 전보다 더 잘 인식하고 있다. 따라서 정교회의 복음, 로마가톨릭교회의 복음, 그리고 개신교의 복음이 있는 것이다.

교회론적으로 볼 때 우리는 예수 그리스도의 인격 속에서 구현된 공관복음에 대한 전통적인 석의를 창조해 내었다. 각 전통, 즉 "…의 복음"은 말씀이 육신이 된 신비와 영광을 두드러지게 드러내 준다. 우리는 이러한 교회론적 전통들의 총합이 전통 자체와 동일하다고 생각할 정도로 천진하지는 않다. 예수 그리스도의 인격 속에서 구현된 전통은 우리의 각 전통에서 그 분을 이해하는 것보다 더 위대하다.

이같은 주장은 정교회나 로마 가톨릭 교회, 심지어 많은 개신교회를 불쾌하게 만들지도 모른다. 그러나 에스카톤eschaton의 현실적인 관점에서 본다면 그 이상의 것을 주장하는 것은 다른 신앙의 전통에 대해서 무례하게 대하는 것이 될 것이다. 우리는 서로에게 당혹스럽지만 정직한 질문을 던지면서, 서로의 교회론적 유산을 철저히 연구할 필요가 있다: 우리는 이러한 곤란한 질문을 제기해야 한다. 왜냐하면 모든 전통들은 많은 동일한 문제들을 공유하고 있기 때문이다.…그리스도는 우리의 신앙 고백적 동굴에서 나와서, 우리의 전략을 방어에서 공격으로 수정하도록 초청하신다.

이것은 기독교 선교의 사명을 완수하고, 또한 에스카톤을 둘러싸고 있는 그림자를 축소시키는 데 기여한 다른 전통의 공헌과 독특성을 인식하게 될 때 일어난다.

카네기 캘라이언에 따르면 우리는 각자의 전통을 우상화하기를 거부하면서 동시에 우리의 이웃들뿐만 아니라 우리 자신이 개혁되어야 할 필요가 있다는 것을 발견할 수 있어야 한다. 단적으로 말하자면 우리는 거부의 방법론 대신에 화해의 방법론, 즉 듣고 배우고 신학화하고 함께 일하는 "협동의 교수법"이라는 영역을 수용해야 할 필요가 있다.[51] 우리 자신을 동료 신자들에게 대한 채권자가 아니라 채무자로서 보게 될 때 일치의 대명제가 더욱 촉진될 수 있을 것이다.

러시아 전통의 정교회 사제이자 플랭클린 및 마샬 대학의 윤리학 교수 및 인문학 교수를 겸하고 있는 우골리니크는 이같은 태도가 우리의 교단적 전통에 대한 이해와 헌신을 약화시키는 것과는 거리가 멀고, 오히려 우리의 신학적 정체성을 더 풍부하게 하고 더 강화시켜 주는 역할을 할 수 있음을 보여준다: "미국과 러시아의 우리 기독교인들은 우리들 각자가 어떠한 복음적 비전을 품고 있으며 어떻게 그 복음을 살아가고 있는지를 보다 잘 이해함으로써 복음을 보다 충실히 살아갈 수 있다. 만일 우리가 의심과 증오로 인해 그러한 이해를 단절시켜 버리거나 거부하거나 절단해 버린다면, 우리는 하나님의 은혜로부터 우리 자신을 격리시키고 있는 것이다."

기독교 신앙은 우리 스스로를 다른 사람들로부터 소외시키는 대신 "사랑의 동역"에 힘쓸 것을 촉구한다. 그렇다면 기독교인들은 그들 고유의 공동체를 독특하고 진귀한 기독교적 삶의 표현으로 평가하는 것이 당연하다. 나아가서 기독교인들이 자기 고유의 관점을 규범적인 것으로 보지 않는다면, 그들은 자신을 정직하게 대하지 못한 것이다: "나는 정교회를 가장 완전한

---

51) Calian, *Theology without Boundaries*, 98-99, 103.

기독교적 삶의 표현으로 이해한다. 그렇지 않다면 나는 정교회인이 되지 못할 것이다. 그럼에도 불구하고 기독교적 정체성은 또한 '관계적'이다. 우리 고유의 기독교적 정체성에는 우리가 믿는 기독교의 인간학적 표현이 담겨 있다. 다른 기독교인들과의 만남에서 나는 정교회인이 된다는 것이 무엇을 의미하는지를 보다 충분히 이해할 수 있다. 다른 기독교적 삶의 표현들을 마주치고 또 그 신앙 안에서 살아가는 사람들과 관계를 맺는 가운데서 나는 복음의 한 명령을 충실히 이행해온 것이다. 나는 그들이 인식하는 그리스도의 이미지를 사랑하게 되었고, 따라서 나는 그리스도를 보다 온전히 이해할 수 있게 되었다.[52]

도저히 타협할 수 없는 기독교인의 사랑과 일치의 명령을 성취하기 위해서 어떤 길을 밟아야 하는가? 알렉산더 쉬메만, 카네기 캘라이언, 그리고 우골리니크는 올바른 방향으로 우리를 인도해준다. 최소한의 수준에서 서방 기독교인들은 동방교회의 역사를 배우는 것부터 시작해야 한다. 이제 이 정교회의 역사에로 눈을 돌릴 차례이다.

---

[52] Ugolnik, *Illuminating Icon*, 264, 266-67.

② 잊혀진 가족
― 약사 ―

> 정교회는 이 땅 위에 존재하는 그리스도의 교회이다. 그리스도의 교회는 제도가 아니다. 그것은 성령의 인도 안에서 그리스도와 함께, 그리스도 안에서 누리는 새로운 삶을 의미한다.
>
> ― 세르기우스 불가코프

> 정교회는 자신을 단순하고 거룩하며 보편적이며 사도적 교회 곧, 지상에 있는 진정한 그리스도의 교회로 이해한다.…또한 이 교회 안에는 사도들의 시대로부터 현재에 이르기까지 절대적인 동일성과 연속성이 존재해 왔다고 주장한다.
>
> ― 토머스 홉코

피터 길퀴스트와 그의 제자들은 그들의 개신교적 과거를 벗어 던질 때 15년에 걸친 자신들의 추구가 정확히 어느 방향으로 나아갈지 알지 못했다. 그럼에도 불구하고 그들은 자기들이 추구해 온 바가 무엇인지를 점점 감지하게 되었다. 무엇보다 그들은 진정한 교회, 신약성경의 교회, 즉 수세기 동안 갖가지 첨가물로 왜곡되기 이전의 순수한 교회를 발견하려는 꿈을 키워왔다. 그들은 순수하고 소박한 기독교, 즉 수세기 동안의 도덕적 · 신학적 불순물로부터 정화되어 신앙의 정수를 간직하고 있는 기독교를 추구했다. 단적으로 말해서 그들은 "20세기에서 1세기의 교회"를 추구했다.[1] 진정한 의미에서 그들은 스스로를 사도적 증거 및 1세기 신자들과 동일시할 수 있는 연결점을 찾기를 원한 것이다.

피터 길퀴스트와 그의 제자들이 설정한 목표에 도달하기 위해 수년동안 기도와 연구를 한 후 정교회에서 안식을 찾게 된 것은 놀라운 일이 아니다. 정교회의 주장에 의하면 정교회만이 다른 어떤 기독교 공동체들도 감히 맞설 수 없을 정도로 신약성경의 사도적 신앙과 중단 없는 연속성을 유지해온 진정한 가시적 교회이며, 정교회 밖에서의 구원의 가능성은 의문스러운 것이라고 한다.

"지상의 교회는 가시적으로 단일한 교회를 유지해 왔고 또 마땅히 그러해야 한다고 믿고 있는 정교회는 당연히 자신의 교회가 바로 그 단일한 가시적 교회라고 믿는다. 이것은 담대한 주장이다. 또한 많은 사람들에게 이러한 주장은 교만한 태도로 비칠 것이다. 그러나 이러한 판단은 정교회가 이러한 주장을 하게 된 정신을 그릇 이해하는 것이다. 정교회 스스로 자신이 교회를 진정한 교회라고 믿는데, 이는 자신의 개인적인 장점에 근거해서가 아니라 하나님의 은혜 때문이다.…한편으로는 정교회는 스스로 아무런 자랑거리를 내세우지 않지만, 절대적인 겸손 가운데서도 자신이 하나님으로부터 진귀하고 독특한 은사를 받았다고 확신하고 있다. 만일 그들이 이러한 은사를 받지 않은 것

---

[1] Peter E. Gillquist, *Becoming Orthodox: A Journey to the Ancient Christian Faith* (Brentwood, Tenn. : Wolgemuth and Hyatt, 1989), 29, 25-26.

처럼 사람들 앞에서 가장한다면, 그들은 하늘의 면전에서 배신행위를 한 죄를 면할 수 없을 것이다."[2]

피터 길퀴스트 및 그의 제자들의 질문과 정교회의 답변은 서로에게 유익이 되었다. 산 베르나르디노에서 시작된 순례가 안디옥에서 끝났다. 캘리포니아에서 출발한 영적 순례자들이 콘스탄티노플에 도착했다. 이 장에서는 동방교회의 풍요한 역사와 유산을 탐구할 것인데, 역설적으로 이 교회는 유일한 참된 교회라고 주장하면서 동시에 서방의 신자들에게는 익명과 비천의 천에 둘러싸인 채 감추어져 있다. 그러나 탐구를 시작하기 전에 먼저 정교회의 파토스에 대한 광범위한 그림을 먼저 그리고 난 후 그것을 서방교회와 비교해야 한다.

정교회의 분포도

많은 독자들은 정교회의 세계를 묘사하는 유사한 이름을 가진 정교회의 수많은 분파들을 접해 왔을 것이다: 그리스 정교회, 러시아 정교회, 정교회, 정교회 가톨릭교회 등. 공식적인 완전한 명칭은 "거룩한 정교회 가톨릭 사도적 동방교회"이다. 이 모든 이름들은 정교회를 이해하는 데 도움이 되면서 동시에 정교회에 대한 오해를 불러일으킬 잠재력을 가지고 있다.

정교회의 역사적 뿌리와 힘은 확실히 그리스와 러시아의 토양에 깊이 뿌리 내리고 있다. 그러나 모든 정교회 신자들이 이 두 개의 민족 그룹 중 한

---

[2] Timothy Ware, *The Orthodox Church* (Baltimore: Penguin, 1964), 250-51.

그룹에 속하는 것은 아니다. 보편적(가톨릭)이라는 형용사를 사용하는 것은 정교회의 정체감을 정확하게 포착하는 이점이 있다. 그러나 이 단어를 사용하면 로마 가톨릭과 혼동될 가능성이 있다. 또한 비록 정교회가 동방 지역과 지중해 지역에서 기원했고 그 지역에서 흥황했지만, 그 지역의 대부분이 무슬림교나 무신론의 통제 하에 들어갔고, 역으로 오늘날 상당수의 정교회 신자들이 서방 지역에 살고 있다. 이러한 이유들 때문에 정통orthodoxy 혹은 정교회Orthodox Church와 같은 단순한 용어가 동일한 신앙을 공유하고 있는 전 세계의 크고 다양한 신자 가족을 지칭하기에 가장 적합한 것이다.

독립 자치 정교회(1994년)

콘스탄티노플	6,000,000
알렉산드리아	350,000
안디옥	750,000
예루살렘	60,000
러시아	50~75,000,000
루마니아	17,000,000
그리스	9,000,000
세르비아	8,000,000
그루지아	5,000,000
키프로스	450,000
폴란드	750,000
알바니아	210,000

정교회란 하나의 교회가 아니라 13개에 이르는 자주 독립적인 혹은 독립적인 자치 교회들을 의미한다. 이 13개의 교회들은 성찬·규율·교리·신

앙·정치·예배 등에 대한 이해에 있어 연합되어 있지만, 각기 독립적으로 자신의 내적인 문제를 처리한다. 그것들은 독립된 교회로서 중앙 행정 조직에 의해서 결합되어 있지 않고, 또한 로마 가톨릭 교인들이 교황에게 충성하는 것처럼 특정한 한 사람에게 충성을 바치지도 않는다. 오히려 각 정교회에는 각각 지도자가 있는데, 이들은 총대주교, 대주교, 혹은 사도대주교 등으로 불린다.

위의 표는 13개의 자주 독립적인 정교회들의 명단과 각 교회의 대략적인 규모를 제시해 준다. 보다 정확을 기하기 위해서 그 수치들이 정교회가 이슬람교 및 무신론과 투쟁하기 이전의 상황을 나타내는 것인지, 아니면 투쟁 중이나 투쟁 이후의 상황을 나타내는 것인지를 명확히 밝힐 뿐만 아니라 명목상의 신자들과 헌신적인 신자들을 구분해야 한다. 비록 규모는 작지만 처음 네 총대주교들이 그 오랜 연륜과 독특한 역사로 인해 특별한 존경의 대상이 되는 것이 정상적인 현상이다. 콘스탄티노플 총대주교는 에큐메니칼 총대주교 혹은 보편적 총대주교로 존경받는다. 그처럼 특별한 존경을 받음에도 불구하고 다른 정교회의 지체들에 개입할 수 있는 특권을 가지고 있는 것은 아니다. 작은 규모의 정교회 지체들이 핀란드, 일본, 체코 및 슬로바키아 공화국, 시나이 반도, 중국 등지에 존재하고 있다. 이러한 지역의 교회들은 자율적이지만 자주 독립적이지는 않다. 토머스 돌리스에 따르면 미국의 정교회는 6백만 명 이상의 신자들을 가지고 있다고 한다.[3]

---

3) *Year Books of American and Canadian Churches*, 1992, ed. Kenneth Bedell and Alice Jones (Nashville: Abingdon, 1992)를 보라. 이 연감에 따르면 그리스 정교회의 북미 및 남미 대교구의 인구는 2백 만명이며, 미국 정교회의 인구는 백만명이다(이 두 교단은 미국에서 가장 큰 정교회 지체이다). "동방" 혹은 "동양" 기독교 내의 다양한 분파들에 관해서는 Ronald Roberson, *The Eastern Churches*, rev. 3d ed. (Chicago: Loyola

정교회는 몇몇 일반적인 수준에서 서방교회와 뚜렷한 차이점을 가지고 있다. 첫째, "정통"이라고 주장하는 것은 무엇보다도 신학적 모험을 감행하는 것이다. 왜냐하면 정교회라는 명칭은 "바른 신앙"과 "바른 예배"라는 이중적 의미를 가지고 있기 때문이다. 정교회 신자들은 "자신의 교회를 하나님에 관한 진정한 믿음을 보호하고 가르치며, 또한 바른 예배를 통해서 그 분을 영화롭게 하는 그 교회라고 간주한다. 다시 말하면 그들은 자신이 이 땅에 있는 그리스도의 교회 자체와 다를 바 없다"라고 믿는다.[4] 이 주장에는 동방은 사도적 신앙을 보존해 온 반면 서방은 그로부터 이탈했다는 도덕적 함의가 담겨 있다. 정교회에 따르면 로마 가톨릭교회는 교황제 및 필리오케 *filioque* 교리가 도입되면서 진정한 사도적 신앙으로부터 이탈되었다. 그리고 알렉세이 코미아코프의 묘사에 따르면 개신교는 본질적으로 로마가톨릭과 동일한 서방적 범주 안에 들어 있다. 양자 간의 기본적 차이점은 개신교에서는 부정적 징표(부인)가 기준에 선행하는 반면, 로마가톨릭 주의에서는 긍정적 징표(확언)가 기준에 선행한다는 것이다. 우리는 이어지는 네 장에서 동방과 서방의 신학적 특징을 탐구할 것이다.

둘째, 지리적·정치적 특징이 있다. 서방의 기독교인들은 다양하게 로마(가톨릭), 비텐베르크 및 제네바(개신교), 동방교회는 콘스탄티노플(오늘의 이스탄불)의 지도에 따른다. 고대부터 교회의 삶은 알렉산드리아에 중심지를 두고 헬라어를 사용하는 동방과 카르타고에 중심지를 두고 라틴어를 말

University Press, 1990)를 보라. 보다 상세한 목록을 위해서는 Timothy Ware, *The Orthodox Church* (Baltimore: Penguin, 1993), 330-31을 보라. 다음의 표에 있는 숫자는 이 책 6페이지에서 인용한 것임.

4) Ware, *Orthodox Church*, 1964 ed., 16.

하는 서방으로 나누어졌다. 콘스탄틴 대제는 313년에 회심한 후에 로마제국의 정치적 수도를 로마에서부터 동방의 콘스탄티노플로 옮겼는데, 이는 두 도시의 교회 정치적 지위에 변화를 초래하는 계기가 되었고, 그 두 지역의 기독교인들 간의 긴장 관계를 더욱 심화시키는 결과를 초래했다.

제2차 에큐메니칼 공의회인 381년의 콘스탄티노플 공의회에서 제국의 새 수도는 "새 로마"로 인정받는 영예를 누렸는데(법규 3번), 이러한 영예는 451년의 칼케돈 공의회의 법규 28번에서 재확언되었다.[5] 나아가서 28번 법규는 선포하기를 옛 로마의 특별한 교회 정치적 지위가 합의되었는데, 이는 로마가 신학적으로 중요해서가 아니라 제국 도시였기 때문이라고 했다. 새 로마인 콘스탄티노플에도 로마와 "동일한 특권"과 "교회 정치적 문제에 있어서 동일한 지위"를 부여하기로 합의되었다. 1215년의 라테란 공의회 이전까지는 라틴교회는 콘스탄티노플의 지위를 인정하지 않았다. 로마의 정치적 운명과 함께 로마 교회도 5세기 후반에는 쇠퇴의 길을 걷게 된 반면, 콘스탄티노플은 1453년 투르크족에 의해서 약탈당하기 전까지 1100년 동안 상대적으로 정치적·신학적 연속성을 향유했다. 오늘날에도 이러한 기본적인 지리적 차이점 때문에 동방교회와 서방교회의 분리는 지속되고 있다. 서방교회는 로마를 의존한다. 개신교는 로마가톨릭과 관련시켜서 자신의 정체성을 규정하지만, 동방기독교에 대해서는 대개 전혀 언급하지 않는다. 주로 동부 유럽, 옛 비잔틴 제국, 발칸 반도, 러시아 등지에 집중되어 있는 동방교회는 콘스탄티노플에까지 거슬러 가서 자신의 유산을 추적한다.

---

5) John Meyendorf, "The Council of 381 and the Primacy of Constantinople," in *Catholicity and the Church* (Crestwood, N. Y. : St. Vladimir's Seminary press, 1983), 121-42.

셋째, 언어적 차이가 존재한다. 동방교회는 헬라어를 말하는 전통을 따른다. 비록 오늘날 대부분의 신자들은 헬라어를 말하지 않지만(러시아 정교회는 가장 규모가 큰 정교회 지체이다), 그 교회는 헬라 전통에 굳건히 터전을 내리고 있다. 헬라어는 신약성경과 70인역(히브리어 구약 성경의 번역본), 최초의 변증가들과 신학자들, 일곱 개의 에큐메니칼 공의회들(이 모든 공의회들이 콘스탄티노플이나 그 인근 도시에서 개최되었다), 그리고 그러한 공의회들에 의해서 발표된 신조들의 언어였다.

반면에 서방의 로마 전통은 언제나 라틴어를 사용했다. 16세기의 종교개혁과 함께 교회들은 예배와 신학적 성찰을 위해서 모국어를 사용하기 시작했다. 제2차 바티칸 공의회(1962-65)의 결정으로 금세기에 와서 변화가 촉진되었음에도 불구하고 오늘날도 어떤 독자들은 라틴어로 가톨릭의 미사가 집전되는 것을 들은 기억이 있을 것이다. 현대의 신학자들은 여전히 헬라어를 사용하는 동방의 위대한 교부 신학자들―알렉산드리아의 클레멘트, 오리겐, 아타나시우스, 대 바실, 나지안주스의 그레고리, 크리소스톰, 다마스커스의 요한―과 라틴어를 사용하는 서방의 교부 신학자들―터툴리안, 키프리안, 암브로스, 어거스틴, 제롬, 대 그레고리―간에 언어적 구별을 하고 있다.[6]

따라서 일반적인 차원에서 볼 때 신학적·지리적·언어적 요소들은 함께

---

6) Philip Sherrard, *The Greek East and the Latin West* (New York: Oxford University Press, 1959); John E. L. Oulton and Henry Chadwick, eds., *Alexandrian Christianity* (Philadelphia: Westminster, 1954); S. L. Greenslade, ed., *Early Latin Theology* (Philadelphia: Westminster, 1956); the two works by Hans von Campenhausen, *Fathers of the Creek Church* (New York: Pantheon, 1959), and *Fathers of the Latin Church* (Stanford, Calif. : Stanford University Press, 1961).

결합하여 정교회의 파토스를 서방 기독교의 유형으로부터 구별하는 역할을 한다. 이어지는 장들에서 이 두 개의 지체가 기독교 전통을 이해하는 방식에서 드러나는 구체적이고 특수한 차이점을 탐구할 것이다. 물론 동방기독교와 서방기독교 사이에 존재하는 이러한 차이점들이 하룻밤 사이에 생겨난 것이 아니다. 이 차이점들은 수세기에 걸쳐서 역사적·정치적·사회적·신학적 요소들이 결합되어 일어난 결과인 것이다.

고전적 정교회: 787년까지

이 장에서 정교회의 완전한 역사를 기술하려고 시도하는 것은 불가능하다. 어떤 사람들은 그 작업을 잘 해냈다.[7] 그럼에도 불구하고 정교회의 주요 윤곽과 사건과 인물들의 일부를 소개하고자 한다.

역사가들은 언제나 연대기적 길잡이를 설치하여 역사를 체계화하기 위해 애를 많이 쓴다. 비잔틴 기독교의 구체적인 연대는 칼케돈 공의회(451)로부터 투르크족에 의해 콘스탄티노플이 함락된 시점(1453)까지로 잡을 수 있다.[8]

그러나 나는 편의상 정교회의 역사를 754년 다마스커스의 요한의 사망과 일곱 번째이자 최후의 에큐메니칼 공의회로서 이콘의 사용을 지지한 니케

---

[7] 참고문헌에 수록되어 있는 Atiya, Benz, Bratsiotis, Ellis, French, Tarasar, Ware, Zernov의 작품을 보라. 특히 웨어의 *Orthodox Church*는 정교회의 역사와 신학을 잘 요약하고 있다. 이 장은 그의 책에 많이 의존했다.

[8] John Meyendorff, *Byzantine Theology: Historical Trends and Doctrinal Themes* (New York: Fordham University Press, 1974), 3.

아 공의회(787년)로 끝나는 고전적 시기인 초기, 콘스탄티노플이 이슬람 제국에 함락됨으로써 끝나는 중기, 이슬람 제국과 이어서 무신론의 치하에서 겪은 정교회의 삶으로 특징되는 현대로 구분한다.

최초 몇 세기 동안에 기독교 공동체는 많은 분야에서 심각한 위협에 부딪혔다. 311년 갈레리우스 황제에 의해서 신교자유 칙서Toleration Edict가 발표되기까지 기독교인들은 극심한 박해를 겪었다.[9] 2세기에는 교회 내외에서 오는 지적인 도전으로 교회는 위기를 겪었다. 켈수스(오리겐에 의해 반박됨)와 마르시온의 영지주의(이레니우스에 의해 반박됨)는 외적, 이방인의 도전을 제기했다. 동료 기독교인들로부터 야기된 내적인 이단의 위협은 또 다른 문제였다. 삼위일체의 기본적 교리를 만들어 내고 또한 그러한 신념들을 신조의 형태로 표현하는 데 있어 절대적인 역할을 한 헬라적 기독교인들에게, 그러한 신조를 암송하는 동방과 서방의 모든 신자들은 감사의 빚을 지고 있다.

321년경 알렉산드리아 출신의 기품 있고 명망 높은 사제 아리우스는 예수 그리스도가 성부 하나님께 대해서 갖는 관계에 관하여 그의 주교와 논쟁했다. 아리우스가 가르친 것처럼 예수 그리스도는 피조된 존재인가? 아니면 주교 알렉산더가 주장하는 것처럼 예수 그리스도는 피조된 존재가 아니며, 성부와 함께 영원히 존재하는가? 아리우스는 그의 지지자들 중의 한 사람인 니코메디아의 유세비우스에게 보낸 편지에서 "우리가 박해받는 이유는 단지 우리가 성자로부터 시작이 있으나 하나님에게는 시작이 없다고 말하기 때문이다"라고 불평했다. 아리우스는 그리스도가 창조되기 전에는 존

---

9) Eusebius, *Ecclesiastical History* 8. 17. 6-10.

재하지 않았다고 가르쳤다. 쟁점은 그리스도의 완전한 신성의 문제였다. 이는 만일 그리스도가 시작을 가지고 있는 피조된 존재라면 완전한 하나님이 될 수 없기 때문이다.

콘스탄틴 황제는 처음 그 문제를 알게 되었을 때 그것을 "무가치한 질문"이라고 일축했다. 그러나 신학적 분열이 정치적 안정을 위협하게 되자 그 논쟁에 개입하기로 결정했다. 322년에 황제의 사절인 코르도바(스페인)의 호시우스가 그 문제를 해결하는 데 실패한 후 콘스탄틴은 그 문제의 해결을 위해 약 삼백 명의 주교들을 그의 여름 궁전에 소집했는데, 참석자들의 대부분은 그 논쟁이 치열하게 전개된 헬라어를 말하는 동방의 주교들이었다. 이리하여 최초의 에큐메니칼 공의회인 니케아(현대 터키의 이시니크) 공의회가 탄생한 것이었다.

니케아 공의회의 정통 교리를 확고히 지키는 데 주도적인 역할을 한 사람은 328년에서부터 죽을 때까지 알렉산드리아 주교를 지낸 아타나시우스(296-373)였다. 아타나시우스는 굳게 아리우스주의를 반박했다. 이런 단호한 입장으로 인해 그는 알렉산드리아 주교로서 격랑의 시기 동안 다섯 번이나 유배되는 큰 대가를 치러야 했다. 325년에 개최된 공의회에서 아타나시우스는 알렉산더 주교 밑에서 젊은 부제로 일하고 있었다(328년에 그는 알렉산더의 뒤를 이어 주교가 되었다). 그는 아리우스주의자들의 주장, 곧 그리스도는 아버지와 단순히 유사 본질*homoiousios*이 아니라 동일본질 *homoousios*이라는 중요한 교리를 지켜 내는 데 조력했고, 후에는 그 교리를 타협 없이 변호했다. 결국 니케아 신경은 예수 그리스도는 "참 하나님 중의 하나님이시며, 피조되지 않고 출생되었고, 아버지와 동일 본질"이라는 결론을 도출해 냈다.

4세기에 니케아에서 명확히 표현되었고, 이어서 제2차 에큐메니칼 공의회였던 콘스탄티노플 공의회(381)에서 강화되고 정련된 삼위일체 정통의 변호에 있어 큰 역할을 한 세 명의 신학적 영웅이 나타났다. 아타나시우스와 함께 세 명의 카파도키아 교부들은 동방기독교의 이해에 있어서 필수적인 인물들이다. 교회가 그와 같은 네 명의 신학적 영웅들을 동시에 보유한 적은 거의 없었다.

대 바실Basil the great, 329-79과 그의 동생 닛사의 그레고리Gregory of Nyssa, 330-95는 부유한 기독교인의 가정에서 태어났다. 그는 370년에 유세비우스를 계승하여 가이사랴의 주교가 되었고 이 직위를 죽을 때까지 보유했다. 바실은 금욕주의자로서 종종 동방 수도원주의의 아버지로 간주된다. 그는 친구 나지안주스의 그레고리Gregory of Nazianzus와 함께 수도원 공동체를 설립했고 이 공동체를 위해서 친히 수도원 규칙을 집필했다. 모든 면에서 바실은 흠모의 대상이자 모범적인 기독교인이었다. 그는 가난한 사람들을 위해서 그가 정성을 들여 설립한 학교와 병원의 재정을 충당하기 위해 전 재산을 바쳤고, 또 가장 비천하고 불쾌한 일을 떠맡음으로써 사랑의 섬김의 본을 보여 주었다. 그는 신학자로서 끊임없이 도전하는 아리우스주의를 물리치고(『유노미우스를 반박함』[Against Eunomius]), 성령의 신성을 변호하며(『성령에 관하여』), 삼위일체는 "하나의 본질 속에 세 분의 위격"이라는 중요한 신학적 명제를 만들어 냈다.

닛사의 그레고리는 수사학 교사로서의 세속 직업을 취함으로써 그의 형 바실의 마음을 불쾌하게 하였다. 그러나 그는 아내가 죽은 후 바실이 설립한 수도원에 들어갔다. 371년 그는 닛사의 주교에 임명되었다. 그레고리 또한 바실과 마찬가지로 니케아 정통의 강력한 변호자였다(그는 376년 아리우스파 주교에 의해 폐위되었다가 2년 후에 복귀했다). 은둔과 정적생활을 사랑하는 품성에도 불구하고 그레고리는 381년의 콘스탄티노플 공의회에서 개막 연설을 하게 되었다.

나지안주스의 그레고리는 아테네에서 바실과 함께 공부하는 동안 그와 친구가 되었고, 바실과 함께 수도사로서의 삶에 가담했다. 그레고리는 제2차 에큐메니칼 공의회에서 콘스탄티노플의 주교로 선출되었지만, 그의 임명이 논쟁을 불러일으키게 되자 사임했다. 그의 가장 중요한 신학 작품인 『신학적 연설』The Theological Oration은 니케아에서 처음으로 표명되었던 정통 삼위일체 신학에 대한 또 하나의 변증이다.

4세기와 5세기도 여전히 에큐메니칼 공의회의 중요성을 경험한 시대였다. 381년에 황제 테오도시우스 1세가 제2차 에큐메니칼 공의회를 소집했다. 콘스탄티노플 공의회의 법령은 니케아 신앙을 강화했고 이단자들을 저주했다. 또한 콘스탄티노플의 권위를 로마의 권위 다음으로 확언했다. 니케아 신조 이외의 다른 신조를 사용하는 것을 금지한 에베소 공의회(431) 이후에 모든 에큐메니칼 공의회 중에서 가장 중요한 공의회인 칼케돈 공의회(451)가 개최되었다. 동방의 황제 마르시안에 의해 소집된 칼케돈 공의회에는 그리스도의 두 본성의 관계에 관한 문제를 해결하기 위해 오백 명의 주교들이 참석했다. 칼케돈 정통은 그리스도의 두 본성을 하나의 본성으로 융합시킨 유티케주의Eutychian Heresy와 그리스도의 두 본성을 두 개의 위격으로 나눈 네스토리우스주의Nestorius Heresy에 반대하여 그리스도는 하나의 위격이시고 두 개의 본성—신성과 인성—을 가지시며 또한 각 본성이 완전하고 그 완전성을 유지하시고 나아가서 그 두 본성이 그와 같은 방식으로 연합되어 있기 때문에 제삼의 본성이 형성될 수 없다고 주장했다. 451년의 공식은 고백하기를 그리스도가 "혼동이나 변화, 나눔, 혹은 분리 없이 두 본성으로 존재한다. 두 본성의 구별은 결코 연합에 의해서 취소되지 않았다. 오히려 각 본성의 특징은 보존된 채로 하나의 위격과 존재를 형성하게 되었다. 따라서 두 위격으로 나누어지거나 분리되지 않고 유일하고 동일한 성자, 그리고 유일하게 출생되신 말씀이신 하나님, 예수 그리스도이시다"라고 했다.

4세기 후반에서 8세기말까지는 정교회가 다방면에 걸쳐 발전의 열매를 맺은 중요한 시기였다. 이집트의 사막에서 시작된 동방 수도원주의가 성행했다.[10] 칼케돈 공의회 시대까지 소위 5대 주교좌가 설립되었다. 말하자면 교회의 5대 주교좌가 특별히 존경받게 되었는데, 이는 그 사도적 기반과 정치적 의의―주님의 도성으로 존경받았던 예루살렘을 제외하고― 때문이었다. 각 도시의 주교들은 대주교로 인정되었다: 로마, 콘스탄티노플, 알렉산드리아, 안디옥, 예루살렘.

정교회에서 이 5대 주교좌는 특별한 존경을 받았다. 그러나 그들의 권위 자체는 전 세계의 모든 다른 주교들과 동등한 것에 불과했다. 로마의 주교좌에 최고의 영예를 부여하고 교황을 동등한 자들 중에서 첫째라고 간주하기는 했지만, 가톨릭주의와 달리 정교회는 로마에 수장적 권위를 부여하기를 거부했다.

이 시기에 몇몇 핵심적인 신학자들이 동방기독교의 성숙에 기여했다. "황금의 입"이라고 불리는 요한 크리소스톰(c. 345-407)은 본문의 역사적·문자적 의미를 강조하는 해석학으로 성경석의 학자로서 명성을 누렸을 뿐만

---

[10] 예를 들어 아타나시우스의 『모세의 생애』(Life of Anthony, 은성출판사 간)를 보라. 정교회 수도원 운동의 중심지는 북부 그리스의 아토스 성산이다. 이 수도원에는 한 때 5만 명의 수도사가 소속되어 있었다고 한다.

아니라 신앙의 변호자로 명망을 얻었다. 요한 크리소스톰은 시리아의 안디옥에서 수년 간 봉사한 후 398년에 마지못해서 콘스탄티노플의 주교가 되었다. 흔히 16세기 종교개혁자들과 함께 어거스틴 다음가는 명성을 누린 신학자는 크리소스톰 외에는 없었다고 일컬어진다.

고백자 막시무스Maximus the Confessor, 580-662는 7세기 신학을 지배한 신학자였고 진정한 비잔틴 신학의 아버지로 간주된다.[11] 반면에 요한 클리마쿠스John Climacus, 579-649는 신비적 영성의 안내서로 가장 폭넓게 읽힌 책들 중의 하나인 『거룩한 등정의 사다리』Ladder of Divine를 썼다. 8세기의 신학을 지배한 신학자는 다마스커스의 요한이었다. 그는 최초의 가장 중요한 조직신학서인 『정통 신앙』The Orthodox Faith을 정교회에 바쳤는데, 혹자는 이 책을 정교회의 유일한 조직신학서라고 평하기도 한다. 그는 이콘의 사용을 변호한 지도적인 인물이었다.

제5차 및 6차 에큐메니칼 공의회가 553년과 680년에 콘스탄티노플에서 개최되었다. 제4장에서 상세히 토론하게 될 이콘 사용에 관한 논쟁은 787년의 에큐메니칼 공의회에서 최종적으로 타결되었는데, 이 공의회에서 이콘 숭배가 승인되었다. 7개의 공의회는 정교회에 있어 엄청난 중요성을 지니고 있다. 이는 정교회가 자신을 일곱 공의회의 교회라고 흔히 칭하는 것을 보아서도 알 수 있다. 러시아의 수도 대주교였던 존 2세의 말을 빌면 "모든 사람들은 7개의 거룩한 에큐메니칼 공의회가 있으며, 또한 이 공의회들은 하나님의 말씀에 기초한 신앙의 일곱 기둥이며, 이 기둥 위에 하나님께서

---

11) Meyendorff, *Byzantine Theology*, 17.

는 그 분의 거룩한 집, 곧 보편적 에큐메니칼 교회를 세우셨다고 믿는다."[12] 말하자면 정교회는 7개의 공의회들이 성경 다음의 신학적 권위를 가지고 있다고 믿는다. 다마스커스의 요한의 죽음(754)과 제7차 에큐메니칼 공의회(787)에서의 이콘 사용의 합법화와 함께 정교회의 위대한 초기가 끝난다.

새로운 기회와 새로운 도전(1453년까지): 슬라브족의 개종

중기 정교회의 주된 이정표는 슬라브 민족의 개종(988), 서방기독교와의 최종적 분열(1054), 그리고 콘스탄티노플의 함락(1453)이다. 기독교적 러시아의 시작은 12세기의 『러시아 주요 연대기』Russian Primary Chronicle에 기록되어 있는데, 이 책은 키에프족 최초의 역사 기록이다. 유일한 참된 종교를 발견하고자 결심한 키에프 족의 왕 블라디미르가 사절단을 파견했다. 사절단은 처음에 볼가Volga 지역의 불가르 회교도들Bulgar Muslims을 만났다. 그러나 그 회교도들이 거칠고 광적이라는 사실을 발견했다: "그들 가운데는 기쁨이 없고 슬픔과 심한 냄새만 있을 뿐이다. 그리고 그들의 제도에는 좋은 것이라고는 없다." 서방의 기독교도 보다 나은 점이 없었다. 연대기는 계속해서 그 사절단이 독일과 로마에서 "아무런 아름다움을 보지 못했다"라고 기록한다. 그러나 콘스탄티노플에서의 예배는 전혀 다른 것이었다. 사절단은 그곳 성 소피아 교회The Church of Holy Wisdom에서 성 요한 크리소스톰이 주재하는 거룩한 예전—주일과 평일을 위한 일상적인 예전—에 참석했다. 그들은 스스로 목격한 예전의 장엄함에 매료되었다. 연대기에 따르면 그들

---

12) Ware, *Orthodox Church*, 1964 ed., 26에 인용됨.

은 자신이 하늘에 있는지 땅에 있는지 분별할 수 없었고 "너무나 압도되어서 그 경험을 제대로 묘사할 수 없었다."[13]

988년에 블라디미르 왕이 세례를 받았다. 그리고 1988년에 러시아는 천년에 이른 정교회 유산을 경축했다. 모든 면에서 블라디미르는 키에프족 러시아(오늘의 우크라이나)를 이끌어 열정적인 개혁을 추진했다. 대중 세례가 이루어졌고 성당이 건축되었으며, 사제와 성물 · 거룩한 기물 · 예전이 수입되었다. 수도원이 성행했고, 이방의 우상들은 철폐되었으며, 교회 법정이 개설되었고, 십일조가 제정되었다. 블라디미르는 이방 종교를 거부하고 동방적 형태의 기독교를 택하는 과정에서 "러시아의 운명을 결정했다.…전체 러시아의 정신과 마음이 이러한 동방기독교의 틀에 의해 형성되었다."[14] 그 뒤를 이어서 블라디미르의 세례는 각 개인에게 정교회 신앙을 유산으로 남겨 주었을 뿐만 아니라 "전체적인 기독교 문화와 문명을 전수해 주었다."[15]

키에프에서 시작된 역사는 모스크바에서도 이어졌다―단순히 경제적 혹은 정치적 문명의 발전만이 아니라 특히 기독교 문화의 발전. 이 점에서 학자들은 종종 충분한 문서적 뒷받침을 받고 있는 뚜렷한 운명의 자각―모스크바적 혹은 러시아적 메시아주의―말하자면 그 백성들이 세상을 향한 선교의 사명을 위해 하나님에 의해 선택된 것으로 스스로 생각하는 것하는 것―을 종종 언급한다. 12세기에 위대한 영적 성장을 이룬 모스크바는 상당히 부흥운동적 입장에 서 있었다. 서방이 종교개혁의 와중에서 진통을 겪고 있

---

13) James H. Billington, *The Icon and the Axe: An Interpretive History of Russian Culture* (New York: Random House, 1966), 6-7.
14) George P. Fedotov, *The Russian Religious Mind* (New York: Harper & Row, 1965),
15) Ware, *Orthodox Church*, 1964 ed., 86.

는 동안 러시아에서는 16세기 말에는 이미 "사회의 급진적인 수도원화"가 세속 문화를 제거했다: "공포의 이반Ivan the Terrible, 1533-84이 통치하던 때까지 러시아는 역사적 자부심과 그 문화 전체의 종교적 특징으로 인해 심지어 정교회를 신봉하는 다른 슬라브족들과도 스스로 구별시켰다."[16]

서구인들이 종종 모스크바를 무신론적 악의 제국의 중심지라고 생각하는 경향이 있지만, 사실 오랫동안 모스크바는 기독교에서 제3의 로마라고 간주되어 왔다. 동방기독교의 중심지였던 콘스탄티노플이 천백 년간 새 로마로서의 역할 끝에 1453년에 투르크족에 함락되었을 때 모스크바는 기독교의 수호자라는 직책을 상속했다. 역사가들은 이러한 개념의 기원을 추적하면서 푸스코프에 있는 엘레아자르 수도원의 수도사 필로테우스Philotheus에게서 기인한 것으로 보는데, 그는 1510년 황제 바실 3세에게 보낸 편지에서 모스크바를 새 로마로 예고했다.

"고대 로마의 교회가 무너진 것은 아폴리나리우스주의 이단 때문입니다. 제2의 로마—콘스탄티노플의 교회—는 하갈인Hagarenes의 도끼에 의해 찍혀 버렸습니다. 그러나 이 세 번째 새 로마, 곧 당신의 강력한 통치 하에 있는 보편적·사도적 교회는 지구 끝까지 정통 기독교 신앙을 태양보다 더 밝게 비춥니다.…우주 전체에서 당신만이 기독교인들의 유일한 황제입니다.…경건한 황제시여, 내 말에 귀를 기울여 주십시오. 모든 기독교 왕국들이 오직 당신의 왕국으로 수렴됩니다. 두 개의 로마는 무너졌습니다. 제3의 로마가 지금 서있고, 제4의 로마는 존재하지 않을 것입니다."[17]

---

16) Billington, *Icon and the Axe*, 61, 69.

17) Ibid., 58; Ware, *Orthodox Church*, 1964 ed., 113.

1472년 대 이반Ivan the Great이 비잔틴 최후의 황제의 조카인 소피아와 결혼함으로써 콘스탄티노플의 합법적인 계승자로서의 모스크바의 지위는 일찍 견고한 기초를 놓게 되었다.

1914년 러시아 혁명이 발생하기 직전에 러시아는 1천 개 이상의 수도원을 보유하고 있었다. 무신론이 지배하던 70년의 오랜 기간 동안에도 15세기에 기원한 6개의 웅장한 교회들이 의회 궁전—무신론적 소비에트 정부의 중심지—에 인접한 크렘린 벽 안에 서 있는데, 이 교회들은 천 년에 이르는 기독교적 정체성를 소리 없이 증언하고 있다.[18]

동방과 서방의 분열

블라디미르 왕이 10세기에 보낸 사절단은 동방과 서방기독교 사이에 큰 차이점이 있는 것을 발견했다. 교회의 일치를 지키려고 하는 양측의 노력에도 불구하고 11세기까지는 헬라교회와 라틴교회 간의 분열이 피할 수 없는 결과라는 것이 분명해졌다. 1054년의 대분열 이후 정교회는 그들 자신의 정체성을 유지하면서 개신교 및 가톨릭 모두와 분리되었다. 교회의 분열—예를 들면 5세기 북아프리카에서 일어난 도나티스트 논쟁—이 이미 교회사에서 발생했었고, 또 다른 분열—1378년에서 1417년까지 교황청의 분열 및 개신교의 종교개혁—도 일어날 것이었다. 그러나 대분열은 후대에 엄청

---

18) 러시아의 기독교에 대해서는 다음을 보라: Nicolas Zernov, *The Russians and Their Church* (Crestwood, N.Y.: St. Vladimir's Seminary Press, 1978); George P. Fedotov, *A Treasury of Russian Spirituality*, 2 vols. (Belmont, Mass : Nordland, 1975); idem, *Russian Religious Mind*; Jane Ellis, *The Russian Orthodox Church. A Contemporary History* (Bloomington: Indiana University Press, 1986).

난 결과를 초래한 최초의 분열이었다. 오늘날까지도 대분열로 인한 상처는 치료되지 않고 있다.

부부의 이혼과 흡사하게 대분열은 미래의 교회에 문제의 씨를 뿌렸다. 1054년의 분열은 긴 비극적 소원 관계의 전조에 불과했다. 그 해에 교황 레오 9세는 추기경 훔베르트Humbert를 교황 특사로 콘스탄티노플의 성 소피아 교회에 파견했다. 6월 16일 그 곳에서 훔베르트는 정교회의 총대주교 미카엘 케루랄리우스Michael Cerularius와 동방기독교인들을 저주하는 교황의 파문칙서를 낭독했다. 로마는 "헬라의 이단들"이 "거룩한 보편적 · 사도적 교회를 짓밟고 굴욕을 주려고" 시도했다고 비난했다. 반면에 케루랄리우스는 정교회 신자들에게 "이단적인 라틴 사람들을 받아들인 사람들과의 교제를 피하기 위해서 도망하라"고 간청했다.[19] 1054년까지 이르는 몇 세기 동안에 정치적 · 경제적 · 신학적 요소들이 함께 결합되어 최종적으로 영적인 이혼을 초래했다.

일찍이 4세기에 동로마와 서로마 제국은 분열될 조짐을 보이고 있었다. 우리가 본 대로 콘스탄틴 황제는 330년에 제국의 수도를 콘스탄티노플로 옮겼고, 그 이래로 다음 천 년 동안 콘스탄티노플은 제국의 수도로서 상대적으로 정치적 · 종교적 안정을 누리게 되었다. 반면 5세기말 야만인들의 침략은 로마의 정치적 위상을 현저하게 떨어뜨리고, 또한 로마와 콘스탄티노

---

19) Jaroslav Pelikan, *The Spirit of Eastern Christendom (600-1700)* (Chicago: University of Chicago Press, 1974), 170-71. 1054년의 분열에 대해서는 다음을 보라: Yves Congar, *After Nine Hundred Years* (New York: Fordham University Press, 1959); Steven Runciman, *The Eastern Schism* (New York: Oxford University Press, 1955); Francis Devornik, *The Photian Schism: History and Legend* (New York: Cambridge University Press, 1948).

플의 시민들이 향유해 왔던 일치를 단절시키는 결과를 가져왔다. 6세기 말까지는 양 진영 모두 상대편의 언어를 전혀 말할 수 없었다. 무하메드(632년 사망)의 사망 이후 성장하던 이슬람은 732년 찰스 마르텔Charles Martel과의 투르 전투에서 견제 당했다. 그러나 그때까지는 대부분의 동부 지중해 지역은 이슬람교의 수중에 들어갔다. 콘스탄틴이 한때 지중해 주변 지역 전체를 통치하면서, 그 결과로 이들 지역에서 기독교가 왕성했지만 이슬람의 팽창으로 인해 비잔틴 기독교인들 및 그 수도 콘스탄티노플과 서방 제국 및 기독교인들과의 관계는 단절되었다. 교황 레오 3세가 동방 헬라인들의 반대에 귀를 막아 버리고 8백 년 크리스마스에 샤를마뉴Charlemagne에게 서방 황제의 관을 씌워 주었을 때 비잔틴인들은 서방 황제를 인정하기를 거부했다. 비잔틴인들은 샤를마뉴의 신성 로마 제국의 형성은 정치적 사보타지이며, 그의 대관식에 레오가 공모되었다는 사실은 교회 분열의 행위라고 간주했다. 사실 샤를마뉴의 문예부흥은 강한 반헬라적 감정으로 특징되며, 또한 신학적 영역에서도 그는 "필리오케"라는 용어를 첨가하여 니케아 신경을 해석한 서방측 입장을 받아들이지 않은 정교회 기독교인들을 비난했다.

정치적·문화적 요소들과 함께 하나된 그리스도의 몸을 찢어 놓은 다른 신학적 요소들도 존재한다. 예를 들면 수많은 일반적 관행들이 헬라기독교와 라틴기독교를 이질화시켰고, 이는 또한 상호 소외감이 점점 더 강하게 일어나게 했다. 동방은 일부 성직자의 결혼을 허용했던 반면에 서방은 성직자의 독신을 요구했다. 동방에서는 지역 교구의 사제가 견진성사를 주재할 수 있었던 반면, 서방에서는 오직 주교만이 그 성사를 집행할 수 있었다. 성찬식 때 가톨릭은 포도주와 물을 섞어사용했지만, 정교회는 그렇게 하지 않았다. 서방은 발효되지 않은 빵을 사용했고, 동방은 발효된 빵을 사용했다. 성직자의 수염·체발·금식 등의 관행상의 차이도 또한 일치를 깨뜨리는 데 기여했다.

그럼에도 불구하고 다른 모든 요소들을 결합한 것보다 가장 중요한 요인은 두 가지 논쟁이었다. 두 가지 논쟁―교황 수위권과 필리오케 논쟁―은 가톨릭과 정교회 간에 최종적 분열을 향해 줄달음치게 했다. 야만인들의 로마 침략과 뒤이은 황제들의 불운은 권력의 진공 상태를 초래하게 되었는데, 이 진공을 로마의 교황청이 채우게 되었다. 5대 주교의 개념과 함께 논쟁거리를 해결하기 위해서는 단일한 교회 지도자보다는 에큐메니칼 공의회에 호소하는 데 마음이 더 많이 쏠린 동방교회는 교황청의 권력의 남용과 이를 정당화하기 위해 고안된 신학적 체계에 대해서 분개하며 저항했다. 그들은 교황이 최고의 영예를 누리기에 합당하다는 점은 인정했다. 그러나 동시에 그들은 그는 단지 동등한 자들 중에 첫째에 불과하다는 것을 주장했다. 소위 포티우스 분열Photian Schism은 이 문제를 전면에 떠올리는 계기가 되었다.

858년 포티우스는 추방된 후 총대주교직을 사임한 성 이그나시우스를 대신하여 콘스탄티노플의 신임 총대주교로 임명되었다. 그러나 이그나시우스의 추종자들은 이를 받아들이기를 거부하였고, 결국에는 이그나시우스와 포티우스 양자 모두 로마의 지지를 얻기 위해 교황 니콜라스 1세(858-67)에게 호소했다. 니콜라스는 그 문제를 조사한 후, 포티우스를 지지한 교황 사절단의 결정을 뒤집고, 포티우스를 폐위하는 동시에 이그나시우스를 재임명했다. 정교회 기독교인들의 관점에서는 니콜라스의 결정은 속담에 있는 대로 '천막 속에 들어 있는 낙타의 코'의 또 다른 예로 동방교회의 자율성에 대한 침해였다. 게다가 865년에 보낸 편지에서 니콜라스는 교황권을 "전 세계에, 말하자면 모든 교회로" 확장시키겠다고 선포했다. 동방기독교인들은 그것을 받아들이지 않았다.

포티우스는 이어서 니케아 신경에 "필리오케"라는 용어를 삽입했다는 이유로 모든 라틴교회를 이단이라고 선언했다. 원래 니케아 신경에는 성령은 "성부로부터" 발출된다고 기록되어 있다. 후일 서방교회는 "필리오케"라는 어구를 삽입하여—왜, 어디에서 누구에 의해서 삽입되었는지는 알 수 없다—성령이 성부로부터 발출할 뿐만 아니라 "또한 성자"로부터 발출된다고 주장하게 되었는데, 이는 톨레도 공의회(589)에서 승인되었다. 방금 살펴본 것처럼 샤를마뉴는 삽입된 내용을 신경에 포함시키지 않는다는 이유로 동방기독교인들을 비난했다.

정교회 기독교인들은 "필리오케" 삽입이 신경을 수정하지 말라는 과거의 에큐메니칼 공의회의 명백한 지침에 반하는 것이라고 생각했다. 그것은 침해할 수 없는 교부들의 지혜를 침해한 것이었다. 설상가상으로 그들은 첨가된 "필리오케"는 신학적으로 그릇된 것이며, 따라서 삼위일체의 교리에 대한 위협이라고 간주했다. 모든 문제를 더 악화시킨 사건으로, 1009년에 정교회의 총대주교 세르기우스Sergius는 딥티케diptych, 곧 정통적이라고 인정되는 주교들의 공식 명단에 가톨릭의 교황 세르기우스 4세의 이름을 포함시키기를 거부했다. 이로써 동과 서의 교제는 종말을 고하게 되었다.

최종적으로 비극적 행위는 추기경 훔베르트가 레오 9세의 파문장을 총대주교 케루랄리우스가 예전을 준비하고 있는 동안 콘스탄티노플의 제단에 설치함으로써 시작되었다. 그 비극은 동방기독교인들이 결코 잊을 수 없는 타격을 줌으로써 끝나게 되었다. 제4차 십자군 전쟁 중 서방의 군대는 콘스탄티노플에 물밀듯이 밀려와(1204) 성 소피아 교회를 약탈했는데, 이는 정교회의 관점에서 볼 때 상상조차 할 수 없는 신성 모독 행위였다. 1054년의 파문 칙서 사건 이후로 미미하게 남아 있던 화해의 희망은 1204년의 약탈 사건으로 여지없이 깨지고 말았다. 리용(1274)과 플로렌스(1438-39)에서의 가톨릭과 정교회간의 재화합의 노력에도 불구하고 오늘날까지 두 지체는 서로 소원한 상태를 유지하고 있다. 1991년에 정교회의 총대주교는 유럽의 가톨릭 주교 회의에 참석해 달라는 초청을 거부했다.[20]

이슬람의 위협

7세기에 시작된 이슬람의 위협은 번개같은 속도로 폭발되었다. 티모시 웨어Timothy Ware의 연구에 따르면 무하메드가 632년에 죽었을 때 그의 영향력은 제한되어 있었다. 그러나 그로부터 15년 이내에 시리아, 팔레스틴, 그리고 이집트가 이슬람교의 지배하에 들어갔다. 그 세기가 끝나갈 무렵 이슬람이 콘스탄티노플을 거의 점령했다. 무하메드가 죽은 지 겨우 1백 년 후 이슬람은 "북아프리카를 휩쓸고 스페인을 통과해서 서유럽으로 하여금 푸아티에poitiers에서 생사를 건 전투를 할 수밖에 없도록 몰아붙였다."[21] 콘스탄티노플은 다음 7백 년 동안 버텼으나 결국 무너질 수밖에 없었다.

1453년 투르크족에 의한 콘스탄티노플의 함락은 천 년에 걸친 비잔틴 기독교 문화의 종말을 가져왔다. 이제 정교회 기독교인들은 불신자들의 지배하에 들어가게 되었다. 이슬람의 지배 하에서 기독교인들이 어떻게 지내 왔

---

20) 카톨릭 교회와 정교회의 차이점에 대해서는 다음을 보라: John Meyendorff, ed., *The Primacy of Peter in the Orthodox Church* (Crestwood, N.Y.: St. Vladimir's Seminary Press, 1992).

21) Ware, *Orthodox Church*, 1964 ed., 37.

는가 하는 문제는 약간의 논쟁거리이다. 한편 이슬람 교도들은 정교회를 상당히 관대하게 대했다. 사실상 그들은 16세기와 17세기에 개신교와 가톨릭이 서로를 취급한 것보다 훨씬 관대하게 정교회를 대했다. 이슬람은 예수 그리스도를 선지자로 존경하고 성경을 거룩한 책으로 존중했다. 콘스탄티노플을 정복한 술탄 무하메드 2세는 총대주교구에게 합당한 예우를 해주었다. 기독교인들은 이방인들로부터 구별되어 그들 나름의 예배를 드릴 수 있도록 허용되었다. 반면에 술탄 치하에서의 종교의 자유를 보장받는다는 것은 열등한 지위를 갖는다는 것을 의미했다.

"이슬람 치하의 기독교는 이류 종교였고, 신자는 이류 시민이었다. 그들은 과중한 세금을 바쳤고, 구별되는 옷을 입었으며, 군대에 복무하는 것이 허용되지 않았고, 이슬람 여자와 결혼하는 것도 허용되지 않았다. 교회는 선교 활동을 금지 당했고, 이슬람 교도를 기독교로 개종시키는 것은 범죄 행위였다. 물질적 동기로 인하여 기독교인이 배교하여 이슬람교도가 되려는 유혹이 언제나 존재했다."[22]

나아가서 교회의 전체적 위계 조직이 정부의 직접적 지배하에 들어갔다. 기독교인들은 자신들이 신학적으로도 수세적인 입장에 놓여 있음을 발견했다: 삼위일체의 교리는 삼신론이라는 비판을 초래했고, 이콘 숭배는 우상 숭배의 비판을 초래했다. 정교회가 이러한 비도덕적 시련의 시기 속에서 살아남은 것은 베드로에게 하신 말씀, 즉 음부의 권세가 이기지 못하리라는 약

---

22) Ibid., 97-98.

속의 성취이다(마 16:18).[23]

현대: 1453년 이후

7세기말부터 계속해서 지중해 지역의 정교회는 거칠어지는 이슬람의 파도를 헤쳐나가야 했다. 러시아와 동부 유럽에서 정교회는 모스크바가 새로운 로마(제3의 로마)로서 콘스탄티노플을 계승한 이후로 다른 길을 걸어갔는데, 이는 결코 쉬운 길이 아니었다.

1237년에 몽고 군대가 침략해 들어와서 키에프를 약탈하고 1480년까지 러시아의 일부 지역을 통치했다. 옛 신자들—러시아 정교회 내의 보수적인 분파—이 적그리스도로 간주하는 표트르 대제 Peter the Great, 1689-1725의 치하에서 정교회의 총대주교좌는 폐지되고 주교회의Holy Synod로 대체되었다. 1917년까지 교회를 지배했던 이 주교회의는 사실상 국가의 일부로서 그 위원들은 황제에 의해서 임명되었다. 표트르의 친 서방적 세속화의 관점에서 본다면 러시아 교회는 복고적·민족주의적 성향을 띠고 있어서 개혁을 방해하는 짐스러운 존재였다. 그것은 진보의 이름으로 정복되어야 했다. 표트르의 영적 규범Spiritual Regulations, 1721은 총대주교좌를 제거했을 뿐만 아니라 또한 교회 생활의 활력을 효과적으로 억제했다. 사제들은 교구민들을 감시하는 역할을 강제로 떠맡아야 했으며, 정부의 특별한 승인이 없이는 담

---

23) 이슬람 지배 하의 정교회에 대해서는 다음을 보라: Pelikan, *Spirit*, 22742; Steven Runciman, *The Great Church in Captivity: A Study of the Patriarchate of Constantinople from the Eve of the Turkish conquest to the Greek War Of independence* (New York: Cambridge University Press,

임하는 교회를 떠날 수도 없었다. 현존하는 수도원들은 엄격하게 감독받았고, 국가의 허락 없이는 새로운 수도원의 개설이 불가능했다. 표트르 이후 여황제 엘리자베타(1741-62) 및 예카테리나(1762-96)의 치하에서 교회의 운명은 전혀 호전되지 않았는데, 그 여황제들의 치하에서 절반 이상의 수도원이 폐쇄되었다. 비록 이 어두운 시기에 정교회에는 진정한 성자들, 즉 그리스 아토스의 성 니코데모(1748-1809)와 러시아 사로프의 성 세라핌(1759-1833) 등과 같은 영적 거장들이 존재했음에도 불구하고 일반적으로 이 주교회의 지배하의 시기는 신앙의 타협과 세속화, 그리고 국가에 대한 아첨으로 특징지워진다.

1917년 11월 5일 정교회 주교들은 마침내 2백 년 전 표트르에 의해서 강요된 주교회의의 지배로부터 해방되었고 동시에 총대주교좌를 회복했다. 오랜 기다림 끝에 교회의 새로운 새벽이 열렸다. 그러나 이 새벽은 그들이 기대하던 것과는 판이한 것이었다. 가공할 만한 새로운 적이 등장한 것이다. 세 명의 후보 중에서 티콘Tikhon이 새로운 총대주교로 선출되기 2주 전에 니콜라이 레닌과 볼세비키는 페트로그라드를 장악했다. 티콘이 선출되기 겨우 이틀 전에 그들은 모스크바를 물리쳤다. 마치 이슬람이 동방을 위협한 것으로 충분하지 않다는 듯이, 이제 정교회는 새로운 적―급진적 마르크스주의라는 서구적 이단―과 마주치게 되었다. 한 때 제3의 로마였던 모스크바는 이제 새로운 종교―과학적 무신론―를 수출하는 가장 강력한 원천이 되었다.

일관된 마르크스 레닌주의 안에는 모든 종교에 대한 고의적인 적대감이 존재한다는 것은 거론할 필요도 없다.[24] 진리는 스스로 말한다. 레닌, 이오시프 스탈린, 니키타 후루시초프 등의 치하에서 말로 표현할 수 없을 정도로 극심한 교회에 대한 적대감이 표출되었다. 5천 만 명이 소비에트 연방 시대에 살해당했다. 1917년의 혁명과 2차 세계대전이 발발하던 중에 거의 5만 명의 사제들이 추방되었다. 1천 개의 수도원과 6개의 신학교가 폐쇄되었다.[25] 1933년까지는 모스크바 내의 6백 개 교회 중에서 1백 개만 제외하고 모두 폐쇄되었다. 1941년까지는 러시아 내의 98퍼센트의 정교회들이 문을 닫았다.[26] 또 다른 통계에 의하면 1917년의 혁명 이전에 약 5만 개의 정교회가 존재했었는데 1985년에는 그 수가 7천 개로 감소했다.[27] 지하 교회의 한 주교는 볼세비키가 교회를 숙청하겠다는 의도를 공개적으로 표명한 것이 "아마도 그들의 전체적인 정치적 행동 중에서 유일하게 정직한 행위"[28]였을 것이라고 선언했다. 5천만 명의 학살과 수천 개에 이르는 교회 및 수도원이 폐쇄되는 비극보다 심각한 것은 로이 메데프데프나 로버트 콘케스트와 같은 역사가들이 자료를 고증한 대로 이전의 소비에트 연방 시대의 사람들이 다양한 방면에서 무신론적 공포에 시달리며 살았다는 일화를 증언할 수

---

24) Daniel B. Clendenin, *From the Coup to the Commonwealth* (Grand Rapids: Baker, 1992), 129-34.

25) Mikhail Heller and Aleksandr Nekrich, *Utopia in Power* (New York: Summit Books, 1986), 407.

26) Kent R. Hill, *The Soviet Union on the Brink: An Inside Look at Christianity and Glasnost* (portland: Multnomah, 1991), 84.

27) Elisalbeth Rubinfien, "Orthodox Revival," *Wall Street Journal Europe*, 11 December 1991, p. 7.

28) Dimitry V. Pospielovsky, *The Russian Church under the Soviet Regime, 1917-1982*, 2 vols. (Crestwood, N.Y.: St. Vladimir's Seminary Press, 1984), 1:163.

있다는 사실이다. 오늘날 그 곳에 살고 있는 사람들의 대부분이 최소한 한 명의 가족을 이 악의 제국에 의해 잃어버렸다고 말하는 것이 과장은 아니다.

최후의 5백 년 동안은 정교회에 있어서 안락한 기간이 아니었다. 이 세상에 있는 대부분의 개신교도 및 가톨릭과는 달리 대다수의 정교회 기독교인들은 이슬람이나 무신론의 도전과 위협 속에서 살아야 했다. 물론 최근의 정치적 격동 속에서 러시아 정교회는 새로운 도전과 기회를 맞이하고 있다. 1992년, 1917년의 혁명 이래 역사상 처음으로, 부활절 차임벨이 대 이반의 탑 꼭대기에서부터 크렘린에 울려 퍼졌다. 1993년 초에 총대주교 알렉세이 2세는 러시아 대통령 보리스 옐친을 만나 크렘린의 교회들을 정교회의 품으로 되돌아오게 하는 문제를 논의했다. 1천 년의 역사와 칠십 년의 무신론 지배기를 거쳐서, 7천 만 명의 신봉자들 가운데 현재 일어나고 있는 종교 부흥 및 개신교와 가톨릭의 러시아 침략에 대해 종종 공공연하게 적대감을 표출하는 민족주의의 발효와 함께 현대의 러시아 정교회는 하나님의 왕국 내에서 문제와 잠재력이 묘하게 결합되어 있는 특이한 경우이다. 이 모든 것이 사태를 어디로 이끌어 갈지는 지켜보아야 할 일이다.

3

하나님의 신비성
— 아포파틱 비전 —

하나님은 마음으로 이해될 수 없는 분이다. 만일 그 분이 이해되는 분이라면 그 분은 하나님이 아니다.

— 폰투스의 에바그리오스

하나님에 대한 진정한 지식과 비전은 여기에 있다–그 분이 불가시적인 분이라는 데 있다. 왜냐하면 우리가 추구하는 것은 모든 지식의 이면에 놓여 있어서 불가해성의 어둠에 의해 완전히 분리되어 있기 때문이다.

— 닛사의 그레고리

하나님을 본 사람은 아무도 없다.

— 요 1:18; 요일 4:12

하나님은…가까이 가지 못할 빛에 거하시고 어떤 사람도 보지 못하였고 또 볼 수 없는 이시니 .

— 딤전 6:15–16

모든 신학은 증명되기보다는 수락된 전제나 원리들을 가지고 시작한다.

최고의 신학에서 명확히 제시된 이러한 전제들은 신학의 과제를 안내하고 형성하는 데 도움을 준다. 그럼에도 불구하고 이러한 전제들보다 더 기본적인 것은 체계적인 신학화 작업 이전에 존재하는 자세, 태도, 혹은 지향성이다. 하나님에 관해 사고하기를 시도하는 사람은 누구나 하나의 근본적인 태도, 즉 그의 전제 및 전 신학적 과정을 지배하게 될 특정한 관점이나 사고방식을 가지고 시작한다.

내가 모스크바 국립대학에서 가르치던 때 두 명의 학생들이 나로 하여금 한 사람의 지향성이 얼마나 중요한지, 그리고 동방과 서방의 신학자들이 하나님에 관해 사고할 때 가져오는 상이한 관점들이 얼마나 중요한지를 이해하는 데 도움을 주었다. 나는 모스크바 국립대학의 초청 교수로서 보낸 첫 학기에 대학원생 및 학부생들을 대상으로 한 종교철학 세미나를 인도하면서 C. S. 루이스의 『순전한 기독교』Mere Christianity를 비판적으로 읽는 과제를 주었다. 이 책을 택한 이유는 이 책이 서구의 지식인들 사이에서 끼친 영향력, 기독교의 기본 진리에 대한 신중한 서술, 그리고 이 책이 러시아로 번역되어 있어서 학생들이 쉽게 읽을 수 있었다는 점 때문이었다. 나는 몇 년 전만 해도 소위 과학적 무신론 분과에 등록한 학생들에게 루이스의 책이 큰 영향을 끼칠 수 있을 것으로 생각했다. 나는 큰 기대를 갖고 세미나를 시작했다. 그러나 매주 강의가 진행됨에 따라 학생들이 루이스에 매료되기보다는 오히려 그 반대라는 판단을 갖게 되면서 실망을 느꼈다. 루이스는 내가 기대했던 대로 그들의 생각을 흔들어 놓지 못하고 있는 것 같았다. 서구에서 그토록 많은 사람들에게 그렇게 강한 영향을 끼쳤던 책이 이렇게 무력할 수가 있는가? 내가 이 문제에 대한 해답을 찾지 못한 채 골똘히 생각하고 있을 때 친구 바실리 바실레비치가 찾아 왔다. 그는 대학원생으로서 유신론자가 아니었는데, 루이스에 대한 주요 비판점을 다음과 같이 지적함으로써 나를 놀라게 했다. 그가 루이스에 대해 가지고 있는 문제점은 그 책의 내용에 관한 것이 아니었다. 문제점은 그런 것보다 더 근본적인 것이었다. 바실리는 루이스의 전체적인 방법론의 지향성에 반대했다. 즉 "루이스는 너무나 논리적이고 합리적이다"라는 것이었다.

1년 후 악이라는 문제를 다룬 나의 세미나에 등록한 학생들은 루이스의 또 다른 책 『고통의 문제』를 읽었는데, 이 책도 러시아어로 번역되어 있어서 편리했다. 첫 세미나의 경우와 마찬가지로 나는 학생들이 루이스의 전반적인 사고방식 때문에 문제에 부딪히게 될지도 모른다고 생각했다. 나는 이번에는 문제를 예견했다. 그리고 나의 예견이 옳았다는 것이 판명되었다. 신자인 막심이라는 학생은 우리의 세미나 교재에 대해 분노를 터뜨렸다: "나는 우리가 악의 문제를 토론하기 위해서 논리학을 사용해야 한다는 루이스의 입장을 좋아하지 않습니다. 사물의 본질에 관한 문제를 토론하는 데 있어 논리를 사용하는 것은 옳지 않습니다. 현상학적 영역, 즉 피조 세계와 자연 세계를 토론하는데 있어서는 논리학이 좋은 도구이며 적절한 것이지만 형이상학적 문제를 토론하는 데는 적절하지 않습니다. 더욱이 하나님에 관한 문제는 인간의 논리를 초월하는 것이기 때문입니다."

너무나 논리적이라고? 너무나 합리적이라고? 저자가 너무나 논리적이어서 문제가 된다는 것이 어떻게 가능한가? 합리성이란 피해야 할 악이라기보다는 배양해야 할 덕이 아닌가? 바실리와 막심의 언급, 그리고 내가 경험한 최초의 충격은 동방교회 신학자들의 신학적 태도와 상반되는 서방교회의 신학자들의 태도 사이에 주된 관점의 차이가 존재한다는 것을 지적해 준다.

서방의 즉위와 합리주의에 대한 동방의 불신

서방에서는 계몽주의의 유산을 따라 이성과 논리를 모든 진리의 문제에 대한 최종적 재판관으로 흠숭해 왔다. 따라서 학자들이 서구 문화에서의 이성의 자율성을 말하는 것은 지극히 보편적인 현상이 되었다. 서방에서 모든 진리의 주장은 이성의 잣대에 의해서 검증되어야 할 합리적 지성의 시험을 통과해야 한다. 많은 사람들은 이러한 경향성의 기원을 기독교 철학자 르네 데카르트(1596-1650)와 그의 두 책, 『방법서설』(1637)와 『제일 원리에 대한 명상』(1641)에서 찾고 있다. 이들 책에서 그는 모든 철학적·종교적 사고를 새롭고 견고한 출발점에 토대를 두려고 시도했다. 이 두 책에서 데카르트는 그의 유명한 방법론적 회의라는 기준을 제시하면서, 자신이 매우 명확하고 뚜렷하며 의심할 여지가 없거나 확실하다는 것을 인식하지 않으면 아무 것도 진리라고 받아들일 수 없다고 주장했다. 그는 주장하기를 그의 철학적 결론이 지리학적 증거보다 더 확실할 것이라고 했다. 이러한 데카르트적 혹은 대륙의 합리론—이 속에는 고트프리드 빌헬름 라이프니츠, 베네딕트 스피노자, 크리스천 볼프 등이 포함되어 있다—은 지성의 능력에 대해서 최고의 신뢰와 낙관적 태도를 보일 뿐만 아니라 심지어 모든 신비적인 것들을 풀어야 할 의무를 이성에 부과하게 되었다. 방법론적 회의는 이성의 승인과 인정을 획득하기 전까지는 모든 신념을 보류한다. 합리주의는 "*credo quia intelligo*"(나는 이해하므로 믿는다)의 모토에 의해서 살아가며, 또한 "절대적인 정확성이 의미의 충족을 위해 필요하다"라고 간주한다.[1] 이성에 의해

---

1) Donald Bloesch, *A Theology of Word and Spirit* (Downers Grove, Ill.: Inter-Varsity, 1992), 58, 103.

정당화되지 못하는 진리 주장은 허위이거나 무의미한 것으로 간주되어 거부된다. 이러한 전제에서 작업하여 데카르트나 스피노자, 라이프니츠, 그리고 임마누엘 칸트 등의 이성론자들은 정교회의 전통과는 상이한 방식으로 하나님을 이해한다.[2]

논리학의 즉위와 반대로, 합리주의적 지향은 신화나 신비와 같은 개념을 적극적으로 불신하거나 심지어 경멸한다. 이성주의자들의 사고방식은 모든 신비적 범주를 거부하며, 그에 당황해 하며, 그리고 그 신비적 범주를 천시하는 경향이 있다. 동방과 서방의 사고방식의 차이를 탐구하는 연구에서 앤소니 우골리니크가 관찰하기를, "우리의 교육적 훈련이 사실상 우리로 하여금 신비를 불신하고 제거하도록 가르쳐 왔다"고 말한다, 우골리니크가 이러한 경향을 가진 사람의 예로서 구조주의적 인류학자인 클로드 레비 스트로스Claud Levi Strauss를 인용하면서 지적하는 바는 모든 신념에 대한 이성주의의 전제 조건, 즉 "현대성 속에서의 사명"은 신비를 제거하는 것, 즉 "미지의 것을 알려지게 하는 것"이다. 우골리니크에 따르면 레비 스트로스는 신화가 정신을 위한 조직의 원리로서 기능한다는 것을 인정하지만 후원자적인 의미에서만 그렇게 했다. 그는 오른 손으로 주고서 왼손으로 빼앗아갔다. 레비 스트로스는 "대단히 중요한 사실은 신화가 인간에게 그가 우주를 이해할 수 있다는 환상을 가져다주며, 실제로 그는 우주를 이해한다. 물론 그것은 단지 환상에 불과하다"라고 했다.[3] 우골리니크는 신화—말하자면 신비—는

---

2) Vladimir Lossky, *Orthodox Theology: An Introduction* (Crestwood, N.Y.: St. Vladimir's Seminary Press, 1978), 19; Jordan Bajis, *Common Ground: An Introduction to Eastern Christianity for the American Christian* (Minneapolis: Light and Life, 1991), vi, 6.

3) Claude Levi-Strauss, *Myth and Meaning* (New York: Schocken, 1979), 17.

환상에 불과하다는 이 "황폐케 하는 한정사"가 "현대 이성주의의 자만심과 비극 양자 모두를"[4] 상징한다고 주장한다. 자신의 힘에 대한 극단적인 신뢰에 근거해서 해명할 수 없는 것들을 설명해야 할 의무를 확신하여 신비를 용인하지 않는 합리주의는 많은 서구 사상가들의 전형적인 사고방식이다.

   서방 신학도 이러한 인식론적 지향성으로부터 면제되지 못한다. 신학에 있어서의 뚜렷한 전통은 인간의 합리성을 신학적 진리의 결정적인 기준이라고 높이 존중한다. 이러한 관점을 입증하기 위해서는 많은 예를 제시할 수 있다. 『기독교의 합리성』(1695)이라는 책에서 존 로크John Locke, 1632-1704는 모든 성경적 계시의 진리는 신앙에 의해서 수납되기 이전에 궁극적 기준인 이성에 의해서 검증되어야 한다고 주장했다. 이성과 논리학에 반하는 신학적 진술들은 거부되어야 한다. 당대의 이신론을 반대하는 지도적인 인물이었던 조셉 버틀러 주교Joseph Butler, 1695-1752는 영향력 있는 그의 책 『종교의 유비』에서 "이성을 철저히 추구하라. 그리고 만일 그리스도에 의한 세상의 구속을 설명하는 성경의 어느 부분이라도 이성에 상반되는 것이 발견된다면, 하나님의 이름으로 성경을 포기하라"[5]고 썼다. 현대 저자인 노만 가이슬러Norman Geisler에 따르면 비모순의 법칙은 침해할 수 없다. 그것은 "하나님에 관한 모든 사고와 언어를 절대적으로, 그리고 우주적으로 다스린다.… '인간의 논리'는 언제나 실재에 관한 우리의 모든 생각을 지배한다. 그렇지 않으면, 실재에 관한 모순적인 사고와 진술만 우리에게 남아 있게 될 것이

---

4) Anthony Ugolnik, *The Illumination Icon* (Grand Rapids: Eerdmans, 1989), 144.

5) Joseph Butler, *The Analogy of Religion, Natural and Revealed, to the Constitution and Course of Nature* (New York: Robert Carter and Brothers, 1858), 224

다."6)

오늘날 가장 영향력 있는 신학자들 중의 한 사람인 뮌헨의 볼프하르트 판넨베르그도 그와 유사하게 신학을 계몽 이성의 법칙에 순응시키려는 결심을 표명했다. 계시의 진리는 이성적인지 여부를 입증 받아야 한다. 그는 종교적 진술이 "보편적으로 수락되기를 주장할 수 있으려면 신앙할 가치가 있는지를 적극적으로 증명해야 한다"라고 했다. 말하자면 "모든 신학적 진술은 이성의 영역에서 스스로 입증해야 한다. 그리고 의문시되지 않은 신앙의 전제에 바탕하여 주장되어서는 안 된다."7)

이와 반대로 동방의 사상가들은 매우 판이한 사고방식으로 하나님에 관한 사고를 시작한다. 나의 제자들인 바실리와 막심의 예에서 볼 수 있는 것처럼 동방의 사상가들은 전형적으로 서방의 이성주의에 대해 회의적인 입장을 표명한다. 심지어 어떤 사람들은 이성주의에 대한 그와 같은 불신이 정교회에 전염되어 있다는 의견을 제시하기도 했다. 역으로 말하면 정교회는 신비성을 보다 적극적으로 받아들이려 한다.8) 정교회 사상가들이 이런 특징

---

6) Norman Geisler, "Avoid All Contradictions: A Surrejoinder to John Dahms," *Journal of the Evangelical Theological Society* 22.2 (June 1979): 159, 155.

7) Wolfhart Pannenberg, *Basic Questions of Theology*, trans. George H. Kehm, 2 vols. (Philadelphia: Westminster, 1983), 2: 102, 54. 로크, 버틀러, 가이슬러, 그리고 판넨베르그에 관한 예들은 Bloesch, *Theology of Word and Spirit*에서 따온 것이다. 도널드블뢰쉬는 B. B. Warfield, James Oliver Buswell, John Gerstner, R. C. Sproul, John Warwick Montgomery, Gordon Clark 등의 학자들에게서 신학적 합리주의를 발견한다(pp. 253-54). 기독교의 주장을 유효하게 만드는 인간 이성의 능력에 대한 개신교주의의 신뢰에 대해서는 Jaroslav Pelikan, *From Luther to Kierkegaard* (St. Louis: Concordia, 1950), 49-75를 보라.

8) Frederick C. Copleston, *Philosophy in Russia*(Notre Dame: University of Notre Dame Press, 1986), 16; Sergius Bulgakov, *The Orthodox Church*, rev. ed. (Crestwood, N.Y.: St. Vladimir's Seminary Press, 1988), chap. 11, "Orthodox Mysticism."

을 가지고 있다는 것을 쉽게 입증할 수 있다. 반 서구적 입장은 소위 슬라브 민족 주의slavophil에서 특별히 강하게 나타난다. 알렉세이 코미아코프Alexei Khomiakov, 1804-60와 레프 쉐스토프Lev Shestov, 1866-1938은 표트르 대제의 서구화 정책 및 특별히 그에 수반되는 합리주의의 영향을 날카롭게 비판했다.

쉐스토프는 합리주의를 거부한 러시아 사상의 움직임 중에서 가장 비타협적이고 뚜렷이 거부한 사람이었다. 그는 신학이 이성의 잣대 위에서 스스로를 정당화할 수 있어야 한다는 칸트의 주장은 불가피하게 "이성의 독재"로 이끌 것이라고 주장했다. 이성이 주인이 되어 종교의 원인을 "그릇된 방식에" 두게 될 것이다.[9] 쉐스토프의 사상에서 성경적 믿음과 논리학에 대한 철학적 의존은 두 개의 매우 상이하고 양립할 수 없는 극단적인 입장이다.

슬라브 민족주의 운동의 지도적 인물인 코미아코프는 개신교와 가톨릭을 동일한 이성주의에서 나온 두 가지 양상일 뿐이라고 본다. 양자 모두 동방기독교와 전적으로 양립 불가능하다. 코미아코프의 사상에서 이 두 가지 서방 기독교의 표현들은 이성주의의 토양에 뿌리를 두고 있으며 신앙이라는 명칭을 정하기에 합당하지 않다. 정교회는 "전적으로 다른 토양에 서 있으며," 따라서 "죽음의 배아"를 품고 있는 서구의 합리주의의 "파괴적 유산"이 동방기독교의 영적인 삶을 죽이는 것을 방지하기 위해서 경계해야 한다. 이처럼 이성과 신앙에 대해서 근본적으로 다른 관점에 뿌리를 둔 코미아코프는 "'동과 서'의 차이가 너무나 커서 서로 일치할 수 있는 공통점을 찾는다는 것

---

9) Lev Shestov, *Speculation and Revelation*, trans. Bernard. Martin(Athens, Ohio: Ohio University Press, 1982), 41, 21.CF. Frederick C. Copleston, *Russian Religious Philosophy* (Notre Dame: University of Notre Dame Press, 1988), chap. 6.

은 거의 불가능하다"[10]라고 주장한다.

그러나 동방의 사상가들이 인간의 지식과 경험을 위한 필수적인 요소로서 이성을 거부하지 않는다는 점에 주목하는 것이 중요하다. 정교회의 종교 서적들 중에 가장 중요한 것을 편집한 『필로칼리아』를 읽어보면, 동방교회의 영성에서 중심적인 역할을 한 것이 지성이라는 것을 알게 될 것이다. 정교회는 우둔한 비이성주의, 즉 모순되기 때문에 나는 믿는다credo quia absurdum est 라는 식의 주장을 수용하는 것이 아니다.

이러한 극단적 입장을 제기한 유명한 인물은 라틴 교부인 터툴리안(c. 160-215)이었다. 그는 자신이 그리스도의 죽음과 부활을 믿는 것은 그것이 믿을 수 없고 불가능한 것이기 때문이며,[11] 또 아테네와 예루살렘, 즉 철학적 학문의 세계와 그리스도 교회 간에 공통점이라고는 도저히 찾아볼 수 없다고 주장했다.[12] 나아가서 위에서 제시된 네 명의 서방 신학자들의 예가 모든 서방의 신학자들을 대표하는 것이 아닌 것과 마찬가지로 모든 동방의 사상가들이 쉐스토프나 코미아코프처럼 독단적이지 않다. 예를 들면 요한 웨슬리는 동방기독교의 사상과 많은 유사성을 보여주고 있다.[13]

동방의 사상가들은 이성을 거부하지는 않지만 그들이 이해하는 바 현재

---

10) Alexei S. Khomiakov, "On the Western Confessions of Faith" in Alexander Schmemann, ed., *Ultimate Questions: An Anthology of Modern Russian Religious Thought*(Crestwood, N.Y.: St. Vladimir's Seminary Press, 1977), 29-69.

11) Tertullian "On the Flesh of Christ," in *The Ante-Nicene Fathers*, ed. Alexander Roberts and James Donaldson, 10 vols. (Grand Rapids: Eerdmans, 1950), 3:525.

12) Tertullian "Prescription against Heretics," in *Ante-Nicene Fathers*, 3.246.

13) Randy Maddox, "John Wesley and Eastern Orthodoxy: Influences, Convergences, and Differences," *Asbury Theological Journal* 45. 2 (Fall 1990): 29-53; Howard Snyder, "John Wesley and Macarius of Egypt," *Asbury Theological Journal* 45. 2 (Fall 1990): 55-60.

서방 문화의 뼈대를 이룬 이성의 교만을 거부한다. 그들은 이성으로 하여금 신학적 신비를 해명하고, 또한 이성 자신을 진리의 유일한 척도로 자처하도록 허용하거나 격려하는 경향에 저항한다. 이반 키레브스키Ivan Kireevsky, 1806-56를 적절한 예로 들 수 있을 것이다. 우골리니크에 따르면 키레브스키는 '세속 인문주의'secular humanism라는 용어를 만든 사람인데, 그는 서방에서 흔히 공통적으로 발견할 수 있는 분석적 추상의 협소함을 한탄한다. 그러나 그는 본질적으로 이성을 정죄하는 승리주의적 함정에 빠지지는 않도록 주의한다. 키레브스키는 그 대신 이성을 진리의 유일한 매개자로 간주하려는 서방의 충동을 완화시키기를 원한다.

"만일 '서방의 이성주의'가 그 자신의 제한점을 인식하기만 한다면, 그리고 자신이 지식에 이르는 유일한 길이 아니라 본질적으로 진리를 드러내는 도구에 불과하다는 것을 받아들인다면, 서구의 이성주의는 또한 자신의 결론이 단지 조건적이며 그의 견해도 상대적인 것에 불과하다는 것을 볼 수 있게 되며, 나아가 가장 진리에 가까운 최고의 사고방식으로부터 다른 최고요 가장 진리에 가까운 결론이 나올 수 있다는 것을 기대할 수 있을 것이다."[14]

동방의 관점에서 본 것처럼 서방인들은 환원주의적 합리주의로 흐르는 경향을 넘어서서 신화와 신비의 범주, 즉 정교회가 우리에게 상기시켜 주려고

---

14) Ivan Kireevsky, "Of the Necessity and Possibility of New Principles for Philosophy," in *Polnoe sobranie sochinenii*, vol. 2 (Moscow: Theological Academy, 1861), 318(cited by Ugolinik, *Illuminating Icon*, 193). Vladimir Weidlé "Russia and the West" in Schmemann, *Ultimate Questions*, 11-27과 비교하라. 그는 러시아와 서방의 차이점이 과장된 것이며 비잔틴제국뿐만 아니라 유럽도 러시아에 깊은 영향을 미쳤다고 주장한다.

애쓰는 것으로서 우리의 기독교적 신앙고백 속에 내재하고 동방기독교권에서 역사적으로 강조되어 온 범주를 보다 적극적으로 평가해야 할 필요가 있다. 우골리니크는 근본적으로 기독교의 신비적 본질과 그것을 존중하기보다는 오히려 회피하려는 서방의 경향을 간파하고 있다.

"우리 '기독교인들'은 본질적으로 심오한 신비적 성격을 지니고 있는 신념을 고백한다. 즉 인간은 하나님이 되어야 하고, 한 분 하나님은 동시에 세 위격으로 존재하시며, 부패할 수밖에 없는 육신을 소유한 우리들 또한 살아 계신 하나님의 성전이 되어야 한다는 사실이다. 우리는 그렇게 믿는다. 그러나 우리는 그 사실을 그렇게 편안하게 생각할 수는 없다. 왜냐하면 '생각들'과 같이 이러한 것들은 본질적으로 신비로운 것이기 때문이다. 신비는 많은 현대의 지성들이 갈급해 하는 대상이다; 그들은 그것을 너무나 간절히 추구한 나머지 멀리 비기독교적 영역들 및 동방과 아시아의 전거들, 즉 『바가바드 기타』나 티벳의 『사자의 서』 등에까지 나아간다. 우리 서방의 기독교인들은 자신이 소유하고 있는 것을 나누지 못했다. 우리는 수많은 신비를 가지고 있다. 그럼에도 우리의 대화는 그것을 비켜 간다. 마치 그것이 혼란을 가져오는 것인 양 그것을 피한다. 왜냐하면 우리는 신비를 억제하도록 교육받아 왔기 때문이다."[15]

동방 신학은 비합리성의 영역에로의 비약을 조성하지는 않는다. 그 대신 (1) 인간의 인지와 개념적 언어의 극단적인 제한성에 대한 인식; (2) 기독교의 이야기 속에 고유하게 내재하는 신비성에 대한 경축을 조성한다. 동방의

---

15) Ugolinik, *Illuminating Icon*, 92.

신학은 서방의 세속 문화의 많은 부분, 심지어 우리의 신학들 중의 일부마저도 위협하는 건조한 합리주의를 넘어설 수 있는 길을 제시한다.

조직신학에 대한 정교회의 태도, 삼위일체론 및 기독론에 대한 역사적 신조, 그리고 하나님의 자기 계시의 개념 등은 모두 동방과 서방 간의 신학 방법론의 차이를 예시해 준다. 동방의 신학사는 뚜렷한 공백을 드러낸다.

다마스커스의 요한이 쓴 기념비적인 작품 『정교회 신앙의 해설』*De fide orthodoxa*을 제외하고 동방신학자들 중에 서방의 기독교인들에게 조직신학으로 알려진 책을 쓴 사람은 거의 없다. 우리는 동방의 신학에서 아퀴나스의 『신학 대전』*Summa Theologica*이나 칼빈의 『기독교 강요』*Institutes of the Christian Religion*, 칼 바르트의 『교회 교의학』*Church Dogmatics* 등에 견줄 만한 것을 전혀 발견하지 못한다. 대단히 조직신학적이라고 여겨지는 것들, 즉 다마스커스의 피터(c. 1100)가 쓴 『신적 지식의 보화』나 『24개의 설교』도 일관된 사상의 흐름을 결여하고 있고 또한 많은 논리적 이탈과 반복을 포함하고 있다. 그러나 피터의 수도원 독자들은 추상적인 지식을 추구한 것이 아니었다. 그들은 실제적인 영적 안내를 원했다. 따라서 조직성의 결여는 그들에게 거의 문제가 되지 않았던 것이다.

동방기독교인들에게 있어 매우 중요한 많은 공의회의 선언문들과 에큐메니칼 신조들은 부정의 언어로 구성되어 있어서 하나님의 본성의 깊이를 지적하려고 시도하기보다는 하나님은 어떤 분이 아니신가를 말해 주고 있다. 동방교회에서 큰 신앙의 신비들은 분석의 대상이라기보다 경배의 대상이다. 신조들은 기독교의 위대한 진리들, 곧 삼위일체의 본질—하나의 본질 속에서 세 분의 위격을 존재하심과 그리스도 안에서 신성과 인성이 가지고 있는 관계 등을 세밀히 분석하기보다는 오히려 묘사한다.

동방에서 삼위일체의 교리는 추상적 사색의 문제라기보다는 "이성적 개념의 수준을 넘어설 수 없는 비상상적이고 평범한 영혼들"[16]의 신앙과 실제적인 경험의 문제가 되어 왔다. 삼위일체의 교리는 이성적 선언에 의해서 도달할 수 있는 것이 아니다. 오로지 신앙만이 "이러한 신비들을 파악할 수 있다. 왜냐하면 이성과 지성을 넘어서 사물을 현실화시키는 것이 바로 믿음이기 때문이다(히 11:1)."[17] 철학적 해결보다는 단순한 교리적 묘사에 치중하는 것이 동방의 신학적 특징이다.

기독론에 관해서는 가장 교훈적인 것이 451년의 칼케돈 신조인데, 이것은 그리스도의 신성과 인성의 연합을 묘사하면서 네 가지 부정적인 언어를 사용하고 있다. 그리스도의 두 본성은 "혼동이나 변화, 분할, 혹은 분리 없이" 존재한다. 달리 말하자면 이 신조는 한 인격 안에 그리스도의 두 본성이 연합되어 있다는 사실을 진술하고 있는데, 그것을 우리가 신학적 오류를 피할 수 있는 방식으로 행하고 있다. 그러나 이 신조는 그 연합이 어떻게 이루어질 수 있는가에 대한 합리적인 설명을 제시하려는 유혹에 저항하고 있다. 동방의 신학은 인간 언어의 개념적 부적합성과 인간 정신의 심각한 제한성, 그리고 하나님의 존재 자체의 불가해성을 끊임없이 의식하고 있다―이 모든 것은 곧 동방의 신학은 서방에서 공통적으로 드러나는 신학적 추상화로부터 멀리 격리되어 있다는 것을 의미한다.[18] 경배・묵상・합리적인 지성

---

16) Vladimir Lossky, *The Mystical Theology of the Eastern Church* (Crestwood, N.Y.: St. Vladirnir's Seminary Press, 1976), 47.

17) Maximus the Confessor, *Two Hundred Texts on Theology* 2.36; *Various Texts on Theology* 1.13, in *Philokalia*, trans. and ed. G. E. H. Palmer, Philip Sherrard, and Kallistos Ware, 3 vols. (London: Faber and Faber, 1979-90), 2:146, 167.

18) John Meyendorff, *Byzantine Theology: Historical Trends and Doctrinal Themes* (New

대신에 직관vision이 동방 전통의 특징을 이루고 있다.

동방 신학은 하나님의 자기 계시의 본질에 대해서 서방과는 상이한 개념을 향해서 나아가는 경향을 보이고 있다. 존 메엔도르프John Meyendorff는 비잔틴 신학이 서방과는 본질적으로 다른 계시관을 제시한다는 것을 인식한다. 서방에서 신학이란 계시된 전제로부터의 합리적인 추론이나 혹은 인식적 명제로부터의 지적인 추상으로 전형적으로 이해한다. 반면에 동방에서 신학과 계시가 관상이나 비전 등과 같이 훨씬 더 경험적으로 이해된다. 이런 관점에서 볼 때 신학theologia과 이론theoria은 분리될 수 없다. 예를 들면 『필로칼리아』에서 신학은 지적인 담화에 의해서가 아니라 오직 소수의 금욕주의자들에 의해서 도달될 수 있는 영적 경험의 수준을 의미한다. 메엔도르프에 따르면 동방교인들에게 있어서 이성적인 추론이 중요하지 않은 것은 아니다. 오히려 그것은 명백히 열등한 수준의 신학일 뿐이다. 동방 신학은 이성과 경험, 신학과 영성, 인식과 신비 등을 분리하기보다는 그 두 영역을 결합한다.

"이러한 태도가 지니고 있는 진정으로 중요한 함의는 진리에 대한 대단히 중요한 개념과 관련되는데, 비잔틴인들에 따르면 이 진리는 언어로 적절히 표현되거나 합리적으로 개발될 수 있는 개념으로 이해되는 것이 아니라 하나님 자신—인격적으로 존재하시고 교회 속에서 인격적으로 만나지는—으로

York: Fordham University Press, 1974), 4-5, 128, 180-81; Lossky, *Mystical Theology*, 143; Stanley Harakas, "Creed and Confession in the Orthodox Church," *Journal of Ecumenical Studies* 7.4(1970): 783; Carnegie S. Calian, *Theology without Boundaries: Encounters of Eastern Orthodoxy and Western Tradition* (Louisville: Westminster/John Knox, 1992), 39.

서 이해된다. 성경이나, 공의회의 정의나 신학조차도 그 분을 충분히 표현할 수 없다. 각 방법론은 그 분의 존재의 일부 양상을 지적하거나 그분의 존재와 행위에 대한 그릇된 해석을 배제할 수 있을 뿐이다. 그러나 어떤 인간의 언어도 진리 자체를 충분히 설명하기에는 부적합하며, 진리를 완전히 붙잡지 못한다.…이것이 비잔틴 "신비적" 전통, 곧 고백자 막시무스, 신 신학자 시므온 New Theologian Symeon, 그레고리 팔라마스Gregory Palamas 등의 사상에 가장 뚜렷이 보존된 진정한 메시지이다."[19]

요한 클리마쿠스(579-649)는 하나님의 계시에 대한 경험을 강조함으로써 단지 개념적 혹은 언어적 계시를 강조하는 입장과 대조시킨다.

"당신은 평이한 말로써 주님의 사랑을 정확하게, 진정으로, 혹은 적절하게 묘사할 수 있다고 상상하는가?…그리고 마음의 확신을 그렇게 묘사할 수 있다고 상상하는가? 당신은 그같은 문제들에 대해 말하는 것으로써 그것들을 전혀 경험해 보지 못한 사람에게 그 의미를 전달해 줄 수 있다고 상상하는가? 만일 당신이 그렇게 생각한다면, 꿀의 달콤함을 전혀 맛보지 않은 사람에게 말과 실례로써 그 맛을 전달해 주려고 애쓰는 사람과 같을 것이다. 그는 아무런 소용없이 말을 하고 있는 것이다. 사실 그는 단지 지껄이고 있는 것에 불과하다고 나는 말할 것이다."[20]

---

19) Meyendorff, *Byzantine Theology*, 11, 9-13, 139-40; Calian, *Theology without Boundaries*, 51.
20) John Climacus, *The Ladder of Divine Ascent* (New York: Paulist, 1982), step 25, p. 218. Kallistos Ware's introduction to the text, 7-8을 보라.

그와 유사하게 신 신학자 시므온은 합리적 담화와 전혀 다를 바 없는 신학에 대해서 강력하게 반대했다. 그는 성령의 능력에 대한 확증으로서 경험이 가장 중요하다는 것을 인식해야 한다고 강력히 주장했다. 그레고리 팔라마스Gregory Palamas, 1296-1359도 주장하기를 진정한 신학은 실제적인 경험과 결합되어야 하며, 단순히 지성의 영역에로만 국한되어서는 안 된다고 했다.

따라서 동방의 계시론에 있어서 신학적 이성주의는 진리를 파헤치지 못하며, 더욱이 계시의 모든 개념을 설명하려고 애를 쓰지도 않는다. 그 대신 동방의 사상은 신학과 신비는 가장 절친한 친구처럼 언제나 손을 잡고 동행한다. 신학의 역사에 있어서 비잔틴 기독교는 아포파틱 전통의 상속자인데, 이 전통에서는 사고와 분석이 아니라 명상과 환상이 신학적 과제의 특징을 이룬다. 이러한 아포파틱 지향성 안에서 하나님의 신비는 그 분과의 신비적 연합으로 이끈다.

아포파틱 동방교회

만일 정교회 신학이 하나의 요소로 특징지워질 수 있다면, 그것은 분명히 정교회의 전 신학적 비전이 가지고 있는 아포파틱 지향성이라고 할 수 있다. 참된 정교회 신학은 근본적으로 부정적apophatic이다.[21] 아포파티시즘은 "동방교회의 모든 신학적 전통의 근본적인 특징이다."[22] 이러한 무지agnosia 혹은 학습된 무지의 부정적 지향성apophasis은 신적 신비에 대한 합리주의적 근

---

21) Timothy Ware, *The Orthodox Church* (Baltimore: Penguin, 1964), 215.
22) Lossky, *Mystical Theology*, 26.

절 혹은 합리주의적 설명보다는 경축으로서 시작된다.

아레오파고의 위-디오니시우스Pseudo-Dionysius, c. 500는 이 주제에 관하여 가장 중요한 교부 작품인 『신비 신학』*Mystical Theology*에서 아포파틱 혹은 부정신학을 카타파틱kataphatic 혹은 긍정신학과 대별했다. 카타파틱 신학의 긍정적 성격과 대조적으로 전자는 부정의 신학이다. 우리가 하나님을 긍정적으로 묘사하기 시작할 때(그 분은 전능하시고, 의로우시며, 사랑이시다 등) 반드시 기억해야 할 것은 인간의 언어는 그 과제를 이루기에 부적합하며 그 목표를 이루기에는 언제나 부족하다는 사실이다. "우리는 하나님에 관해서 어떤 주장을 한 후 반드시 그 주장을 넘어서 나아가야 한다. 그 진술이 허위라는 것이 아니다. 그러나 그 주장이나 다른 어떤 형태의 언어도 초월적 하나님을 충분히 묘사할 수 없다."[23] 위-디오니시우스에 따르면 부정신학은 모든 존재를 넘어서 계시는 주체자의 본질과 이상적으로 조화되는 신학으로서 몇 가지 제한적인 이점을 지니고 있는 긍정 신학보다 우월하다. 고백자 막시무스는 "하나님에 대한 문제는 부정적 진술만이 유일하게 진실한 진술이다"[24]라고 말했다. 부정신학은 하나님의 극한적 초월성과 그 분의 성품의 본질을 이해하기에는 언어적 개념이 전적으로 부적합하다는 생각으로부터 시작된다.

정교회에서 인간적 범주의 제한성과 살아 계신 하나님의 무제한성을 고려할 때 하나님에 대한 진정한 지식은 영적 및 지적인 카타르시스, 혹은 정제

---

[23] Timothy Ware, *The Orthodox Way* (Crestwood, N. Y. : St. Vladimir's Seminary Press, 1990), 17.

[24] Maximus the Confessor, *Book of Ambiguities* 20(cited by Jaroslav Pelikan, *The Spirit of Eastern Christendom 1600-1 700J* [Chicago: University of Chicago Press, 1974], 32-33).

의 결합, 즉 하나님에 관한 우리의 모든 그릇된 개념들을 제거하는 정신의 정화를 요구한다. 블라디미르 로스키Vladimir Lossky, 1903-58는 닛사의 그레고리의 중요한 작품을 가리키면서 이 과정을 다음과 같이 묘사한다.

"하나님을 아는 부정의 방식은 정신이 획득하기를 갈망하는 사물의 모든 긍정적 속성들을 점차적으로 제거하는 상승 과정인데, 그 과정은 최종적으로 지식의 대상이 될 수 없는 그 분에 대한 지고의 무지에 대한 인식에서 절정에 이른다. 우리는 그것을 정신이 초월적 존재를 직면할 때 경험하는 지적 파산이라고 말할 수 있다."[25]

그 외의 다른 곳에서 동방교회 신학자들은 이러한 지적 정화 혹은 카타르시스를 회심metanoia이라는 관점에서 언급하는데, 이 회심은 하나님에 관한 우리의 자연적 개념으로부터 의식적으로 돌아서는 것을 의미한다.

하나님께 나아갈 때 반드시 경외와 놀람의 감정으로 시작해야 한다. 독일의 신학자 루돌프 오토Rudolf Otto는 『거룩의 개념』이라는 책에서 "누미노스"numinous, 곧 장엄한 신비에 대한 복합적 감정 · 공포 · 매료, 즉 무한자 앞에서 자신의 부적합성을 느끼는 압도적인 감정 등에 관해서 말했다. 동방 신학자들은 직접적인 표현 대신에 종종 그림과 이미지와 은유 등을 이용해서 모든 인간적 묘사를 거부하는 그 분과 인간의 만남을 묘사했다. 신신학자 시므온은 신과 인간의 만남을 눈부신 빛의 섬광에 비유했다: "한 사람이 밤

---

25) Vladimir Lossky, "Apophasis anti Trinitarian Theology," in Vladimir Lossky, *In the Image and Likeness of God*(Crestwood, N.Y.: St. Vladimir's Seminary Press, 1974), 13. Cf. Meyendorff, *Byzantine Theology*, 12.

중에 모든 문을 닫고 집 안에 서 있다고 생각해 보라. 그리고 갑작스런 번개의 번뜩임이 있는 순간에 창문을 연다고 가정해 보라. 그는 그 광채를 감당할 수 없어서 순간적으로 눈을 감고 창문 뒤로 물러서서 자신을 보호하려 한다. 감각의 영역에 갇혀 있는 영혼도 이와 마찬가지의 경험을 하게 된다. 만일 영혼이 지성의 창문을 통해서 바깥을 바라보게 되면 번뜩이는 번개와 같이 영혼 내부에 있는 성령의 광채에 압도당하게 된다. 베일을 벗은 빛의 장엄함을 감당하지 못한 영혼은 순간적으로 지성 안에서 당황하여 자신을 뒤로 움추리고 마치 집안에서 하는 것처럼 감각적이고 인간적 사물들 가운데서 피난처를 찾게 된다."

닛사의 그레고리는 하나님의 초월성에 직면한 사람을 위험한 벼랑에 마주친 등반가로 상징한다: "모서리가 날카롭게 튀어나온 가파른 바위를 상상해 보라. 만일 한 사람이 그의 발을 그 바위 모서리에 두고 바위 아래의 틈을 내려다보았을 때 발을 놓을 안전한 기반도 없고 붙잡을 것도 없다는 것을 알게 되었을 때 그가 어떤 느낌을 갖게 될지를 상상해 보라. 내가 생각하건대 이것이 바로 영혼이 물질적인 것에 발을 둔 상태를 넘어서 아무런 차원을 갖지 않은 존재, 그리고 영원부터 존재하시는 분을 추구할 때 경험하는 것이다. 왜냐하면 여기에서는 영혼이 붙잡을 수 있는 것이 전혀 없으며 공간과 시간, 양과 다른 것이 전혀 없기 때문이다. 우리의 정신이 그 안으로 접근해 들어갈 수 없다. 따라서 어떤 면으로도 이해할 수 없는 대상으로부터 물러나며, 현기증을 느끼고 당황해서 다시 영혼의 본래적인 범주로 돌아와 이제는 초월자에 관해서 이런 사실, 곧 초월자는 영혼이 알고 있는 사물의 본질과 전적으로 상이하다는 것을 알게 된 것만으로 만족하게 된다."

정교회에서 "사람들이 살아 계신 하나님과 마주칠 때 경험하게 되는 찬란한 빛·무한한 틈·현기증·당황·눈멀게 됨·'전제의 파괴' 등은 필수적인 출발점이다"²⁶⁾라고 한다. 부정의 방법이란 이런 것이다. 이는 "하나님의 극한적 초월성 앞에서 인간 정신의 파산을 인식한다.…정교회 신학의 부정주의apophaticism란…살아 계신 하나님, 도저히 이해할 수 없고 대상화될 수 없으며 알 수 없는 하나님 앞에서 무릎 꿇고 엎드리는 행위이다. 왜냐하면 그 분은 인격적이시며 인격적 존재의 무제한적 충일함 자체이시기 때문이다. 아포파시스apophasis는 이러한 신앙의 신비를 인간의 언어로, 그리고 신학적 언어로 새겨 놓은 것이다."²⁷⁾

블라드미르 로스키는 이 주제에 관한 그의 고전적 작품에서 정교회의 부정주의의 본질과 의의를 요약하면서 동시에 신비적 사귐을 선호하면서 합리적 추상화를 회피하는 전체 동방 신학의 인식론을 요약한다. 신학의 일부가 되거나 신학의 전제나 서론이 되기보다는 부정주의는 신학을 초월하는 전체적인 지향성을 의미한다.

"부정의 신학은 단순히 무아경의 신학이 아니다. 그것은 신학 전체를 변형시켜서 계시의 신비를 명상하도록 이끄는 근본적인 태도의 표현이다. 그것은 신학의 한 분야나 한 장, 혹은 하나님의 불가해성을 설명하기 위해서 불가피하게 요구되는 서론으로서 그로부터 일반적으로 보편적인 인간의 이성이나 철학적 용어로 교리적 해설을 하는 데 까지 평온하게 나아갈 수 있는 것이 아니다. 부정주의는 무엇보다도 교회의 교리 안에서 부정적인 의미를 발견하도록 가르친다. 그것은 우리로 하여금 사고의 자연적인 길을 따라 영적 실재의

---

26) Ware, *Orthodox Way*, 11, 29-30에서 인용함.
27) Lossky, *Orthodox Theology*, 24-25.

자리를 강탈하는 개념을 형성하는 것을 금한다. 왜냐하면 기독교는 추상적 개념에 대해 사변하는 방법을 가르치는 철학의 학파가 아니라 본질적으로 살아 계신 하나님과의 사귐이기 때문이다. 바로 그 때문에 모든 철학적 학습과 또한 사변에로 향하는 인간의 자연적 경향에도 불구하고 부정신학의 원리에 충실한 동방 전통의 교부들이 자신의 사상으로 하여금 신비의 문지방을 넘는 것이나 하나님의 우상들을 하나님 자신과 대치하는 것을 결코 허용하지 않았던 것이다."[28]

동방신학자들은 구약 성경과 신약 성경에 나오는 일련의 본문에서 자신들의 부정신학적 지향성의 근거를 발견한다. 그들은 구약 성경에서 하나님을 뵙고서 살아남은 자가 없다는 본문을 지적한다. 마치 친구가 서로 이야기하듯이 하나님께서 모세와 얼굴을 대면하고 말씀하셨다는 것을 인정한다 할지라도 모세가 살아 계신 하나님의 영광을 보기 원했을 때 그 분이 다음과 같이 응답하셨음을 지적한다.

"네가 내 얼굴을 보지 못할지니 나를 보고 살 자가 없음이니라."

하나님께서 모세의 옆을 지나가실 때에 그의 얼굴을 가려 주셨기 때문에 모세가 하나님의 얼굴이 아닌 등만을 볼 수 있었던 것이다"(출 33:11, 18-23).
또 다른 예로 이사야의 경우를 들 수 있다. 그는 하나님의 이상을 보았기 때문에 죽지 않을까 두려워했다. 심지어 스랍조차 하나님의 임재 앞에서 눈

---

28) Lossky, *Mystical Theology*, 42.

을 가렸다(사 6:1-5). 이사야는 하나님의 마음과 우리의 마음 사이에 형언할 수 없는 심연이 있는 것을 보았다.

"내 생각이 너희의 생각과 다르며‥하늘이 땅보다 높음 같이 내 길은 너희의 길보다 높으며 내 생각은 너희의 생각보다 높음이니라"(55:8-9).

기드온과 마노아는 하나님을 보았기 때문에 죽음을 당하지 않을까 두려워했다(사 6:22; 13:22). 하나님께서 나타나셨을 때 엘리야 선지자는 겉옷으로 얼굴을 가렸다(왕상 19:13). 동방의 사상가들은 시편에 초월적인 하나님에 관한 언급이 가득하다고 말한다. "구름과 흑암이 그에게 둘렸고"(시 97:2)라는 표현은 모세의 시내산 경험을 회상하는 것으로 추측된다. 하나님의 이름 자체도 너무나 장엄하고 놀라운 것이어서(시 8:1) 닛사의 그레고리는 "하나님의 이름은 알려지는 것이 아니라 경탄의 대상일 뿐"[29]이라고 했다.

모세는 동방 교부들이 부정신학의 모본으로서 애호하는 사람이다. 모세가 떨기나무 불꽃 가운데에서(출 3:2), 구름 기둥과 불기둥 속에서 시내산의 짙은 암흑 중에 우뢰와 번개와 나팔 소리와 구름과 지진과 불 가운데서 강림하셔서 "그 백성들을 죽일까" 위협하시던(출 20:21) 거룩하신 하나님을 만난 사건을 우리는 기억하고 있다. 모세는 짙은 암흑으로 접근해간 반면, 백성들은 죽임 당하지 않도록 멀리 떨어져 있도록 했다(출 19:20-22).

닛사의 그레고리는 이 본문들을 묵상하면서 모세의 생애를 주제로 한 작

---

[29] Ware, *Orthodox Way*, 16에 인용됨.

품을 완성했다. 그레고리는 모세가 시내산의 암흑 속으로 들려지게 된 것은 떨기나무 불꽃 속에서 하나님을 만난 것보다 더 우월한 하나님 만난 사실을 나타내 준다고 한다. 왜냐하면 그 곳에서 모세는 하나님을 빛 가운데서 뵙게 된 반면, 시내산에서 하나님은 암흑 가운데에서 자신을 계시하셨기 때문이다.[30] 마찬가지로 나지안주스의 그레고리는 모세의 이야기를 상상해서 다음과 같이 지어낸다.

"나는 하나님을 붙잡으려고 그 산 위로 달려갔다. 그리고 구름의 장막을 거두어 내고, 물질과 물질적인 것들로부터 나 자신을 멀리하고, 할 수 있는 한 자신으로부터도 멀리 떠났다. 그리고 위를 쳐다보았을 때 나는 하나님의 뒷모습을 보고 질겁했다. 비록 내가 바위, 즉 우리를 위해서 육체를 입은 말씀으로부터 보호를 받긴 했지만. 그리고 좀 더 자세히 들여다보았을 때 나는 처음에 본 것, 삼위일체 자체에만 알려진 순수한 본성이 아니라 마침내 우리에게까지 미치는 그 본성을 보게 되었던 것이다."[31]

고백자 막시무스는 다음과 같이 말했다.

"'모세가 항상 장막을 취하여 진 밖에 쳐서 진과 멀리 떠나게'"(출 33:7) 했을 때, 즉 그가 자신의 의지와 마음을 가시적인 세계로부터 멀리 했을 때 하나

---

30) Lossky, *Mystical Theology*, 35.

31) Gregory of Nazianzus "Second Theological Oration" 3(Oration 28), in *The Nicene and Post-Nicene Fathers*, 2d series, ed. Philip Schaff and Henry Wace, 14 vols (Grand Rapids: Eerdmans, 1989 reprint), 7:289. Gregory는 Oration 32.16에서도 모세를 언급한다.

님을 경배하기 시작했음을 의미한다. 그 다음에 그가 흑암 가운데—말하자면 무형적이고 비물질적인 영적 지식의 영역—로 들어갔는데(출 20:21), 그는 그 곳에서 가장 거룩한 예전을 경축하고 있는 것이다."[32]

이집트인 마카리우스Macarius of Egypt, 300-390의 『신령한 설교』Spiritual Homilies, 시내 산의 사막 지대에서 살았던 수도사 요한 클리마쿠스John of Climacus의 『목자에게』To the Shepherd, 그리고 알렉산드리아의 클레멘트가 쓴 『스트로마타』Stromata 등은 하나님에 관한 부정적인 지식을 묘사하기 위해서 눈 멀게 하는 빛과 구름에 덮인 흑암에 관한 모세의 기사를 인용한다.[33]

마지막으로 위-디오니시우스도 모세가 시내산으로 올라간 것을 인간의 마음이 하나님에 관한 지식에로 상승한 것에 비유하고 있다. 모세는 자신을 정화하고 모든 부정한 것에서 자신을 분리시킨 후 나팔소리를 듣고 번뜩이는 불빛을 본다. 그렇게 하는 과정에서 신적 상승의 높이에까지 이르게 된다. 여기에서도 하나님과 교제하거나 그 분을 관상하지는 못한다(왜냐하면 그 분은 보이지 않기 때문이다). 그러나 그 분은 그곳에 계시다. 나의 생각으로는 이것은 보여지고 이해될 수 있는 것 중에서 최상이요 최고의 신적 존재란 모든 것을 초월해 계시는 그 분에 종속된 것들에 대한 일종의 가설적인 설명을 의미하는 것이다. 그것을 통해서 모든 사고를 초월해 계시는 그 분의

---

32) Maximus the Confessor, *Two Hundred Texts on Theology* 1.84; 1.85(in *Philokalia*, 2:133).

33) Macarius of Egypt, *Spiritual Homilies* 5, 8(cited by Vladimir Lossky, *The Vision of God* [Crestwood, N.Y.: St. Vladimir's Seminary Press, 1963], 114); John Climacus, *To the Shepherd* 1.5(in Ware's Introduction to Climacus, *Ladder*, 55); Clement of Alexandria, *Stromata*(cited by Lossky, *Mystical Theology*, 34).

임재가 계시되는데, 이 임재는 그 분이 계신 거룩한 곳의 이해 가능한 높이를 점유하고 있다. 그렇다면 모세는 스스로 볼 수 있는 사물과 보여지는 사물로부터 해방되었다: 그는 무지라는 신비적 흑암 속으로 들어가서, 그곳에서 모든 과학적 이해에 이르는 눈을 닫고, 전적으로 접촉 불가능하고 보이지 않는 곳, 즉 모세 자신에게 속하지도 않고 다른 사람에게 속하지도 않으며 오직 전적으로 모든 것을 초월하신 그 분께만 속해 있는 곳에 도달한다. 모든 지식이 정지되는 무지로써 그의 능력의 최상의 것과 연합되며, 또 그 무지에 의해서 모든 이해를 초월하는 대상을 알게 된다.[34] 이 본문에서 위-디오니시우스는 동방의 부정신학의 정신을 포착하고 있다.

구약성경과 마찬가지로 신약성경도 하나님의 불가해성을 극단적으로 강조한다. 어느 사람도 하나님을 본 적이 없다(요 1:18; 요일 4:12). 하나님은 접근할 수 없는 빛에 거하신다(딤전 6:15-16). 바울은 다메섹 도상에서 모세와 마찬가지로 눈 멀게 하는 빛 속에서 하나님을 만났다. 바울은 자기가 이상 중에 하나님을 만난 경험을 자세히 설명하면서(고후 12:2-4) 두 번이나 자신이 경험한 바를 알지 못하며 오직 하나님만이 그것을 정확히 알고 계시다고 말했다. 낙원에 이끌려 가서 하나님에 관하여 말로 형언할 수 없는 것을 보게 되었다. 그것은 "말할 수 없는"(4절) 것이었다. 로마서 11장 말미에 기록한 장엄한 찬가에서 바울은 이사야 40장 13절과 예레미야 23장18절을 끌어 와서 하나님의 길은 추측할 수 없으며, "그 길은 추적할 수 없다"는 것을 상기시켜 준다. 어느 누구도 하나님의 마음을 온전히 알 수 없다고 바울은 말한다. 바울은 고린도인들에게 하나님의 초월적인 지혜와 인간 정신

---

34) Pseudo-Dionysius, *Mystical Theology* 1.3, trans. C. E. Rolt(London: S.P.C.K., 1920).

의 보잘 것 없음을 대조한다(고전 1:18-31; 3:18-23). 따라서 구약성경과 신약성경에서 동방의 부정신학적 방법론의 굳건한 토대를 발견할 수 있는 것이다. 전체 동방 전통의 무지의 길, 학습된 무지는 성경에 뿌리를 두고 있다.

어떤 의미에서 모든 신학은 계시된 자료를 다룬다는 점에서 신비적 성격을 지니고 있다. 물론 서방은 고유의 기독교 신비주의적 전통을 가지고 있다. 사실 서방의 신학자들이 어느 정도의 부정의 신학의 특징을 가지고 있다는 것은 특이한 일이 아니다. 예를 들면 어거스틴이나 토머스 아퀴나스의 작품 속에서 부정주의를 언명하는 구절을 발견할 수 있으며, 또한 마이스터 엑크하르트나 야곱 뵈메와 같은 서구 신비가들을 연구할 수 있다. 그러나 서방에서 부정의 신학은 그저 다음과 같은 수준에서만 수용되는 경향을 보이고 있다―모자의 한쪽 끝과 같은 것으로서 길고 엄격한 지적 추상 작업이 일어나기 이전의 신학적 서론에 제한된 도입부로서만 허용하는 것이다. 서방―로마 가톨릭보다는 개신교―도 신비가들을 극단적인 분파주의로 몰아붙이는 경향이 있다. 그와 대조적으로 동방에서는 부정주의와 신비성은 단지 신학 작업을 위한 통과 의례가 아니고 신학의 특징들 자체도 아니다. 동방에서 부정 신비성은 신학이다. 정교회의 사상에서 신학과 영성을 분리시키는 모든 경계가 제거된다. 이 점에서 부정의 전통이 얼마나 철저히 동방의 거의 모든 주요 신학자들의 사상에 영향을 주고 있는지에 주목하는 것이 중요하다. 우리는 폭넓고 깊은 정교회의 신학사에서 그러한 본문을 거의 무제한적으로 인용할 수 있다. 존 클리미쿠스가 부정의 신학을 언급하지 않은 것은 비록 그가 신비적 경험에 대해서는 언급했지만, 아마도 이러한 일반적인 원리에서 유일한 예외일 것이다.

일반적으로 위-디오니시우스의 『신비 신학』이 초대 교회에서 가장 포괄적이고 가장 영향력 있는 부정신학적 진술로 인용되고 있지만, 4세기의 동방 교부들은 이미 명확히 정립된 부정의 신학의 경향을 가지고 표명하고 있었다. 그 뚜렷한 예를 콘스탄티노플의 주교였던 요한 크리소스톰John Chrysostom, 345-407의 예전집에서 찾아볼 수 있다. 그의 예전집에 의하면, 주기도문을 드리기 전에 탄원자는 이같이 기도한다.

"오 주님이시여! 우리로 하여금 당신을 아버지라고 부름으로써 아무런 두려움 없이 확신을 가지고 당신께 감히 기원드릴 수 있도록 해 주소서."

로스키가 관찰하듯이 "기도자는 '하나님을 당신'이라고 부를 수 있는 용기와 단순함을 갖게 해 달라고 기도한다."[35]

4세기에 유노미우스Eunomius, 395년 사망는 인간의 이성을 통하여 하나님의 본질을 아는 것이 가능하다고 가르쳤다. 세 명의 카파도키아 교부들은 한 목소리로 유노미우스를 반박하는 글을 발표했는데, 그 글에서 그들은 하나님은 인간의 개념적 정의와 이해를 초월하신 분이라고 주장했다. 대 바실에 따르면 하나님의 최종적인 본질은 지식과 해명을 넘어서는 것이다.

"우리가 하나님을 안다고 말할 수 있는 것은 그 분의 에너지energia에 의해서이다. 우리는 그 분의 본질 자체에 가까이 갈 수 있다고 감히 주장할 수 없다. 왜냐하면 그 분의 에너지는 우리에게 내려오지만, 그 분의 본질 자체는 여

---

35) Lossky, *Orthodox Theology*, 32. Cf. Chrysostom's twelve homilies "On the Incomprehensibility of God."

전히 우리가 접근할 수 없는 영역에 머물러 있기 때문이다."[36]

앞에서 모세의 시내산 경험과 비교한 적이 있는 나지안주스의 그레고리는 "하나님에 대해서 가상하는 것은 어렵다. 그러나 그 분을 언어로 규정하는 것은 불가능하다.…그 분을 표현하는 것은 불가능하다. 하지만 그 분에 대해서 가상하는 것은 더욱 불가능하다. 왜냐하면 가상될 수 있는 것은 아마도, 비록 아주 잘 되지는 않는다 할지라도 불완전하게나마 청각을 박탈당한 사람이나 혹은 이해력이 매우 더딘 사람이 아닌 이상, 언어에 의해서 명료하게 제시될 수 있을 것이다. 그러나 이와 같이 너무나 위대하신 분을 완전히 이해하는 것은 단순히 전적으로 부주의하거나 무지한 사람에게 뿐만 아니라 심지어 매우 깊은 수준에 도달해 있고 하나님을 사랑하는 사람에게조차도 전혀 실현 불가능하다"라고 선언했다.[37]

닛사의 그레고리는 『팔복』Beatitudes에서 바실과 마찬가지로 하나님의 본질은 그 분의 에너지와 달리 알 수 없는 것이라고 언명한다.

"신적인 본질은 그 본질상 모든 포괄적 지식의 행위를 초월하며, 우리의 사색에 의해서 접근되거나 획득될 수 없는 것이다. 인간은 불가해한 존재를 이해할 수 있는 기관을 가지고 있지 않다. 또한 우리는 가상될 수 없는 존재를 이해할 수 있는 지적인 기술을 고안할 수 있는 능력을 가지고 있지도 않다."[38]

---

36) Lossky, *Mystical Theology*, 72에 인용됨. Idem, *Vision*, 78.

37) Gregory of Nazianzus "Second Theological Oration" 4.

38) Gregory of Nyssa, *On the Beatitudes* 6. Thomas Hopko, *All The Fullness of God: Essays on Orthodoxy, Ecumenism and Modern Society* (Crestwood, N.Y.: St. Vladimir's Seminary Press, 1982), 18를 보라..

고대의 어느 사상가보다도 부정신학을 고전적으로 가장 잘 표현한 사람으로 인정받고 있는 사람은 6세기의 헬라인 위-디오니시우스이다. 한때 바울에 의해 개종한 사람으로 간주되고 있는(행 17:34을 보라) 이 익명의 저자는 『신비 신학』Mystical Theology을 썼는데, "전체 기독교 사상사에 있어서 이 책의 중요성은 아무리 강조해도 지나치지 않는다."[39] 고백자 막시무스는 디오니시우스의 작품에 대한 주석을 집필했고, 14세기 무명의 저자는 『신비 신학』이 "마치 야생 사슴처럼 영국을 휘젓고 다닌다"[40]라고 진술했다.

우리가 살펴본 대로 디오니시우스는 부정적인 아포파틱 신학이 긍정적인 카타파틱 신학보다 우월하다고 주장한다. 인간 이성의 길은 거부되어야 하며 모든 사색적 우상들로부터 정화 혹은 카타르시스catharsis 되어야 한다. 말하자면 인간은 반드시 무지에 의해서 나아가야 한다. 마지막 장에서 디오니시우스는 결론적으로 말하기를 "하나님은 확언과 부정 양자 모두를 초월하신 분"이라고 한다. 그 분은 모든 인간의 이해를 초월해 계시다. 최종 원인이신 하나님은 우리의 이해를 넘어서 계시다.

"우리가 원인 자체보다 열등한 것들에 대해서 확언하거나 부정할 때, 우리는 원인 자체에 관해서 아무 것도 확언하거나 부정하지 않는다. 왜냐하면 그것은 모든 사물로부터 완전히 구분되어 있고, 모든 확언을 넘어서 있기 때문이다. 이는 단순성 안에서 모든 것으로부터 해방되어 있으며, 또 모든 것을 초월해 있는 지고하신 그 분이 모든 부정을 넘어서 계신 것과 같은 원리이다."[41]

---

39) Lossky, *Mystical Theology*, 23.
40) Ware, *Orthodox Church*, 73을 보라..
41) Lossky, *Mystical Theology*, 29.

7세기와 8세기에는 고백자 막시무스와 다마스커스의 요한이 동방 신학을 지배했다. 막시무스는 "완전한 정신은 진정한 신앙에 의해서 지고至高의 무지無知 안에서 지고로 알 수 없는 존재를 아는 자이다"라고 했다. 그리고 막시무스는 위-디오니시우스의 『신의 이름들에 관하여』On the Divine Names에 대한 주석에서 "신적인 것들에 관하여 지혜로운 자가 하나님에 관하여 무지한 것은 학문의 결핍이 아니라 하나님은 알려지지 않는 분이라는 사실을 침묵에 의해서 알게 되는 지식이다"[42]라고 했다. 극단적으로 초월해 계신 하나님은 이성적 정의와 인간의 이해를 넘어서 계시다. 오직 침묵만이 그 분에게 접근하는 자들에게 어울리는 것이다.

다마스커스의 요한은 그의 정교회 신학의 해설의 제1편 전체를 "신성의 본질, 그것은 불가해한 것이다"에 할애하고 있는데, 그의 책은 당대의 정교회 신학의 표준적인 교과서로 읽혀졌다. 그 책에서 우리는 오랫동안 지속되어 온 부정주의적 전통의 성숙한 표현을 발견한다: "그러므로 하나님이 존재하신다는 것은 명백한 것이다. 그러나 그 분이 그 본성 및 본질상 어떠한 분이신가 하는 것은 절대적으로 불가해하며 알 수 없다."

다마스커스의 요한에 따르면 하나님에 관하여 무언가 말해 보려는 우리의 시도, 즉 그분이 출생되지 않으시고 시작도 없으시며 변화도 없으시고 죽지도 않으신다는 진술은 부정주의적 편의에 불과하다. 이러한 진술은 하나님이 어떠한 분이신가에 대해서 말해 주지 않는다. 오히려 그 분이 어떤 분이 아닌가에 대해서 말해 주는 것이다. 왜냐하면 "그 분이 본질상 어떤 분이신

---

42) Maximus the Confessor, *Four Hundred Texts on Love* 3.99; "In the Divine Names" of *Dionysius the Areopagite* 7.1(in Pelikan, *Spirit*, 33-34).

가를 설명하는 것은 불가능하며, 따라서 그분이 모든 사물로부터 절대적으로 분리되어 있다고 말하는 것이 적절하기 때문이다. 이는 그 분이 현존하는 사물들의 계급에 속하지 않기 때문이다: 그 분이 존재하지 않는다는 것이 아니라 모든 현존하는 사물들을 초월해 계신다는 것, 즉 존재 자체도 초월해 계신다는 뜻이다.…그렇다면 하나님은 무한하시고 불가해한 분이다. 그 분에 관하여 이해 가능한 전부는 그 분의 불가해성이다."[43]

많은 정교회의 문헌에서 그와 유사한 인용문들을 충분히 찾아볼 수 있다. 우리는 신 신학자 시므온과 팔라마스의 그레고리Gregory of Palamas를 사례 연구의 대상으로 택하여 연구 조사를 완성할 것이다. 그러나 우리는 이미 부정주의가 정교회의 사상에 깊고 풍부한 영향을 미쳤다는 명제를 보증해 줄 충분한 증거를 가지고 있다. 동방 신학자들에게 있어 하나님은 시간과 공간, 그리고 인간의 묘사를 초월해 계신 분이시다. 인간의 죄, 언어적 제한성, 하나님 자신의 본성 자체—이 모든 것들이 우리로 하여금 부정적 언어를 사용하지 않을 수 없도록 강요하는데, 이 언어는 단지 하나님이 어떤 분이 아니라는 것만을 말해 줄 수 있을 뿐이다. 왜냐하면 우리는 그 분의 본질적인 속성을 결코 알 수 없기 때문이다.

그러나 동방 신학자들은 자신의 논지를 제시한 후에 한 가지 중요한 질문을 제기한다. 하나님을 아는 것이 어떻게 가능한가? 과연 그 분을 경험할 수 있는 인간이 있는가? 혹은 그 분은 무어라 형언하거나 단언할 수 없을 정도로 초월적인 분이어서 신 플라톤주의 철학자 플로티누스Plotinus가 선언한 대

---

[43] John of Damascus, *Exposition of the Orthodox Faith* 1.4, in "The Nicene and Post-Nicene Fathers", 2d series, ed. Philip Schaff and Henry Ware, 14 vol(Grand Rapids: Eerdmans, 1989 reprint), 9:34.

로 어느 누구도 그 분을 알거나 경험할 수 없는 분이신가? 우리는 하나님에 관하여 절대적으로 아무 것도 말하거나 생각할 수 없는가? 동방 신학자들은 신적인 초월성을 강조한 나머지 그 분의 내재성, 그 분의 가까이 계심, 그 분이 우리와 개인적으로 관계하심 등을 부인해야만 하는가? 우리는 그에 대해서 긍정적으로 답변해야만 하는 것으로 보인다. 그러나 만일 우리가 이 정도 지점에서 동방의 교부들을 내버려둔다면 그들을 상당히 곡해하는 것이 될 것이다. 왜냐하면 그들이 하나님의 신비성을 확언함과 아울러 그 분과의 신비적 연합의 필요성을 동시에 강조하며 또한 우리가 개인적으로 그 분을 알 수 있음을 제시하는 성경의 많은 진술을 제시하기 때문이다.

"우리의 관심을 신적 불가해성으로 이끄는 부정의 길은 지식에 대한 금지를 의미하는 것은 아니다. 부정주의(apophatism)―이는 제한성과는 너무나 거리가 먼 것이다―는 우리로 하여금 모든 개념들, 즉 모든 철학적 사색의 영역을 초월할 수 있도록 해 준다. 그것은 보다 위대한 완전성에로의 경향인데, 그 완전성 안에서 지식은 무지로, 개념의 신학은 명상으로, 교리는 형언할 수 없는 신비적 경험으로 변형된다. 나아가서 그것은 인간의 전 존재를 포함하는 하나의 실존적 신학으로서 인간으로 하여금 연합의 길에 서게 하며 변화되지 않을 수 없게 하고, 그의 본성을 변형시켜서 그로 하여금 거룩하신 삼위일체를 명상하는 진정한 영지gnosis에 이르게 한다."[44]

여기에서 유일하게 기도하는 진정한 신학자가 존재한다. 왜냐하면 진정

---

44) Lossky, *Mystical Theology*, 238.

한 신학자만이 진정으로 기도할 수 있기 때문이다.[45]

두 가지 사례 연구: 신 신학자 시므온과 팔라마스의 그레고리

제6장에서 정교회의 핵심적인 교리인 살아 계신 하나님과의 연합—신화 *theosis*—에 대해서 집중적으로 다루게 될 것이다. 지금은 신 신학자 시므온과 팔라마스의 그레고리의 사례 연구를 통해서 정교회의 전통 속에서 인간이 어떻게 신학적 신비성으로부터 경험적 신비주의로, 신학적 추상으로부터 인간이 사랑이 충만하신 삼위일체 하나님과의 사귐을 경험할 수 있는 하나님의 비전 자체로 옮겨가는지를 발견할 수 있다.

신학적 사색의 삶을 살아 계신 하나님과의 실제적으로 심오한 신비적 연합으로 본 정교회 교부들 중에서 신 신학자 시므온만큼 두드러지는 인물은 없다. 시므온에게 있어서 내주하시는 성령에 대한 의식적인 인식은 기독교인이 진정한 자기 정체성을 갖기 위해서 필수적으로 요구되는 징표이다. 그의 인품과 교리로 그가 끼친 영향을 고려할 때 그를 카리스마적 신학자라고 부르는 것은 과장이 아니다. 시므온은 하나님의 비전vision of God에 대한 그 자신의 설명을 포함해서 그의 작품을 통해서 하나님을 신비적 빛이라는 개념으로 강조한다. 시므온의 전체적인 목적은 그의 독자들을 살아 계신 하나님과의 직접적인 경험에게로 인도하는 것이다. 그에 따르면 하나님은 빛이시다. 빛이신 하나님과의 경험을 위해서 "인간은 우상을 파괴하고, 말과 개념을 넘어서며, 정화된 자들에게 빛으로 다가오는 두려운 신비의 흑암 속

---

45) Evagrios, *On Prayer: One Hundred and Fifty-Three Texts* 61(in *Philokalia*, 1:62).

에서 살아가야 한다." 말하자면 시므온은 우리를 하나님의 신비의 아포파틱 (부정적) 흑암으로부터 그 분과의 신비적 연합의 빛으로 인도한다.

시므온의 생애를 알려주는 일차적 문헌으로는 그 자신의 작품들 외에 그의 제자였던 니케타스의 스테타토스Nicetas Stethatos가 쓴 시므온의 전기가 있다. 949년에 갈라디아Galatia에서 태어난 시므온은 27세 때에 스투디온 수도원에 들어갔다. 몇 개월 후 그는 인근의 마마스 수도원에 재배치되었고, 몇 년 후 그는 31세의 나이로 그 수도원의 원장이 되어 1009년에 유배될 때까지 원장의 직책을 유지했다. 그는 그 수도원에서 강력한 개혁을 추진하여 경건하고 열성적인 개혁자로서의 일반적인 명성을 얻게 되었다. 그 정도의 영향력과 개혁의 열정을 가지고 있는 사람들이 흔히 경험하듯이, 시므온은 그의 수도원 내부에서, 그리고 우리의 연구 목적상 보다 중요한 것으로서 수도원 외부에서 특별히 니코메디아의 스테픈Stephen of Nicomedia과의 유명한 만남에서 약간의 저항을 겪었다.

니코메디아의 전직 대주교인 스테픈은 콘스탄티노플의 왕궁 신학자였다. 노련한 사상가였던 스테픈은 교회 및 국가 양자와 깊은 연관을 가지고 있었다. 니케타스의 스테타토스에 의하면 "스테픈은 연설과 지식에 있어서 일반 사람들보다 월등했다. 그는 총대주교 및 황제에게 영향을 발휘했을 뿐만 아니라 또한 그에게 의논을 청하는 사람들의 해결되지 않은 문제를 풀 수 있는 해결책을 제시할 수 있었다. 그는 풍부한 어휘력과 언어의 순발력을 가지고 있었다.…그는 총대주교와 긴밀한 관계를 유지했고, 학식으로 인해서 모든 사람들로부터 대단한 명성을 향유했다."[46] 시므온과 스테픈의 충돌은 두 강

---

46) Nicetas Stethatos, *Life of Simeon the New Theologian* 74.5-12. 시므온에 관한 최고

력한 인물의 갈등에서 나온 것이었다. 니케타스는 시므온의 명성에 대한 스테폰의 질시가 적지 않은 역할을 했다고 말한다.

니케타스의 스테타토스에 따르면 스테폰은 그의 집에서 가진 어느 모임에서 "우정의 가면을 쓰고" 난처한 신학적 질문을 제기하여 시므온을 당황케 하려고 시도했다. 다음날 시므온은 세련된 신학 논문(찬송 21)으로 응답했는데, 그것은 그의 신학적 재능을 유감없이 발휘한 것이었다. 시므온은 그 기회를 이용하여 스테폰에게 진정한 기독교의 본질에 관하여 강의했다. 여기에 그들의 갈등의 근본 원인이 놓여 있었던 것이다.

논쟁은 지적인 교리의 문제보다는 실천적인 영성의 문제와 관련되었다. 시므온은 은사를 강조하는 사람으로서 권위는 교회의 계급 구조에 있는 것이 아니라 내주하시는 성령의 능력에 달려 있다는 신념을 가지고서 교회의 위계구조를 비판했다. 그는 스테폰이 내주하시는 성령에 대한 의식적인 경험과 동떨어진 채 신학을 하려고 한다고 지적하면서 질책했다.

"성부로부터 발출하신 성령은 말로 표현할 수 없는 방식으로 성자에 의해서 사람들에게 보내졌다. 성령은 불신자들, 영광의 후원자들, 배우들, 학자들, 이방인들의 작품을 연구한 자들, 성경을 모르는 자들, 세계 무대에서 일정한 역할을 감당한 사람들, 풍부하고 세련된 언어를 구사하는 사람들, 위대한 명성을 이룬 사람들, 유명한 사람들과 우정을 이루는 데 성공한 사람 등에게 임하는 것이 아니라 마음과 삶이 가난하고, 마음과 몸이 정결하며, 말에 가식이

의 영어 작품은 Basil Krivocheine가 쓴 *In the Light of Christ: St. Symeon the New Theologian-Life, Spirituality, Doctrine* (Crestwood, N.Y.: St. Vladimir's Seminary Press, 1986)이다. 니케타스의 *Life*의 인용문은 바실 크리보케인의 책에서 따온 것이다.

없고 생각이 단순한 사람들에게 임하신다."⁴⁷⁾

마음이 깨끗한 사람들이 하나님을 만나게 되는 것은 합리적 사고나 교회의 가르침에 의해서가 아니라 내주하시는 성령을 통해서이다: 그들은 "인간적인 지식을 필요로 하지 않는다. 왜냐하면 그들은 성령을 교사로 모시고 있기 때문이다. 그들은 이 성령의 빛으로 일깨워져서 성자를 볼 수 있게 된다. 그들은 성부를 바라보고 삼위이시면서 하나이신 하나님을 흠숭하는데, 이 하나님은 본질상 하나이시지만 언어로서는 표현될 수 없다."⁴⁸⁾

스테픈과의 오랜 투쟁 끝에 시므온은 1009년 1월 3일에 그의 수도원에서 추방되었다. 추방된 후에 쓴 편지에서 시므온은 "갈등의 본질은 그의 신비적 경험의 신학에 있었다"라고 주장했다. 시므온은 그를 중상 모략하는 자들이 "안수 받은 사도들인 것처럼 자처하지만, 실상 그들은 사도들처럼 성령의 은혜를 받거나 지식의 빛에 의해 조명을 받지 않았으며, 그들이 말하고 있는 하나님을 뵙지도 못했다. 왜냐하면 이 하나님은 결코 속일 수 없는 메시지 속에서 자신을 계시하시는 분이시기 때문이다"라고 썼다. 시므온은 자신이 비난받는 이유는 "내가 모든 사람들에게 지극히 높으신 성령으로부터 내려오는 은혜를 추구하라고 가르치기 때문이다"라고 썼다.⁴⁹⁾

---

47) Simeon the New Theologian, *Hymn* 21.51-86. 그 찬송가의 영어 번역본은 *Hymns of Divine Love*, trans. George A. Maloney (Denville, N.J.: Dimension Books, 1975)에서 이용할 수 있다. 이 책의 인용문은 바실 크리보케인이 J. Koder, *Hymnes, in Sources Chrétiennes* 156 (hymns 1-15, 1969), 174(hymns 16-40, 1971), 그리고 196(hymns 41-58, 1973)(Paris: Editions du Cerf)로부터 번역한 것이다.

48) Simeon, *Hymn* 21.1027.

49) Simeon the New Theologian, *Epistle* 4.181-96, 392-99(cited by Krivocheine, *St. Symeon*, 57-58).

후일 그는 수도원으로 복귀하도록 허락되었지만 거부한 채 1022년 3월 12일 사망했다.

시므온이 우리에게 예시해 주고 있는 것은 두 신학 사이의 엄청난 대립이다. 즉 하나님에 관한 합리적 사색을 교회의 승인을 받아서 추구하는 완고하고 추상적인 스콜라주의적 신학—이 신학은 스테픈에 의해서 구체화된 것이지만, 시므온은 이에 대해 거의 동질감을 느끼지 못한다—과 신학과 영성을 융합하려는 시므온의 줄기찬 노력—하나님을 역동적이고 개인적이고 직접적으로 신비적으로 경험하는 신학 사이의 대립인 것이다.

스테픈은 "지성 일변도의 스콜라주의적 신학"head-trip scholastic theology을 대표하는 반면, 시므온은 아포파틱, 신비적 접근을 역설했다.

> "기본적으로 그의 주장은 당대의 어느 누구도 진정으로 하나님을 신비적이고 직접적으로, 그리고 강렬하게 경험할 수 없다고 주장하는 사람이 잘못되었다는 것이다."[50]

바실 크리보케인Basil Krivocheine은 시므온의 아포파틱하면서도 동시에 강렬한 실천적 정신 및 시므온과 스테픈 사이에 벌어진 논쟁의 본질을 포착하고 있다: 그들의 논쟁은 "영성적 삶이 제거되었지만 여전히 공식적으로 정통적이고 보수적인 입장을 견지하고 있는 학문적이고 스콜라주의적인 신학, 그리고 하나님의 신비가 어떻게 이성적 이해를 초월하며 그럼에도 그 신비가 어떻게 성도들의 신비적 경험을 통해서 계시될 수 있는지를 강조하는

---

50) George A. Maloney, *Introduction to Symeon the New Theologian: The Discourses*(New York: Paulist, 1980), 3-4.

신학, 즉 성령의 체험을 강조하는 신학 사이의 갈등이다."[51]

유구한 부정주의적 전통에 충실한 시므온은 다음과 같은 경고문으로서 삼위일체에 관한 그의 『신학적 담화』Theological Discourse를 시작했다: "하나님에 관하여 이해될 수 없는 부분을 마치 이해될 수 있는 것처럼 말하는 것은 방자한 행위이다."

그러나 야로슬바브 펠리칸Jaroslav Pelican이 지적하듯이 이러한 부정적 접근이 동방 신학의 특징을 이루는 것이 사실이지만, 한편 시므온은 하나의 중요한 상반된 요소, 즉 "개인의 종교적 경험이 신학에 있어서 인식론적 원리라는 사실"[52]을 예시해 주었다. 불가해한 초월적 하나님에 대한 아포파틱한 주장과 신 신학자 시므온과 같은 사람의 직접적 인식 사이에 내재하는 명백한 갈등은 14세기에 와서 헤시카스트hesychast 논쟁에서 최고 수위에 달했다.

그 논쟁의 초점은 전적으로 기도에 바쳐진 동방 수도원의 생활 방식의 문제에 있었다. 그 수도사들은 준수한 엄격한 기도 방법 때문에 헤시카스트—침묵, 혹은 고요—라고 알려지게 되었다. 헤시카스트 방식의 기도는 한 익명의 책에 가장 완전하게 해설되어 있다. 이 책의 제목은 『거룩한 기도와 집중의 방법』으로서 헤시카스트인 니케포루스Nicephorus가 저자인 것으로 알려져 왔지만, 이는 잘못된 것이다. 『필로칼리아』Philokalia 속의 많은 본문들이 보여주듯이 이 고요의 학문은 예수의 이름을 끊임없이 부르면서 최소한 1천 년 동안 동방의 수도원 운동에서 중요한 위치를 차지해 왔다. 이는 끊임없이 기도하라는 바울의 훈계(살전 5:17)를 문자적으로 순종하라는 것으로 받아

---

51) Krivocheinc, *St. Symeon*, 43.

52) Pelikan, *Spirit*, 258-59.

들인 것으로서 정교하게 규정된 일련의 기도의 기술들—규정된 몸 동작, 주의 깊게 조절된 호흡, 내적 성찰, 그리고 내적으로 끊임없이 예수 기도("주 예수 그리스도, 하나님의 아들이시여! 나를 불쌍히 여겨 주소서")를 반복함—로 구성되어 있다.

일부 사람들이 거룩한 기도와 집중의 방법에 대한 글의 저자라고 간주하는 시나이의 그레고리Gregory of Sinai는 제자들에게 헤시카스트 방식의 기도 방법을 가르쳤다.

"이른 아침 약 20센티미터 높이의 낮은 의자에 앉으라. 당신의 정신에 압박을 가하여 그것이 당신의 머리에서부터 마음 안으로 들어가도록 하라. 그리고 그 정신을 마음 안에 잘 간직하라. 스스로 공을 들여서 몸을 엎드리라. 가슴과 어깨와 목에 예리한 고통을 느낄 수 있도록 혼과 영으로 쉬지 말고 끊임없이 부르짖으라: '주 예수 그리스도여! 나를 불쌍히 여기소서.' 그 다음에 압박과 노력 때문에, 그리고 그러한 노력으로 올 수 있는 혐오감을 가지고 '하나님의 아들이시여! 나를 불쌍히 여기소서'라고 기도하라. 이것을 여러 번 반복하라. 권태(acedia) 때문에 전반부의 기도와 후반부의 기도를 자주 바꾸지 말라. 이것은 끊임없이 이식되는 나무가 뿌리를 내리지 못하는 것과 같은 이치이다. 숨을 들여 마실 때 호흡을 잘 다스리라. 그리하여 당신의 편의대로 호흡하지 않도록 주의하라. 왜냐하면 마음으로부터 일어나는 공기의 흐름이 정신을 어둡게 하고 지성을 촉발시키기 때문이다. 그러므로 지성을 마음으로부터 멀리 하라.…할 수 있는 한 호흡을 몰아 내쉬는 것을 통제하라. 그리고 정신을 마음 안에 감금하면서 지속적으로, 그리고 쉬지 않고 주 예수의 이름을 부르라."[53]

---

53) Kalliros Ware, "The Jesus Prayer in St. Gregory of Sinai" in *Eastern Churches Review*: 4.

그레고리는 이러한 개인 기도의 방법과 아울러 초보자와 중급자, 그리고 고급반의 제자들을 위해서 단계적으로 매일 매 시간의 섭생법을 제정했다.

14세기에 이르러 헤시카스트 방의식 기도 방법이 공격을 받게 되었다. 물론 명백하게 물질주의적이고 심신상관적psychosomatic 기도 방법을 인위적이고 기계적인 것이라고 비판하는 것은 쉬운 일이다. 그러나 모든 헤시카스트들은 이러한 방법이 하나의 중요한 목적, 즉 하나님과의 연합을 이루고 그 분에 대한 직관을 경험하기 위한 수단이라고 언명했다. 헤시카스트들은 부정의 신학을 신비적 경험과 결합함으로써 불가해하고 알 수 없는 하나님과의 직접적인 만남이 가능하게 되었다고 주장했다. 이 점이 보다 근본적인 비판을 초래했다. 하나님이 이해할 수 없는 분이라고 하는 아포파틱의 입장을 견지하면서 동시에 그 분을 직접적으로, 그리고 기도를 통해서 즉각적으로 알 수 있다고 주장하는 것이 어떻게 가능한가?

이런 점에서 헤시카스트들을 공격한 사람은 이탈리아 출신의 헬라 학자인 바를람Barlaam the Calabrian이었다. 바를람은 헤시카스트들의 물질주의적 기도 방법론을 비웃었는데, 특히 그들이 우리가 하나님을 직접적으로 알 수 없다고 하는 아포파틱적인 원칙을 어겼다고 비난했다. 그에 대한 답변으로 데살로니가의 대주교 팔라마스의 그레고리Gregory Palamas는 헤시카스트들을 변호하여 그들의 기도의 전통에 대한 견고한 교리적 기초를 제공했다. 그의 저서인 『거룩한 헤시카스트들의 변호』는 영성으로서의 신학과 신학으로서의 영성이라는 문제를 광범위하게 다루고 있다.

그레고리는 그의 저서 『테오파네스』Theophanes에서 하나님의 불가해성을

---

1 (Spring: 1972): 14-15에 인용됨.

강조하는 초월적 아포파티즘과 그 분과의 직접적으로 신비적 사귐을 누릴 수 있다는 성경적 확언 사이의 명백한 모순점을 해결하기 위해서 씨름했다.

"신적인 본성은 모든 것을 배제하면서 동시에 어떤 의미에서는 참여의 가능성을 열어 주고 있는 것으로 이해되어야 한다. 우리는 신적인 본성에 참여할 수 있다. 그러면서도 동시에 그것은 전적으로 접근 불가능한 대상으로 남아 있다. 우리는 양자 모두를 동시에 주장하면서, 그러한 이율배반을 올바른 경건의 잣대로서 보존할 필요가 있다."54)

그는 한편으로는 아포파틱 신학의 오랜 전통을 지속적으로 주장했다.

"하나님의 초본질적super-essential 본성은 언어나 사고의 대상, 심지어 관상의 대상이 아니다. 왜냐하면 그 본성은 모든 생명체들로부터 독립되어 있고, 또한 단지 알 수 없는 것 이상의 대상으로서 천상의 영들의 할례받지 않은 권능에 기초해서 세워져서 모든 존재에게 영원히 불가해하며 형언 불가능의 존재이다. 만일 이것이 사람이 명칭을 붙일 수 있는 가능성을 거부함으로써 깨닫게 되는 그러한 완전한 불가해성이 아니라면, 하나님의 본성을 칭할 수 있는 이름은 이 세상에 없고 다가오는 세상에도 없으며, 영혼 안에서 발견하여 입술로 지칭할 수 있는 어떠한 단어도 존재하지 않는다.…모든 진리를 초월해 있는 그 진리를 진심으로 추구한다면 누구도 그 본질이나 본성을 합당하게 칭할 수 없다."55)

---

54) Lossky, *Mystical Theology*, 69에 인용됨.
55) Ibid., 17.

반면에 팔라마스는 하나님을 현실적으로 경험할 수 있다는 것을 확언하면서 카파도키아의 교부들이 1천 년 전에 제시한 중요한 구별점에 주의를 끌었다. 팔라마스는 하나님의 본질이나 근본적인 본성에 있어서 우리가 하나님을 알 수 없다고 말한다. 하나님은 접근 불가능한 분으로 우리에게 남아 있다. 그러나 하나님은 에너지나 행동, 그리고 자비와 신적인 활동에 있어서는 자신을 우리에게 알리신다. "신적인 본성이 자체로서가 아니라 그 에너지를 통해서 전달된다고 말하는 것은 올바른 경건의 영역 안에 남아 있는 것이다."[56]

이 장 앞부분에서 언급한 것처럼 하나님의 에너지와 본질 사이의 구별에 대해서는 이미 대 바실, 닛사의 그레고리, 나지안주스의 그레고리, 다마스커스의 요한, 그리고 위-디오니시우스와 같은 사람들이 주장했었다. 예를 들면 닛사의 그레고리는 전도서 3장 7절에 대한 주석에서 인간이 하나님에 관해서 말할 수 있는 가능성을 긍정하면서 동시에 부정했다.

> "하나님에 관해서 말할 때 그 분의 본질에 관한 문제가 제기되면, 그 때는 침묵을 지켜야 할 때이다. 그러나 그 분의 활동에 관한 문제가 제기되면…그 때는 말을 해야 할 때이다."[57]

앞에서 살펴본 것처럼 바실에 따르면 "우리가 하나님을 안다고 말할 수 있는 것은 그 분의 에너지*energia*에 의해서이다. 우리는 그 분의 본질에 가까이

---

56) Ibid., 70.

57) Meyendorff, *Byzantine Theology*, 14에 인용됨.

다가갈 수 있다고 주장할 수는 없다. 왜냐하면 그 분의 에너지는 우리에게 내려오지만, 그 분의 본질은 접근할 수 없는 영역에 있기 때문이다."[58]

134년, 1351년, 그리고 1368년에 개최된 콘스탄티노플 공의회에서 정교회는 하나님의 본질과 에너지를 구별한 팔라마스의 입장을 승인했다. 그 결과 하나님의 초월성과 내재성이 모두 언명되었다.

"헤시카즘을 굳건한 교리적 토대 위에 세운 것은 그레고리의 업적이었다. 그는 헤시카즘을 정교회 신학의 전체적인 틀 속에 정립시켰고, 헤시카스트적인 신적인 빛의 비전이 아포파틱한 신론을 손상시키지 않음을 보여주었다."[59]

---

58) Lossky, *Mystical Theology*, 72에 인용됨.
59) Ware, *Orthodox Church*, 76. Gregory Palamas에 대한 연구서로 다음을 보라: John Meyendorff, *St. Gregory Palamas and Orthodox Spirituality* (Crestwood, N.Y.: St. Vladimir's Seminary Press, 1974); idem, *A Study of Gregory Palamas* (Crestwood, N.Y.: St. Vladimir's Seminary Press, 1964); Gregory Palamas, *The Triads in Defense of the Holy Hesychasts*, ed. John Meyendorff, trans. Nicholas Gendle (New York: Paulist, 1983).

4

그리스도의 형상
— 색깔의 신학 —

우리는 성경과 교부들의 가르침에 기초하여, 거룩하신 삼위일체 하나님의 이름으로 한 마음으로 선포하기를, 화가들의 악한 예술적 기술을 통해서 만들어진 모든 이콘은 그리스도의 교회에서 거부되고, 제거되고, 나아가서 저주받게 될 것을 선포한다. 미래에 있어 누구든 그런 것을 만들거나 숭배하거나, 교회나 개인의 집에 세우거나 비밀리에 소유하려고 시도하는 자는 용납될 수 없다. 만일 그가 주교나 사제 혹은 신부라면 폐위될 것이고, 만일 수도승이나 평신도하면 저주를 받고 하나님의 대적자이자 교부들에 의해 전수된 교리들의 원수로 간주되어 세상의 법에 의해서 재판을 받게 될 것이다.

— 754년의 이콘공의회

우리는 새로운 것을 소개하지 않고서도 우리들을 위해서 확립된 모든 교회적 전통들을, 그것들이 기록된 것이든 아니면 구전의 것이든지 관계 없이, 보유하고 있다. 그것들 중의 하나는 성화의 재현이다. 이는 성경의 가르침과 조화되는데, 그 이유는 우리를 위하여 하나님의 말씀이 성육신하신 참되고 가공이 아닌 이야기에 대한 믿음 때문이다.

…이것이 합당하다면, 우리의 거룩한 교부들과 가톨릭교회의 전통에 의해 서 영감을 받은 올바른 길과 가르침을 따르기 위해서…우리는 올바른 판단에 의해서, 그리고 철저한 검토 후에 거룩하고 활기찬 십자가와 마찬가지로 거룩하고 존귀한 이콘, 즉 그 목적을 위해서 갖가지 색깔로 그려지거나 조그만 돌로 만들어지거나 기

타 물질로 만들어진 이콘들이 하나님의 거룩한 교회 안에, 꽃병 위에, 거룩한 예복 위에, 벽과 식탁 위에, 집안에, 그리고 길 위에 설치되어야 한다고 결정한다. 이 이콘들이 우리의 주 구세주 하나님이거나 예수 그리스도이거나 흠없는 주재이신 성녀, 곧 거룩하신 하나님의 모친이거나 거룩한 천사들과 거룩한 성자들을 기린 것이든 어떤 것이든지 관계 없다. 왜냐하면 매번 우리는 그것들이 재형상 속에서 재현될 때면, 우리는 그 이콘을 바라보면서 그 이콘의 원형을 기억하게 되고, 그 원형을 더욱 사랑하게 되며, 심지어 그에 입을 맞추고 갖가지로 우리의 흠숭을 증거함으로써 예배하게 되는 것이다. 우리의 신앙에 따르면 진정한 경배는 오직 신적 본질에만 드려지는 것이지만, 우리가 조상들의 경건한 관습에 따라서 향을 피우고 촛불을 켜고 진귀하고 생명력 있는 십자가와 거룩한 복음, 그리고 다른 성물들을 경배한다면 이것은 진정한 경배인 것이다. 왜냐하면 이콘에게 드려진 공경은 그 이콘의 원형에게 바쳐지며, 이콘을 경배하는 사람은 그 이콘에 재현되어 있는 위격을 경배하는 것이기 때문이다.…따라서 악한 이단자들을 본받아 이와 달리 생각하거나 가르치는 자; 교회적 전통, 그것이 복음이든 혹은 십자가의 재현이든, 혹은 성화이든, 혹은 순교자의 성물이든 상관없이 경멸하고, 교회에 의해서 재가된 것을 변경시키거나 거부하려고 감히 시도하는 자; 혹은 사악한 마음으로 가톨릭교회를 전복시키려는 마음을 가진 자들; 마지막으로 거룩한 꽃병이나 수도원을 감히 일상적인 목적으로 사용하려는 자들에 대해서 우리는 다음과 같이 결정한다: 만일 그들이 주교나 사제이면 그들은 성직을 박탈될 것이며, 만일 그들이 수도승이나 평신도이면 그들은 추방될 것이다.

— 787년의 에큐메니칼 공의회

나는 니쯔히니 노브로로드, 성 페테스부르그, 그리고 모스크바의 정교회에서 예배를 드린 기억을 언제나 잊지 못한다. 두 가지 뚜렷한 사실이 내 마음에 인상 깊이 새겨져 있어 오늘까지도 여전히 남아 있다.

첫째, 정교회의 예배는 내가 이제껏 경험한 것들과는 판이한 모양과 소리, 그리고 냄새로 어우러진 감각적인 합주곡이었다. 그 충격은 교회 바깥에서 푸른 하늘에서 반짝이는 금빛의 둥근 지붕에서 시작되는데, 교회 안에 들어가서는 예배 자체에서 그 충격이 계속 이어진다—영창으로 이어지는 예전, 종소리, 카펠라 성가대, 은은히 풍기는 향냄새, 우아한 사제복, 그리고 교회 내부의 모든 천장과 벽을 온통 덮고 있는 프레스코와 모자이크, 그리고 이콘들, 희미하게 빛나는 제단 위에서 타고 있는 수백 개의 촛불, 그리고 2시간에 걸쳐 예배가 진행되는 동안 서서 예배드리는 신자들(정교회의 예배당에는 의자가 없다).

그 경험은 무엇보다도 미학적 아름다움 곧, 준비된 미를 통해서 드러지는 아름다운 예전이었다. 네 개의 흰 벽과 약간 조율이 틀린 피아노, 그리고 "하나님의 말씀으로부터 단지 약간의 생각만을 나누려는" 의도를 가지고 있는 지도자 등을 특징으로 하는 교회에 익숙해 있는 사람에게는 이 모든 것이 낯설고, 심지어 이국적인 느낌으로 다가왔다.

오늘날도 크레믈린의 교회들의 내부를 걷는 사람은 아름다운 예술 박물관에 들어와 있는 것이 아닌가 하는 느낌을 금할 수 없게 된다. 나는 988년 블라디미르 공이 보낸 사절들이 콘스탄티노플의 성 소피아 교회 안에서 마주친 아름다움으로 인해 경외감에 휩싸였던 것과 같은 느낌을 갖게 되었다.

첫번째 방문에서 내가 받은 두번째 인상은 미적인 행위가 거룩한 예전의 본질을 가지고 있다는 것이었다. 심미적 장관은 의도된 목적을 가지고 있었다. 그것은 결코 예술 자체를 목적으로 하는 예술이 아니고 심지어 교회와 예식을 장식하기 위한 예술이 아니었다. 여기에서 심미적 아름다움은 거룩한 예배의 수단으로서 채택되었다. 앞에서 나는 다음과 같은 사실을 언급한 적이 있다: 정교회의 예배 중에 나는 손을 호주머니에 넣지 말라는 지적을 받았고, 또 한 번은 성경봉독대가 세워져 있는 특별한 카페트에서 물러서라는 지적을 받았다. 정교회의 예배는 약간의 담소를 위한 모임이나 "한 잔의 커피를 함께 나누는" 시간이 아니다. 그것은 거룩한 순간, 모든 아름다움과 초월성 속에서 하늘이 이 땅 위에 임하는 예전, 다시 말하면 미래의 하나님의 왕국을 현재의 실재로 육화시키려는 심미적 노력이다.[1] 그것은 하나님의 성육신을 용감하게 선언하는 것으로서 다마스커스의 요한이 이콘을 변호하면서 말했던 것처럼 "감각, 특히 고상한 시각을 성화시키고" 또한 "물질을 영광되게 하는 것"을 허용한다.[2]

시각, 소리, 그리고 거룩함

처음 그 곳을 방문했을 때 나는 예전적 요소와 심미적 요소의 종합이 정교회의 주된 특징 중의 하나라는 것을 거의 알지 못했다 정교회의 세계 안에서 보다 많이 독서하고 연구하며 예배를 드리게 되었을 때 나는 왜 일부 정교회의 지도자들이 러시아에서 활동하고 있는 개신교인들의 복음 전도 방법의 초라함과 문화의 결핍을 불평하는지 그 이유를 이해하기 시작했다.

언젠가 한 정교회 사제가 나에게 말하기를, 정교회는 예술 학교에서 만들지는 음악과 같은 반면에 개신교는 싸구려 주점에서 불리는 음악과 유사하다고 했다. 그는 세례교인들이 문화를 갖고 있지 못하다고 불평했다. 그 사제의 판단이 그릇된 것이라고 할지라도 그의 불평은 정교회의 고유의 특징

---

[1] Sergius Bulgakov, *The Orthodox Church*, rev. ed. (Crestwood, N.Y.: St. Vladinir's 烙 Seminary Press, 1988), 129.

[2] John of Damascu,s *On the Divine Images* 1.17; 2.14 (Crestwood, N.Y.: St. Vladimir's Seminary Press, 1980).

―미학적 요소와 신학적 요소의 융합―을 지적해 주는 것이었다.

각각의 주요한 기독교 분파들은 보편적 교회에 기여할 수 있는 특별한 은사나 특징을 부여받았다고 제시되어 왔다.

> "가톨릭은 조직과 행정의 은사를 받았고, 개신교는 성실한 삶과 지적인 정직성이라고 하는 윤리적 은사를 받았다면, 정교회의 사람들―특히 비잔틴과 러시아의 정교회 신자들은―영적 세계의 아름다움을 간파할 수 있는 은사를 부여받았다."[3]

의심할 여지 없이 정교회는 "아름다움 속에서 기뻐 어찌할 바를 모르며" 그리고 책이나 대화 속에서보다는 색깔과 디자인이라는 구체적이고 유형적인 형태 속에서, 그리고 음악 속에서 영적 진리를 경험하고 표현하기를 추구한다.[4]

정교회의 가장 위대한 영적 교과서의 제목이 『필로칼리아』로서 그 문자적인 의미가 "아름다움을 사랑함"이라는 것은 결코 우연이 아니다. 초기 정교회는 기독교의 메시지를 추상적인 개념을 통해서보다는 종과 이콘을 가지고 있는 비잔틴 대성당의 구체적인 아름다움을 통해서 전달하려고 애썼다.

슬라브족의 개종을 가져온 블라디미르의 사절단의 경험은 정교회 안에서 아름다움이 어떻게 중심적인 위치를 차지하고 있는지를 직접적으로 지적해 준다. 이 점에서 『러시아 주요 연대기』 *Russian Primary Chronicle*에 기록된 다음

---

3) Bulgakov, *Orthodox Church*, 129.
4) Nicolas Zernov, *The Russians and Their Church* (Crestwood, N.Y.: St. Vladirnir's Seminary Press, 1978), 5.

의 말은 시사하는 바가 크다.

"헬라인들은 그들이 예배하는 하나님이 계시는 건물들로 우리를 인도했다. 그 곳에서 우리는 자신이 하늘에 있는지 아니면 땅에 있는지 분간할 수 없었다. 왜냐하면 땅에서는 그와 같은 장관이나 아름다움이 존재할 수 없고, 또한 우리는 너무나 놀라서 무엇으로 그것을 묘사해야 할지를 몰랐기 때문이다. 우리가 알 수 있는 것은 하나님께서 그 곳에서 사람들 가운데 계시며 또한 그들의 예식이 다른 나라들의 예식들보다 아름답다는 것이다. 우리는 그 아름다움을 도저히 망각할 수 없었다."

블라디미르의 사절단은 신학자들의 합리적인 변증에 매료된 것이 아니라 그 예전의 심미적 장엄함에 매료되었는데, 그러한 예전은 그들이 방문했던 서구의 교회들에서는 철저하게 결여되어 있는 것으로서(그 때문에 그곳에서 그들은 "아무런 미를 발견하지 못했다") 정교회 고유의 특징이었다. 심지어 어떤 사람은 말하기를, 이러한 심미적 변증은 그 때 이후로 정교회로의 개종을 이끌어 내는 패러다임이 되어왔다고 한다. 세르기우스 블가코프 Sergius Bulgakov의 관찰에 따르면 정교회는 "설득하거나 강요하려고 애쓰지 않고 매력을 발산한다."[5]

토머스 둘리스 Thomas Doulis는 『정교회로의 여정』에서 "오늘날 사람들이 정교회로 개종하는 이유가 정교회의 예전이 심미적 장엄함을 통해서 복음

---

5) Sergius Bulgakov, "The Orthodox Church," in James Pain and Nicolas Zernov, eds., *A Bulgakov Anthology* (Philadelphia: Westminster, 1976), 12.

을 증거하기 때문이라는 사실을 보여주고 있다"[6]라고 했다.

정교회에서는 예전에서 오관을 전부 사용하도록 의도적으로 관심을 기울이고 있다. 이것을 기독교적 물질주의라고 부를 수 있을지도 모른다.

"눈은 이콘과 프레스코와 모자이크를 바라본다. 향냄새는 성도들의 기도와 다가오는 하나님의 나라를 상징한다. 미각은 성만찬에서 충족된다. 촉각은 기름을 바르며 은사를 간구하고, 복음과 십자가와 이콘에 입을 맞추는 데서 표현된다. 그리고 청각은 예전 속의 영창과 카펠라 성가대의 찬양을 들으면서 즐거움을 누린다."[7]

이 장에서 상세히 살펴보고 연구하게 될 이콘은 거룩한 예전에서 심미적인 요소를 어떻게 채용하는지를 요약해 준다. 러시아의 기독교에서 "가장 뛰어난 신학적 표현으로 존경받는" 이콘은 "개념을 구체화하기보다는 이미지를 구체화하려는" 정교회의 경향을 가장 잘 드러내 주는 본보기이다.[8] 정교회에서 "보는 것이 듣는 것보다 더 좋은 것이며" 보는 것이 "모든 감각 중

---

6) Thomas Doulis, ed., *Journeys to Orthodoxy: A Collection of Essays by Converts to Orthodox Christianity* (Minneapolis: Light and Life, 1986); James J. Stamoolis, *Eastern Orthodox Mission Theology Today* (Maryknoll, N.Y.: Orbis, 1986), 99.

7) Michel Quenot, *The Icon: Window: on the Kingdom* (Crestwood, N.Y.: St. Vladimir's Seminary Press, 1991), 47; Jaroslav Pelikan, *Imago Dei: The Byzantine Apologia for Icons* (Princeton: Princeton University Press, 1990), 108-11. 오관에 대한 정교회의 분석에 대해서는 Nicodemos of Athos, *Handbook of Spiritual Counsel* (New York: Paulist, 1989), 3장에서부터 8장까지를 보라(한 장 전체가 오관 중 각각의 것을 설명하는 데 할애되고 있고, 한 장은 오관 일반에 대해서 할애되어 정신과 마음, 그리고 상상력과 오관의 관계도 함께 다루고 있다.

8) James H. Billington, *The Icon and the Axe: An Interpretive History of Russian Culture* (New York: Random House, 1966), 69, 28-38.

에서 가장 고상한 것"이다.⁹⁾

심미적 이미지와 학술적 본문들(동방 대 서방)

동방교회에서 심미적인 것을 강조한 것은 서방의 개신교도들에게는 다소 낯선 것으로 여겨질 것이다. 우리는 동방기독교를 서방기독교와 구별시켜 주는 또 다른 근본적인 특징을 가지고 있다. 그 차이점은 교리나 신앙에서 나오는 것이라기보다는 앤소니 우골리니크가 지적한 대로 "감성"의 차이에서 나온다.¹⁰⁾

대부분의 개신교도들이 많은 영역, 특히 기독교의 근본적인 가르침에 관해서 정교회와의 교리적 합일점을 발견할 수 있겠지만, 그럼에도 불구하고 그들은 정교회의 예배에 참여할 때 대단히 소외감을 느낄 수밖에 없다.

동방기독교에서 아름다움은 근본적이고 필수적인 범주이다. 그것은 "일시적인 쟁점이 아니라 영속적인 쟁점이며, 주변적인 관심사가 아니라 중심적인 관심사이다."

서방의 기독교인들은 기독교인으로서의 그들의 정체성을 규정하는 데 있어서 미학이 중요한 요소가 된다고 생각하지 않는다. 미학은 개인적인 선호의 대상이거나 지엽적인 관심사에 지나지 않는다. 서방의 기독교인들은 사회적 미학에 대해서는 거의 공감하지 않으며, 목회적 미학—이는 우리

---

9) John of Damascus, *Divine Images* 1.17. Cf. Eugene Trubetskoi, *Icons: Theology in Color* (Crestwood, N.Y. : St. Vladimir's Seminary Press, 1971); Paul Evdokimov, *The Art of the Icon: A Theology of Beauty* (Torrance, Calif.: Oakwood, 1990).

10) Anthony Ugolnik, *The Illuminating Icon* (Grand Rapids: Eerdmans, 1989), 42.

를 가르치고 촉구하여 선으로 향하게 한다는 개념—에 대해서는 훨씬 더 그러하다(이러한 미학은 영향력이 있는 정교회 사상가 파벨 플로렌스키Pavel Florensky, 1881-1949에 의해서 강조되었다).[11]

다마스커스의 요한과 학식 있는 테오도르Theodore the Studite가 "시각의 성화"를 "모든 감각 중에서 가장 고상한 것"으로 언급한 것이나 구두적 이미지보다는 시각적 이미지를 우위에 두는 것, 그리고 "물질을 숭상하는 것" 등은 우리에게 낯설고 의아스럽게 여겨진다.[12]

어떤 경우에 서방의 기독교인들은 심지어 미를 부정적인 관점에서 바라본다. 즉 무언가 강하고 단련되고 합리적이라기보다는 약하고 부드럽고 연약하며 여성적이고 부러지기 쉬운 것으로 이해한다. 미는 때때로 마음을 혼란케 하는 것으로서 피해야 할 것으로, 혹은 불필요한 사치품으로 간주된다. 우골리니크가 지적한 대로 그러한 사고방식은 "슬라브 민족의 감성에는 이질적인 것이다. 러시아인들에게 있어서 아름다움은 신학 및 종교의 강력한 구성 요소이며, 종교는 전체 문화의 일부이다."[13]

동방과 서방의 차이는 기독교가 이해되고 경험되는 두 가지 상이한 인식론적 프리즘, 곧 미학적 이미지와 기록된 본문에 기인한 비교적 중요성에서 가장 명백하게 드러난다.

---

11) V. Ivanov, "The Aesthetic Views of Father Pavel Florensky," *Journal of the Moscow Patriarch* 9 (1982): 75 (cited by Ugolnik, *Illuminating Icon*, 208-15).

12) Theodore the Studite, *On the Holy Icons* 1.13, 17; 3.A.2 (Crestwood, N.Y. : St. Vladimir's Seminary Press, 1982), John of Damascus, *Divine Images* 1.16-17; 2.13-14 (and the commentary on D. 39). Pelikan, "The Senses Sanctified," in *Image*, 99-119를 보라. .

13) Ugolnik, *Illuminating Icon*, 187.

앞에서 슬라브족의 기독교에로의 개종이 확인 가능한 미학적 요소를 가지고 있었다는 것을 살펴보았다. 블라디미르 공의 사절단은 미를 결여하고 있는 서방 및 무슬림의 예배 형태에서 평안한 마음을 느끼지 못했다. 그런데 그들은 콘스탄티노플의 성 소피아 교회에서 정교회와 마주쳤을 때 전혀 다른 무언가를 경험했다. 그것은 매우 화려하고 거의 형언할 수 없는 천상적인 경험이었다.

블라디미르의 사절단이 콘스탄티노플에서 목격했던 감각적인 장엄함의 중요성을 생각해 보라. 동로마제국 최후의 위대한 황제였던 유스티니안 1세의 치하에 세워져서 537년에 봉헌된 성 소피아 교회는 제국의 수도에 위치한 주요 대성당이었다.

> "규모만으로 하더라도 이 교회는 인간이 만든 건축물 중에 세계에서 가장 큰 것 중의 하나에 속한다. 거대한 아치형의 회중석은 고대와 중세의 모든 아치형 내부 장식을 압도한다. 왜냐하면 내부 공간은 단 한 개의 투명한 아치형 공간에 의해 둘러싸여 있기 때문이다. 공학적인 측면에서 볼 때 그것은 과거 프로코피우스(Procopius)를 경악하게 만든 것만큼이나 오늘날도 수수께끼로 남아 있는데, 그가 보기에는 그것은 아무런 지주도 없이 우뚝 솟아서 그 안에 있는 사람들의 안전을 위협하는 것으로 여겨졌다."[14]

그 건물의 장엄함에 걸맞게 엄청난 무리의 사람들이 예배에 참여하고 있었다. 612년에 성 소피아 교회의 직원은 80명의 사제, 150명의 부제, 40명

---

14) Thomas F. Mathews, *The Byzantine Churches of Istanbul: A Photographic Survey*(University Park: Pennsylvania State University Press, 1976), 267.

의 여女 부제, 70명의 부副 부제, 160명의 봉독자, 25명의 선창자, 1백 명의 문지기로 이루어졌다.[15]

블라디미르의 사절들이 그 규모에 압도당할 수밖에 없었다는 것은 조금도 놀랄 만한 일이 아니다.

슬라브족의 개종을 다루고 있는 『러시아의 주요 연대기』Russian Primary Chronicle는 몇몇 정교회의 중요한 특징들을 예시해 준다: 물질적 아름다움과 영적 진리 사이의 밀접한 연관성, 교리보다는 예전의 우선적 지위, 그리고 하늘을 이 땅 위에 미리 보여주려고 시도하는 정교회의 예전 등.[16]

제임스 빌링톤James Billington은 동방의 지향점이 서방의 그것과 다르다는 것을 보여주면서 "초기의 러시아인들은 정교회 신학의 합리성에 의해서보다는 그 예전의 심미적 호소에 의해서 기독교에 이끌리게 되었다"라고 지적한다.[17]

이러한 방식에 의해서 정교회로 개종한 경우와 상반되는 실례로서 또 다른 개종의 사례를 열거할 수 있는데, 이는 서구에서 일어난 것으로서 동일하게 중요한 상징적 의미를 가지고 있다. 우골리니크는 제안하기를 386년에 어거스틴이 개종하게 된 것이 서구 기독교인의 종교적 경험을 위한 모델 혹은 페러다임을 제공해 주듯이 슬라브족의 개종은 정교회의 그것을 전형적으로 보여준다고 제시한다. 어거스틴은 『고백록』에서 기록하기를 자신에게

---

15) Timothy Ware, *The Orthodox Church* (Baltimore: Penguin, 1964), 270; 성 서피아 교회의 건축학적 장엄함과 장관에 대해서는 Pelikan, *Image*, 12를 보라.

16) Ware, *Orthodox Church*, 270-72; John Meyendorff, *Byzantine Theology: Historical Trends and Docrtinal Themes* (New York: Fordham University Press, 1974), 115-16; Bulkakov, *Orthodox Church*, 138.

17) Billington, *Icon and the Axe*, 9.

로마서 13장 13절이 펼쳐져 있는 성경을 "집어들어서 읽으라"고 명령했던 어린아이의 목소리를 들었던 사실을 기록하고 있다. 성경의 한 본문을 읽음으로써 이루어진 그의 개종은 서방이 기독교를 이해하는 "주요한 인식론적 모델"이 된다.[18]

동방에서는 이콘들이 하나님의 말씀을 매개하는 데 반하 서방에서는 책과 본문과 말이 하나님을 알 수 있는 근본적인 도구이다. 성경의 본문을 읽음으로써 개종한 어거스틴의 실례에서 시작된 서구의 모델은 종교개혁과 뒤이은 개신교 전통에서 가장 완전하게 표현되었다. 서방의 기독교인들은 그때 이후로 계속 말씀을 읽어 왔다고 말할 수 있을 것이다.

최초의 중세적 교황인 대 그레고리Gregory the Great, 590-604는 "이콘이 미개한 사람들에게 필요한 것이라면, 성경은 개화된 사람들에게 필요한 것이다"라고 주장했다("세레누스에게 보내는 편지"). 이콘의 사용을 승인한 제2차 니케아 공의회(787)는 훨씬 더 나아가서 그 법령에서 선언하기를 이콘을 이용한 표현들은 "복음을 이야기하는 것과 동일한 유익을 우리에게 가져다준다"라고 했다. 그러나 대부분의 종교개혁자들과 개신교 전통은 그러한 개념을 명확하게 거부했다. 동방은 미학적 형상들에 초점을 둔 반면, 서방은 기록된 말씀에 우선권을 두었다.[19]

동방은 이콘 속에서 말씀을 보기를 원했던 반면, 서방은 말씀을 언어적인 선포를 통해서 듣기를 원했다. "핵심적인 지성인들"에 의해 시작된 종교개

---

18) Ugolnik, *Illuminating Icon*, 49.

19) 다음을 보라: Edward L. Long, "Ministry and Scholarship in the Reformed Tradition"; Thompson, "Incidence of Renaissance Culture in Early Protestantism," in Daniel R. Clendenin and W. David Buschart, eds., *Scholarship, Sacraments, and Service: Essays in Honor of Bard Thompson* (Lewiston, N.Y.: Edwin Mellen, 1990), 1-28, 29-58.

혁은 성경의 해박한 해설에 있어서 지성의 중요성을 강조했다.[20] 1523년에 울리히 쯔빙글리Ulrich Zwingli가 목사로서 세속의 학자들이 입는 가운을 입고 단상에 섰다. 몇 년 후 마틴 루터는 수도승의 옷을 학자의 옷으로 갈아입었다. 빌헬름 포크가 설명하듯이, 복장에 있어서의 이러한 변화는 결코 우연히 일어난 것이 아니었다. "학자"의 가운이 개신교 목회자의 공식 복장이 되었다. 그것은 목회의 본질과 활동에 있어서 종교개혁이 가져온 모든 변화를 상징적으로 보여준다."[21]

가톨릭과 정교회에 있어서 사제의 기능은 그 성격에 있어서 주로 '사제적'인 반면, 종교개혁 및 뒤이은 개신교 전통에서 목사가 학자의 복장을 취한 것은 목회와 학문 사이의 특이하고 불가분의 연관성을 상징한다. 그렇기 때문에 알렉세이 코미아코프가 개신교에서는 "학자가 사제의 자리를 대신해 버렸다"[22]고 불평한 것을 읽는 것은 결코 놀라운 일이 아니라는 결론에 이르게 된다. 서방전통에 있어서 해박한 학문성은 효과적인 기독교인의 삶과 사역에 필수적인 것으로 간주되었다. 따라서 개혁 신학의 전통을 묘사하기 위해서는 "지성의 삶이 하나님을 섬기는 삶"[23]이라고 이야기해야 한다. 청교도들은 이러한 목회의 개념을 집약해서 학식 있는 성직자를 길러 내기 위해서

---

20) Jaroslav Pelikan, *The Christian Intellectual* (New Yolk: Harper and Row, 1965), 17.

21) Wilhelm Pauck, "Ministry in the Time of the Continental Reformation," in H. Richard Niebuhr and Daniel Day Williams, eds., *The Ministry in Historical Perspectives* (New York: Harper and Row, 1956), 147.

22) Alexei S. Khomiakov, "On the Western Confessions of Faith," in Alexander Schmemann, ed., *Ultimate Questions: An Anthology of Modern Russian Religious Thought* (Creswood, N.Y. : St. Vladirnir's Seminary Press, 1977), 52.

23) John H. Leith, *An Introduction to the Reformed Tradition: A Way of Being the Christian Community* (Atlanta: John Knox, 1977), 77-79을 보라..

하버드와 예일과 같은 학교를 설립했던 것이다. 교구의 설교자이자 미국 역사상 가장 위대한 지성인들 중의 한 사람인 조나단 에드워즈Jonathan Edwards에게서 우리는 기록된 본문에 대한 합리적 해설로써 양떼를 인도하는 목사이자 학자로서의 가장 진정한 모델을 보게 된다. 이런 점에서 불가코프Bulgakov가 개신교를 "학구적" 종교라고 묘사했을 때, 이 체제 안에서는 사제보다는 학자-교수가 중심 인물이 된다.[24]

종교개혁은 이콘에 대한 일반적인 폄하와 본문 중심의 종교의 대두를 증거했다. 가톨릭 교회에 있던 프레스코와 이콘들이 덧칠해져서 감추어졌다.[25] 책이 이콘을 대신했다. 그레고리의 언명에도 불구하고 존 칼빈은 "이콘이 책과 동등한 지위를 차지할 수 없다"라고 주장하여 이콘의 가치를 반대했다.

모국어로 말해 주고 청중의 지성에 직접적으로 호소하는 설교가 성찬식 대신에 예전에서 가장 중요한 시간을 차지하게 되었고 또한 개신교 예배의 필수요소 sine qua non를 구성하게 되었다.[26] 새롭게 발명된 인쇄 기술이 성화 작가의 팔레트를 대신하게 되고 동시에 종교개혁을 추진하게 한 엔진의 기능을 했다.[27]

청교도인 존 폭스John Foxe는 "하나님은 칼에 의해서가 아니라 '인쇄와 글

---

24) Sergius Bulgakov, "A Professional Religion," in Pain and Zernov, eds., *Bulgakov Anthology*, 73-76.

25) Quenot, *Icon*, 74.

26) Bulgakov, *Orthodox Church*, 135. 다음을 보라: Carnegie S. Calian's *Icon and Pulpit*, Stamoolis, *Orthodox Mission Theology*, 88.

27) Elizabeth Eisenstein, *The Printing Revolution in Early Modern Europe* (Cambridge: Cambridge University Press, 1983)을 보라..

과 독서'를 통해서 종교개혁을 수행하셨다"라고 말했다. 존 폭스는 그의 『순교사』Acts and Monuments의 첫 페이지에서 두 종류의 회중이 예배를 드리고 있는 장면—로사리오를 손에 쥐고 있는 가톨릭 교도와 손에 책을 들고 읽고 있는 개신교도—을 묘사했다. 종교개혁자들은 "말하기와 읽기와 쓰기"를 강조함으로써 복음을 전파했다고 루터는 주장했다. 그의 제자인 필립 멜란히톤Philip Melanchton은 "독서는 기독교의 교리에 이르는 출발점이다"라고 주장했다.

이처럼 종교개혁의 본문 중심적 성격은 다양한 방법으로 증명되었다: 고대 문서들의 수집과 연구(ad fontes—원 자료로 돌아가자!), 본문에 대한 비평적 사본들의 집성(1516년에 발행된 에라스무스의 헬라어 신약성경), 고대 언어의 숙달과 사용, 대중 교육의 중요성 강조(1524년, 루터가 독일 정부의 관료들에게 보낸 편지), 교육받은 성직자에 대한 요구, 문맹에서 벗어난 대중을 계몽하기 위해 새로운 인쇄 기술을 이용하게 된 것(1517년과 1520년 사이에 루터의 팜플렛은 30만 권 이상 판매되었다) 등.

이 모든 것을 종합해 볼 때 본문과 말을 사랑하는 종교개혁의 경향은 우골리니크가 언급한 바 곧 심지어 오늘날에 있어서조차 개신교의 "주된 인식론적 모델"이 됨을 입증한다.[28]

앞에서 비교한 두 가지 개종의 이야기(어거스틴과 슬라브족)와 학문적 본문을 강조하는 서방의 입장과 미학적 형상을 강조하는 동방의 입장은 동방

---

28) 이 모든 문제들에 대해서는 Thompson, "Incidence of Renaissance Culture," 조단 바지스가 인용한 George Marsden, Common Ground: An Introduction to Eastern Christianity for the American Christian(Minneapolis: Light and Life, 1991), 41을 보라. 기계적 영감론의 보급은 기록된 말씀에 대한 또 다른 강조의 예이다.

과 서방의 기독교인들이 복음을 이해하는 상이한 프리즘을 상징적으로 보여주고 있다. 한 개신교 신자가 정교회의 사제에게 그의 교회가 정확히 무엇을 믿고 있는지에 대해서 질문했다는 이야기가 있다. 그의 질문에 대해서 사제는 "우리가 무엇을 믿는지를 질문하기보다는 우리가 어떻게 예배하는지를 질문하는 것이 더 합당할 것이다"라고 답변했다.

동방 기독교에 있어서 신학과 교리는 예전과 예배의 미학적 형상에서, 합리적 담화에서보다는 직관과 관상 속에서 궁극적으로 발현되고 표현된다. 기도의 규칙lex orandi은 믿음 또는 신앙의 규칙lex credendi의 기초이자 기원이며 가장 완전한 표현이다. 서방에서 신학은 본문에 대한 학문적 해설이다. 이 때문에 어느 복음주의적 신학교는 "와서 다양한 책을 집필한 학자들과 함께 공부합시다"라는 말로 학생들을 초대했다. 동방의 신학이 성소에서 기원된다면, 서방의 신학은 학자의 서재나 대학의 도서관에서 기원한다. 전자는 양초·프레스코·모자이크, 종·이콘·향냄새를 채용하는 반면, 후자는 워드 프로세서를 사용한다. 정교회에 있어서 "철학적 사색이나 학문적 엄밀성이 아니라 시각과 소리가 하나님께 이르는 길을 지시한다."[29]

결국 동방교회 신학의 많은 부분이 예전의 맥락에서 일어난다. 이러한 관찰이 많은 사람들에 의해서 이루어졌다: 개인적인 편지에서 존 브렉John Breck은 신학 논문을 읽음으로써 정교회의 본질을 이해하는 것은 어렵다고 경계했다.[30] 요약하자면 서방 신학은 과학적 지혜의 형태를 띠는 반면, 동방은 성례전적 예배의 형태를 띤다.

---

29) Billington, *Icon and the Axe*, 38.

30) 정교회의 예전에 관해서는 Hugh Wybrew, *The Orhodox Liturgy* (Crestwood, N.Y.: St. Vladimir's Seminary Press, 1989)를 보라.

성상파괴 논쟁

이콘은 동방과 서방 간의 차이를 상징하는 가장 명백하면서도 중요한 요소일 것이다. 이콘 문제에서부터 우리는 정교회의 일반적인 심미적 지향성으로부터 교회의 예배에서 이콘 사용이 구체적으로 발전된 양상에로 옮겨 간다. 정교회의 삶과 예전과 역사에서 이콘은 단순히 거룩한 예술이나 교회의 장식이 아니다. 그것은 무엇보다도 "색깔의 신학"이다.

상호 관련된 많은 이유 때문에 기독교인의 삶과 예배에서 차지하는 이콘의 타당성을 둘러싼 고통스러운 논쟁은 교회의 역사와 신학에 대한 흥미로운 사례 연구를 제공한다.

첫째, 우리가 지적해 온 바와 같이 이콘은 정교회의 정체성을 규정하는 데 있어 필수적인 요소이다. 이콘은 동방 기독교의 전체적인 종교 심리에 뿌리를 두고 있으며, 또한 정교회 기독교인의 매일의 삶을 위해 충실한 이정표 역할을 한다. 종종 신자는 세례식 때 성자의 이콘을 받으며 수세자는 그 성자의 이름을 취한다. 결혼식에서 신랑 신부의 아버지들은 이콘으로 그들을 축복한다. 그리고 장례식 때에 이콘이 장례 행렬의 선두에 서서 행진한다. 정교회 신자에게 있어 이콘 없는 기독교인의 삶은 상상조차 할 수 없다.

둘째는 신학적 고려 사항이다. 제2차 니케아 공의회(787)에 따르면 이콘은 기록된 복음과 동일한 가치를 지니며, 또 이콘과 말씀은 상호 계시적인 관계를 가지고 있다. 869-70년의 공의회는 선언하기를, 복음이 말로 우리들에게 선포하는 것을 이콘은 색깔로써 선포하며 은사를 수여한다. 나아가서 정교회에 있어서 이콘의 변호는 칼케돈 기독론의 선포이자 자신의 기독론이 칼케돈에 일치하는지를 시험하는 리트머스 시험지이다. 이콘을 거부하는 것은 성육신하신 그리스도의 진정한 인간성에 의문을 품는 행위이며,

또한 그 행위에 함축된 것은 기독교의 전체 기초에 대한 의심이다. 박식한 테오도르Theodore the Studite의 말에 의하면, 만일 그리스도가 이콘에 의해서 제시되지 못한다면 그 분은 성육신하지 못하신 것이며, "이것은 우리의 구원을 위한 하나님의 전체적인 경륜에 모순된다."[31]

셋째, 예전적 고려 사항이다. 843년 3월 11일 사순절의 첫째 주일에 이콘 논쟁에서의 최종적 승리가 경축되었다. 매년 정교회의 승리를 축하하는 이 특별한 기간 동안 시노디콘Synodicon이 예전의 일부로서 읽혀져서 "진정한 경건, 이콘 사용의 합법화, 그리고 우리에게 구원을 가져다주는 모든 것에 대한 경축" 등을 재확언하는 선언을 했다. 역으로 이콘의 사용을 거부하는 자는 저주를 받는다.

> "거룩한 교부들의 공의회 및 하나님의 계시에 일치되고 정통의 가톨릭 교회가 경건하게 준수하는 전통을 거부하는 자들에게 저주를! 저주를! 저주를!"[32]

따라서 정교회에 있어서 "이콘은 그저 단순한 형상이나 장식이 아니며, 심지어 거룩한 성경의 예시가 아니다. 그것은 보다 위대한 것이다.…교회는 그 거룩한 형상 속에서 단순히 정교회의 가르침의 한 가지 측면을 보는 것이 아니라 정교회의 전체적인 표현, 정교회 자체의 표현을 보는 것이다."[33]

---

31) Theodore the Studite, *Icons* 3. B. 3.
32) Pelikan, *Spirit*, 145; Ware, *Orthodox Church*, 39. Synodicon에 대해서는 다음을 보라: Leonid Ouspensky, *Theology of the Icon*, 2 vols. (Crestwood, N.Y.: St. Vladimir's Seminary Press,
33) Ouspensky, *Theology*, 1:8; Quenot, *Icon*, 43; Bulgakov, *Orthodox Church*, 13-40; John Meyendorff, *Christ in Eastern Christian Thought* (Crestwood, N.Y. : St. Vladimir's

그렇다면 이콘의 변호는 단순히 그들의 심미적 장점이나 문맹자들에 대한 교육 기능의 변호가 아니다. 정교회에 있어서 이콘의 변호는 기독교 자체에 대한 변호와 동일한 가치를 지니고 있었다. 동방 기독교에 있어서 이콘이 이처럼 중심적인 위치를 차지하고 있기 때문에 성상파괴론자들을 물리치고 이콘을 최종적으로 변호하는 데 성공한 것은 "정교회의 독특한 천재성"이라고 불려질 수 있을 것이다.[34]

넷째, 우리가 가지고 있는 증거의 편파적 성격 때문에 기독교 역사가들에게 있어서 이콘 논쟁은 흥미로운 주제이다. 우리는 기록된 증거 자료에 예술적 증거도 첨가해야 한다. 말하자면 그 속에 담겨 있는 내용에 주목해야 한다. 안타깝게도 성상파괴론자들은 효과적으로 일을 추진하여, 그들의 성상파괴에 대한 열정과 1204년의 십자군 원정, 1453년의 콘스탄티노플 함락과 약탈은 함께 결합되어 논쟁이 벌어지기 전부터 존재하던 거의 모든 이콘들을 파괴해 버렸다. 현재 존재하고 있는 가장 오래된 이콘은 6세기와 7세기의 것이다. 역으로 성상파괴론자들이 심미적 증거들을 파괴해 버린 것과 마찬가지로 결국 그 논쟁에서 승리한 이콘 변호론자들은 상대편의 저작들 중의 많은 것을 파괴해 버렸다. 예를 들면 후일 콘스탄틴 5세 황제가 된 신학자에 의해 쓰여진 중요한 성상파괴론적 작품은 승리자의 기록에서 외에는 존재하지 않는다. 따라서 우리가 다루어야 할 증거(기록된 증거와 예술적 증거를 포함해서)는 불완전한 것이다.

다섯째, 약 120년 동안 지속된 성상파괴 논쟁은 예배에서 미술을 사용할

Seminary Press, 1975), 173.
34) Pelikan, *Imago*, 182.

수 있는지 여부를 둘러싸고 기독교인들 간에 벌어진 최초의 논쟁이요 가장 오랫동안 지속된 논쟁이었다. 그것은 전체적인 기독교적 세계관 속에서 미술의 본질과 기능을 탐구한 기독교적 미학을 궁구한 진지한 노력이었다. 서방의 기독교와는 달리 정교회에 있어서 논쟁의 먼지를 떨치고 일어섰을 때, 미술과 신학이 불가분의 성격을 지니고 있다는 것이 명백해졌다.

대조적으로 최초의 몇 세기 동안, 그리고 기독교적 삶과 사상에 있어서 미학에 대한 어떤 공식적인 신학적 정당화가 이루어지지 전에 다소 복잡하고 폭넓게 보급된 실용적 경건이 예전적 미술을 둘러쌌다. 예를 들면 심지어 가장 완강한 성상파괴론자조차도 물질로 만들어진 십자가의 숭배를 거부하지는 않았을 것이다. 모든 지역의 기독교인들이 주님을 묘사하기 위해서 고기와 양의 상징물을 오랫동안 사용해 왔다. 그러나 이콘 논쟁이 일어나기 전까지는 광범위하게 존재한 기독교적 미학의 특성과 발전 양상에 대해서 어느 누구도 탐구하지 않았다. 신학적 담화는 실용적 경건을 앞서기보다는 뒤따랐다. 후일에 와서야 그것이 자기의 입장을 변증하면서 동시에 경건도 제공하게 되었을 뿐이다.

여섯째, 8세기와 9세기의 이콘 논쟁은 동방교회 내부의 논쟁으로서 그 중심지는 주로 콘스탄티노플이었다. 논쟁 기간에 로마에 있는 서방교회의 교황들—그레고리 2세, 그레고리 3세, 파스칼 1세, 그리고 그레고리 4세를 포함해서—은 예배에서 이콘의 사용을 지지했다. 대부분의 서방교회의 성상파괴론은 보다 늦게, 특히 십자군 전쟁과 개신교 종교개혁과 함께 등장했다. 더 나아가서 가톨릭 교회에서의 미술에 대한 이해는 정교회에서의 그것

과는 판이하다는 것을 주목해야 한다.[35]

마지막으로 기독교인과 이방인 양자의 세계관 속에서 물질에 대한 형이상학적 이해의 이중적 역설 혹은 아이러니에 주목해야 한다. 한편 이교적 형이상학(예를 들면 플라톤, 영지주의, 그리고 마니교)은 주장하기를 물질이 악하지만, 그럼에도 불구하고 물질적 우상과 형상이 그레코-로마 세계 내에서 이교의 핵심을 상징하고 있다고 했다. 우리는 바울이 아테네에 우상이 가득한 것을 보고서 격분했다는 사실을 회상한다(행 17:16). 반면에 데메드리오와 그의 동료 장색들은 바울의 설교로 인해 그들이 수공으로 우상을 만들어 팔아서 얻는 상당한 수익을 잃게 될 것을 알았다(행 19:24-27). 이러한 사실은 이콘이 이방의 우상과 동일한 것이라는 비난에 대해서 기독교인들이 특별히 민감한 반응을 보이는 이유를 제공해 준다.

다른 편으로는 물질적 형상의 사용을 강력하게 정죄하는 기독교 작품들의 긴 목록―알렉산드리아의 클레멘트, 아테나고라스, 오리겐 등―을 편집하는 것이 쉬운 일이지만, 성상옹호론자의 이콘의 변호가 787년의 니케아 공의회에서 궁극적으로 승리했다. 따라서 이방인들은 물질은 악하다고 주장하면서도 많은 형상을 만들어 숭배했다. 기독교인들은 모든 피조물이 선하다고 선언했지만 이방인의 우상숭배의 관행은 회피했으며, 후일에 이르러서야 이콘의 합법성을 부인하는 자들을 저주했을 뿐이었다. 우리는 기독교인들이 형상의 금지를 "승인으로, 나아가서 승인을 명령으로"[36] 탈바꿈시킨 특이한 곡절의 역사를 설명해야 한다.

---

35) Ouspensky, *Theology*, 1:9-12; Quenot, Icon, 72-79.

36) Pelikan, *Imago*, 2; 54-55, 57, 61; Meyendorff, *Christ*, 173-76.

역사

초대 기독교인들이 미술을 사용했다는 데 대한 풍부한 증거가 있다. 이콘이 사용되기 오래 전, 그리고 구약성경의 금지 명령과 이방인들의 관행에도 불구하고 기독교인들은 복음을 표현하기 위해서 미술을 사용했다. 일찍이 2세기에 터툴리안은 기독교인들이 "십자가를 미신적으로 숭배한다"[37]라는 이유로 고소당했다고 말한다. 아마도 그들이 어떤 형태의 물질로 만든 십자가를 지니고 있었던 것 같다. 카타콤(프레스코, 장례식 비문, 석관 위에 새긴 부조), 폭넓은 미술적 상징물의 전시(고기 · 빵 · 양 · 비둘기 · 방주 · 배 · 구약의 주제들), 조각상, 그리고 타피스트리 등은 초대 교회에서 교육적 목적으로 미술을 사용했다는 것을 증언한다.

콘스탄틴의 개종과 함께 미술에 대한 정치적 후원이 중요한 요소가 되었다. 콘스탄틴에 의해 세워진 성묘교회(예루살렘), 유스티니안에 의해 세워진 성 소피아 교회 양자 모두가 이 사실을 입증한다. 가이사랴의 유세비우스(265-339)는 4세기에 그리스도와 사도들의 모습을 그린 그림이 광범위하게 사용되었음을 증명한다.[38]

그리고 다마스커스의 요한은 이콘의 사용을 옹호하는 그의 세 가지 변증에 4세기 이후에 이콘의 사용을 승인한 많은 교부들의 증언을 첨가하고 있다. 5세기까지는 오늘 우리가 알고 있는 이콘 숭배가 교회 내에서 확고하게 확립되었던 것으로 보인다.

4세기초에 스페인의 엘비라에서 열린 조그만 지역 공의회를 제외하고는,

---

37) Tertullian, *Apology* 16.6 (in Pelikan, *Imago*, 57).

38) Eusebius, *Ecclesiastical History* 7.18; 9.11.

692년 9월 1일에 열린 퀴니섹스트Quinisext 공의회에서 최초로 미술의 사용에 대한 교회의 공식적인 선언이 이루어졌다. 법령 82조는 구체적으로 다음과 같이 선언한다: "(그리스도가 전통적으로 어린 양으로 상징적으로 그려졌지만) 오늘날 우리는 은혜와 진리 자체는 율법의 성취라는 입장을 선호한다. 그러므로 우리는 모든 면에서 그것을 드러내기 위해서 최소한 완전한 이콘의 도움으로 우리의 하나님이신 그리스도가 고대의 형태인 어린양이 아니라 그 분의 인간적 형태로 표현되어야 한다고 선포한다. 우리는 이것이 겸비하게 낮추신 말씀이신 하나님이 높임 받으신 표현이라고 믿으며, 또한 우리는 육체로 계신 그 분의 삶, 그 분의 고난, 구원을 위한 죽음, 그리고 세상을 위해 행하신 그 분의 구속 행위 등을 기억하도록 인도 받는다."

간접적인 상징이 구약 시대에는 적합했지만, 하나님의 성육신은 직접적인 재현을 요구한다. 따라서 법령 82조는 기독론과 이콘의 교훈적 성격간에 직접적인 연결점을 확립했다.

그렇다면 그와 같은 격렬한 성상파괴 운동이 동방에서 일어나게 된 이유는 무엇인가? 학자들은 이 쟁점을 논의하고 있다. 그러나 몇몇 요소들은 명백하다. 이론적인 정당성에도 불구하고 이콘 숭배의 실제적인 남용이 성상파괴론을 불러 일으켰다. 이콘 그림의 반점을 성만찬의 포도주에 첨가하거나 세례식에서 이콘을 대부로 사용하는 것같은 어리석은 미신 행위때문에 이콘 숭배가 이방인의 우상숭배와 조금도 다를 바 없다는 비난을 받는 경향이 있었다.

또 주관적인 미술적 상상력으로 그리스도를 그릇되게 재현한 일부 이콘들의 기술적 문제도 있었다. 사실 퀴니섹스트 공의회의 법령 100조는 "부끄러운 쾌락을 촉발시킴으로써 지성을 타락시키는 그릇된 이콘들"을 비난한다. 나아가서 레오 3세(717-41)의 이콘 반대 운동은 수도원 공동체의 영향력을 축소시키고 그들의 재산을 몰수하며 그 자신의 정치적 권력을 강화시키려는 욕망이 동기가 되었던 것 같다.

마지막으로 가장 중요한 것이 점증하는 이슬람교의 위협이었다. 무슬림은 보다 순수하고 차원 높은 형태의 계시를 소유하고 있다고 주장하면서 삼위일체 교리를 비난의 근거로 삼아 기독교인들을 다신교도라고 비난했고, 또한 이콘 숭배를 근거로 해서 우상 숭배자들이라고 비난했다. 717년에 무슬림은 콘스탄티노플을 침략했지만 1년 후 레오 3세에 의해서 격퇴 당했다. 723년에 칼리프 야지드 2세는 기독교 교회에서 모든 종류의 이콘을 제거할 것을 명령했다.[39]

8세기 초까지 성상파괴론적인 감정이 너무 강했기 때문에 콘스탄티노플의 총대주교 게르마누스 1세Germanus, 715-30는 성육신에 대한 확증으로서의 이콘 사용의 오랜 관행에 대해서 변호해야 했다.[40] 그럼에도 불구하고 그것은 소용이 없었다. 726년에 레오 3세가 이콘 사용을 금하는 그의 칙서로써 성상파괴 논쟁을 촉발시켰다. 콘스탄티노플의 총대주교 게르마누스와 로마의 교황 그레고리 2세는 그 칙서를 거부했다. 게르마누스는 폐위되었고, 그를 대신하여 성상파괴론자인 아나스타시우스Anastasius, 730-53가 총대주교가 되었다. 성상옹호론자들에 대한 격렬한 박해와 광범위한 성상파괴가 연이어 일어났다.

---

39) 다음을 보라: Alexander Schmemann, *The Historical Road of Eastern Orthodoxy* (Crestwood, N.Y.: St. Vladimir's Seminary Press, 1977), 203-4; Ouspensky, *Theology*, I:101-6; Meyendorff, *Byzantine Theology*, 42-4; A. A. Valsiliev, "The Iconoclastic Edict of Caliph Yazid II, A. D. 721," *Dumbarton Oaks Papers* (1956).

40) Meyendorff, *Christ*, 178; *Byzantine Theology*, 45.

레오 3세의 재위 기간에 다마스커스의 요한이 이콘 사용을 옹호하는 글을 쓰면서 그 논쟁의 일부 원인이 정치적인 데 있음을 명백히 제시했다. 성상옹호론자들은 하나의 인격 안에 세속의 보좌 및 영원한 제단의 권력을 결합하려는 레오의 황제교황주의 경향을 증오했다: 레오는 로마의 교황 그레고리 2세에게 편지하면서 "나는 황제이자 사제이다"라고 썼다.[41]

존은 그에 반대하여 말하기를 "황제는 교회의 공의회에 개입할 권리가 없다. 왜냐하면 매고 풀 권세는 왕이 아닌 사도들에게 주어진 것이기 때문이다"라고 했다.

> "정치적 번영은 황제의 책무이다. 교회의 일은 목자들과 교사들의 관심사이다. 형제들이여, 그 외의 다른 방법을 시도하는 것은 약탈의 행위이다.…황제여! 우리는 우리의 매일의 일상사와 관련된 문제에 있어서 당신에게 복종할 것이다: 대금 지불, 세금, 조공, 이것들은 당신의 책무이며, 우리는 이것들을 당신에게 맡길 것이다. 그러나 교회의 정치에 관한 한 우리에게는 목사들이 있으며 그들이 우리들에게 하나님의 말씀을 전파해 왔다. 우리에게는 교회의 법령을 해석하는 사람들이 있다. 우리는 선조들이 설정해둔 오래된 이정표를 제거하지 않고, 우리가 받은 전통을 보존할 것이다."[42]

콘스탄틴 5세 황제는(741-75)는 그의 부친 레오 3세보다도 훨씬 광적이었다. 그는 자신이 보잘 것 없는 신학자가 아니라는 것을 증명이라도 하려는 듯이 성상파괴론적 입장을 요약하는 글을 쓰고, 이콘숭배자들을 잔인하게

---

41) Ouspensky, *Theology*, 1:109.
42) John of Damascus, *Divine Images* 2.12.

박해했으며, 754년에는 유명한 성상파괴 공의회를 개최했다. 그 공의회에서 사제들이 폐위되고 수도승과 평신도들은 저주를 받았다. 다마스커스의 요한이 파문당했으며, 게르마누스는 사후에 파문되었다. 성상파괴주의가 패배하고 이콘 숭배의 기독론적 정당화가 공포된 것은 여황제 이레네Irene의 지도 하에서 787년에 열린 제2차 니케아 공의회에서였다(이 두 공의회의 발표문을 참고하려면 이 장의 첫머리에 있는 인용문을 보라).

짧은 휴식기가 지나고 나서 성상파괴를 위한 두번째 박해의 시기가 황제 레오 5세(813-20)의 통치하에서 시작되었다. 이 기간에 총대주교 니케포루스 1세Nicephorus, 806-15와 해박한 수도승 테오도르는 조금도 타협함이 없이 이콘 숭배를 지지했다. 니케포루스가 폐위되어서 추방되었고, 그의 자리는 성상파괴론자인 총대주교 테오도투스 1세Theodotus, 815-21에 의해 대체되었다. 어린 황제 미카엘 3세의 어머니로서 섭정을 했던 테오도라Theodora의 치세 하에서 843년 3월에 공의회가 개최되었다. 이 공의회는 787년의 결정을 재확인하면서 성상파괴론자들을 파문하고, 사순절의 첫 주일을 정교회의 승리를 축하하는 성일로 지키도록 확립했다. 지금 천 년 이상의 기간 동안 정교회는 이 궁극적인 승리에 바탕으로 이콘의 숭배를 공식적으로 승인한 것을 자랑스럽게 여겨 왔다.

신학

성상파괴 논쟁의 역사를 간략하게 개관한 후에 그에 관련된 신학을 검토해야 한다. 정교회가 이콘 숭배를 변호하는 근거는 상호 관련된 네 가지 논증에 있다.

1. 다마스커스의 요한과 해박한 테오도르는 이콘 숭배가 우상 숭배를 금하는 구약성경의 명령에 대한 위반이고(출 20:4; 신 4:15-18; 5:7-9), 또 교회 안에 이방 종교를 다시 도입한 사탄의 간계—754년의 성상파괴 공의회에서 지적된 비난—라는 비난을 반박함으로써 그들의 변증을 시작했다. 성상파괴론자들은 주장하기를 하나님께서 시내산에서 말씀하셨을 때 "음성뿐이므로 (모세가) 말소리만 듣고 형상은 보지 못하였다"(신 4:12)라고 주장했다. 그들은 또한 그리스도의 말씀을 지적했다: 참된 하나님 예배는 물질적인 것이 아니라 영적인 것이다(요 4:23-24). 성경에 호소하는 것은 양 진영에서 희망했던 것처럼 명백하거나 단순하지 않았다.

다마스커스의 요한과 테오도르는 성상파괴론자들은 구약성경의 금지 사항들을 그릇되게 적용했다고 주장했다. 이방 종교의 우상들과 기독교의 이콘은 별개의 문제였다: "만일 당신이 이방 종교의 우상 남용에 대해서 말한다면, 이러한 남용이 우리의 이콘 숭배를 그릇된 것으로 만들지 않는다. 형상을 신으로 변질시킨 이방인들을 비난하라! 단지 이방인들이 사악한 방법으로 형상을 사용했다는 이유 때문에 이콘을 숭배하는 우리의 경건한 관행을 반대하는 것은 근거가 없는 것이다."[43]

둘째, 다마스커스의 요한과 테오도르는 구약 시대에 보이지 않는 하나님의 형상을 만드는 것이 불가능하거나 참람한 행위였음을 인정했다. 그럼에도 불구하고 그 시대에도 형상을 만드는 것을 금하신 것은 상대적인 것이었지 절대적인 것이 아니었다. 왜냐하면 하나님께서는 전체적으로 배열된 공예품들을 숭상할 것을 명하셨는데, 이는 그것들이 그 분을 예배하는 데 도움

---

43) Ibid., 1.24, 26; 2.17; Theodore the Studite, *Icons* 1.2. 6-7; 3.A.55.

이 되는 것으로 보셨기 때문이다—집회 장소인 회막의 구조를 세심하게 지정하심(출 35:4-19), 그룹천사, 속죄소, 청동으로 만든 뱀, 하나님의 영으로 충만해진 브살렐의 공교한 재주(출 31:1-11) 등. 따라서 존은 구약성경 시대에도 "물질을 영화롭게 하셨다"라는 점을 말하며, 테오도르는 말하기를 만일 하나님께서 청동으로 만든 뱀의 모양으로 상징화되어서 내려오셨다면 "그 분이 인간이 되신 후 원래 그분 자신의 것인 육신의 형상을 세워서 경배하는 것이 적합하며 그 분을 기쁘시게 하는 것이 아니겠는가?"[44]라고 말했다.

모든 것 중에서 가장 중요한 것은 기독론 논쟁이었다. 구약성경의 물질적 이미지는 형태와 수, 혹은 그림자로서 율법의 시대에 걸맞는 것이었다(갈 3:25). 하나님께서는 율법의 시대에 특정한 방식으로 말씀하신 반면 은혜의 시대에는 전혀 새로운 방식으로 말씀하셨다(히 11:1-2). 한때 불가시적이던 하나님께서 인간의 몸을 입으셨고 그럼으로써 제한을 받게 되었다.

"하나님이 인간이 되셨다는 사실을 묵상할 때 그 분을 인간의 옷을 입은 분으로 묘사할 수 있다. 불가시적인 존재가 육체를 입어 가시적인 존재가 될 때, 당신은 그 분의 형상을 그릴 수 있을 것이다.…전에는 형태나 몸을 가지고 있지 않은 하나님은 결코 인간의 언어로 묘사될 수 없었다. 그러나 지금, 하나님께서 육체를 입고 인간과 대화를 나누실 때, 나는 내가 보는 하나님의 형상을 그리는 것이다. 나는 물질을 숭배하는 것이 아니다. 나는 물질의 창조주, 곧 나를 위해 물질이 되시고, 물질 속에 거하시기로 작정하시며, 물질을 통해서

---

44) Theodore the Studite, *Icons* 1.6; John of Damascus, *Divine Images* 1.16.

나의 구원을 이루신 그 분을 경배하는 것이다."[45]

테오도르의 지적에 따르면 성상파괴론자들은 "광란 상태"에서 하나님께서 인간의 지식과 묘사를 넘어서 존재하신다는 "신학적" 교리를 불가시적인 하나님께서 성육신하셨고 그 결과 인간의 묘사의 범위 안에 들어오신 경륜 economy의 교리와 혼동한 것이다.[46]

마지막으로 다마스커스의 요한과 테오도르는 하나의 명백한 사실, 곧 이 가시적인 성육신의 시기에 모든 구약 성경의 묘사가 신약성경의 윤리를 위해서 의무적으로 요청되는 것은 아니라는 것에 주의를 환기시킨다. 그들의 지적에 따르면 기독교인들은 더 이상 구약성경의 음식법과 할례의 명령을 준수하지 않았고, 십계명의 예를 들어서 말한다면 토요일을 안식일로 준수하지도 않았다(고전 16:2; 계 1:10). 마찬가지 방식으로 청동으로 만든 형상을 금지한 명령은 보편적인 금령이라기보다는 일시적인 금령으로 간주되었다. 즉 우상을 섬기는 이방인들의 시대에는 적절한 명령이었지만, 이제는 하나님 자신이 성육신하심으로 인해서 새로운 명령으로 대체되었다는 것이다.

2. 성상파괴론자들이 성상 숭배를 반대한 주된 근거는 콘스탄틴 5세의 주장, 곧 이콘이 원형 자체와 동일한 본성 혹은 본질을 가지고 있으며, 심지어 하나님의 형상이신 그리스도가 성부와 동일본질이시라는 주장에 있었다(고

---

45) John of Damascus, *Divine Images* 1.8,16; 2. 5
46) Theodore the Studite, *Icons* 2.4; 3.C.15.

후 4:4; 골 1:15). 성상파괴론자들은 이러한 정의에 입각해서 그리스도께서 문자적으로 육체적으로 임재하시는 것으로 믿어지는 성만찬만이 유일하게 허용되는 그리스도의 이콘이므로 그 이외의 다른 형상을 숭배하는 것은 하나님을 하나님 아닌 다른 존재로 취급하는 것이며, 따라서 우상숭배의 죄를 범하는 것이라고 주장했다. 성상숭배론자들은 이러한 주장에 대해서 두 가지 방식으로 대응했다.

첫째, 그들은 예배의 본질에 대해서 인식론적인 구분했다. 다마스커스의 요한과 테오도르는 상이한 종류 혹은 수준의 예배를 구분했다. 절대적인 예배 혹은 경배 *latreia*는 하나님께만 드려져야 할 특별한 것인 반면, 상대적인 예배 · 흠숭 · 경배 혹은 존경 *proskynesis, douleia*은 사람이나 사물에 대해서 드려질 수 있고 실제로 드려져야 한다. 테오도르는 "상대적인 경배는 동일한 외적 형태를 가지고 있지만, 그것은 다른 의도를 가지고 있다"라고 말했다.[47]

두 변증가 모두 많은 비교의 예를 제시한다. 종은 주인에게, 시민은 왕에게, 자녀는 부모에게 경의를 표한다. 보다 중요하며 성상파괴론자들이 부인할 수 없는 것은 예전적 관행에서 찾아볼 수 있는 몇 가지 사례이다. 기독교인들은 복음이 제시된 본문을 올바로 경배해 왔는데, 이 본문은 듣기 위해서 뿐만 아니라 보기 위해서 주어진 것이었다.[48] 십자가에 대해서도 마찬가지이다.

---

47) Ibid., 1.10; Pelikan, *Imago*, 58-59, and *Spirit*, 109-10.

48) Theodore the Studite, *Icons* 1.19; 2.34.

"만일 보다 열등하고 덜 존경스러운 것[십자가]이 경배의 대상으로 올바로 인식된다면, 보다 위대하고 보다 존경스러운 것[그리스도의 이콘]이 또한 올바로 인식되지 않는다고 말하는 것은 어리석은 것이다. 상징이 그 원형에 대해서 가지고 있는 관계를 이콘 또한 그 원형에 대해서 동일한 관계를 가지고 있다면 그리스도의 이콘은 십자가의 상징보다 어떤 친밀한 비교점을 가지고 가지고 있는가?"[49]

마리아 · 성인들 · 성유물 · 책 등에게 드려지는 상대적인 경배는 인식론적 구별을 위한 예전적 증거들이다.

"이러한 것들이 받기에 합당한 경의와 숭배를 없애거나 교회의 전통과 형상의 숭배를 받아들이라."[50]

따라서 이콘에 대해서 상대적인 숭배를 바치되 절대적인 예배를 드리지 않음으로써 성상옹호론자들은 자신이 청동의 형상을 만들지 말라는 명령을 위반하는 것이 아니라 단순히 견고하게 확립된 관행을 따르고 있을 뿐이라고 주장할 수 있었다.[51]

둘째, 다마스커스의 요한과 테오도르 모두 형상의 본질과 그 원형의 본질 사이에 존재론적인 차이가 있다고 주장했다. "비록 그리스도와 그 분의 형

---

49) Ibid., 2.23.

50) John of Damascus, *Divine Images* 1.16.

51) Ibid., 1.8,14. 다마스커스의 요한은 심지어 다섯 종류의 절대적 예배와 일곱 종류의 상대적 존경을 구분했다(3.27-39). 박식한 테오도르의 *Icons* 1.19, 유사한 구별점에 대해서는 어거스틴의 *City of God* 10.1을 보라.

상이 동일한 이름을 사용하는 점에서 동질성을 가지고 있다 할지라도 우리는 본질, 즉 그리스도와 그 분의 형상이 별개라고 말한다."[52]

성만찬만이 유일하게 허용된 그리스도의 형상이라는 성상파괴론자들의 주장을 반박하기 위해서, 다마스스크의 요한과 테오도르는 그 원형과 형상은 모든 면에서 동등시될 수 없다고 지적했다.[53] 복사품이요 그림자에 불과한 인위적인 물질적 형상(이콘)과 실제의 원형(그리스도 자신) 사이의 관계는 단일적이라기보다는 유추적이다. 그렇다면 그들이 주장하는 바 이콘 숭배가 우상 숭배라는 비난은 타당성을 결여한 것이다.

"우리가 숭배하는 것은 형상의 본질이 아니라 그 형상에 각인되어 있는 원형의 형태이다. 왜냐하면 형상의 본질은 숭배할 수 있는 것이 아니기 때문이다. 숭배되는 것은 물질이 아니다. 오직 원형이 그 형태와 함께 숭배된다."[54]

"원형과 형상은 동일한 이름을 공유한다. 그리고 우리는 그것들을 동일한 방식으로 말한다. 그러나 원형의 경우에 있어서 그 속성들은 엄밀히 적용되는데 반해, 형상의 경우 그 속성들은 비유적으로 적용된다. 테오도르는 "이 원리는 그리스도와 그 분의 이콘의 경우에도 적용된다. 왜냐하면 그 이름들이 '하나님 자신'이면서 또한 '인간'으로 불려지는데, 이는 그 이름들이 담고 있는 의미 및 신성과 인성의 본질 때문이다.…반면에 그분의 형상은 그리스도라고 불려지는데, 이는 그것이 신성과 인성을 가지고 있기 때문이 아니라 그 이름

---

52) Theodore the Studite, *Icons* 1.11.

53) John of Damascus, *Divine Images* 1.8; 1.16; Theodore the Studite, *Icons* 1.12.

54) Theodore the Studite, *Icons* 3.C.2.

이 담고 있는 의미 때문이다.…그것은 경외와 숭배를 공유하는 것과 마찬가지로 그 원형의 이름을 공유한다. 그러나 그것은 원형의 본질의 일부도 가지고 있지 못하다.…그래서 말해진 것은 오직 그 이름과 숭배의 동일성에만 적용될 뿐이며 원형과 형상 사이의 물질적 동일성에는 적용되지 않는다. 왜냐하면 묘사되는 대상이 숭배받기 위해서 나타난다 할지라도 물질은 숭배받는 일에 참여할 수 없기 때문이다."

이 점에서 다마스커스의 요한과 테오도르 모두가 반복적으로 호소하고 있는 권위적인 원리는 바실, 아타나시우스, 위-디오니시우스, 키릴 등에게서 발견할 수 있다.

"형상에 드려진 경의는 원형에게 전달된다."[55]

3. 교부적 권위에 대한 호소, 특히 consensus quinquesae-cularis(최초 5세기 동안에 견지한 기본적인 입장)은 성경적 본문에 대한 호소만큼이나 중요하고 강제적이며 야심찬 것이었다. 양편 모두 전통에 호소했고 상대편에게 "특이한 놈"이라는 악의에 찬 욕설을 퍼부었으며,[56] 양편 모두 그들의 위치에 대한 명백한 지지를 얻기 위해서 애를 썼다.

테오도르는 시간이 그로 하여금 "고대와 최근의 권위들로부터, 숭배할 만

---

55) John of Damascus, *Divine Images* 1.21; Theodore the Studite, *Icons* 1.8; 2. 4; Basil, *On the Holy Spirit* 18.45.

56) Pelikan, *Imago*, 41.

한 이콘들에 관해 이용 가능한 수많은 본문들을"⁵⁷⁾ 풀어 보이는 일을 결코 허용하지 않을 것이라고 선언했다. 다마스커스의 요한은 자신의 입장이 성경적·교부적 증거의 "단일한 흐름"과 일치하며 또한 이콘 숭배는 "최근에 만들어진 것이 아니라 교회의 고대적 전통"⁵⁸⁾이라고 주장했다. 그는 키프로스의 레온티우스Leontius of Cyprus를 인용했는데, 그는 "이 전통은 우리들에게서 시작된 것이 아니라 율법과 함께 시작되었다"⁵⁹⁾라고 주장했다. 그럼에도 불구하고 테오도르는 성상파괴론자들이 "성경은 이 문제에 관하여 아무런 말도 하지 않으며" 이콘 숭배는 "우리의 전통적인 신앙고백에 포함되지도 않는다"라고 비난하고 있다고 불평한다.⁶⁰⁾

성상파괴론자들의 비판은 힘을 발휘했다. 어떤 면에서 성상파괴론자들의 주된 권위는 "고대에의 호소"에 있었다. …이것은 그들의 가장 강력한 공격과 방어의 무기였다."⁶¹⁾ 고대 교회에서 광범위하게 논쟁거리가 된 이 관행에 대해서 성상옹호론자들은 최초 3백 년의 기독교 문헌으로부터 이콘 숭배를 명령한 단 하나의 명백한 작품도 생산해 낼 수 없었다.

역으로 성상파괴론자들은 외적인 형상의 사용을 헬라의 이방 종교와 동일시한 초기 변증론자들의 "거의 끊어지지 않은 계승"을 "마음 내키는 대로 증가"시킬 수 있었다. "엄청난 양의 외적 증거"는 성상파괴론자들의 입장을

---

57) Theodore the Studite, *Icons* 2.40.

58) John of Damascus, *Divine Images* 2.20; 3.41 (and the commentary on pp. 45-47).

59) John of Damascus, *Divine Images, commentary*, p. 97.

60) Theodore the Studite, *Icons* 2.56.

61) George Florovsky, "Origen, Eusebius, and the Iconoclastic Controversy," *Church History* 19 (1950): 81; idem, *Christianity and Culture* (Belmont, Mass.: Nordland, 1974), 105.

지지하는 것처럼 보였다.[62]

한 예는 약 305년 스페인의 엘비라에서 개최된 지역 공의회의 법령 36조이다: "우리가 보건대 이콘을 교회에서 허용하지 말고, 또한 숭배와 경배의 대상을 벽에 그리지 않도록 하는 것이 좋다."[63]

4세기의 것인 두 개의 본문을 두고서 논쟁이 지속되었다. 첫째, 현존하지 않는 한 편지는 가이사랴의 유세비우스가 황제비 콘스탄티나(Constantina; 콘스탄틴 1세의 누이)에게 보낸 것인데, 이 편지에서 콘스탄티나는 그리스도의 이콘을 요청했다. 그녀의 요청에 대한 답변에서 유세비우스는 이콘의 사용을 단호하게 거부했다: "나는 당신이 어떤 이유로 구세주의 형상이 그려지기를 원하게 되었는지 모릅니다. 당신이 요청하는 것은 그리스도의 어떤 이콘입니까? 참되고 변화될 수 없는 것, 그리고 그 분의 신적 본성의 특징을 담고 있는 것입니까? 아니면 그 분이 우리를 위해서 취하신 모습, 말하자면, '노예의 모습을 취하신 것'을 의미합니까?" 둘 중의 어떤 답변이든지 성상옹호론자들을 올무에 빠뜨리는 것으로 보였다: 그리스도의 신적 본성을 그리는 것은 불가능했다. 반면에 두 본성을 분리시켜서 그 분의 인성만을 그리는 것은 이단적이었다(네스토리우스주의).

만일 그 편지가 반 아리우스주의적 성향을 가지고 있는 것으로 만장일치로 인정받고 있는 신학자에 의해서 쓰여진 것이 아니라면, 그것은 상당한 비중을 가지고 있었을 것이다. 그러나 역설적이지만 성상옹호론자들은 그 편지를 자신들에게 유리한 방향으로 이용했다.

---

62) Pelikan, *Imago*, 54, i7, 68; *Spirit*, 97-99.

63) Pelikan, *Spirit*, 101.

그들은 6세기까지의 교부적 문헌에서 (단순히 이방적인 것만이 아니라) 기독교적인 이콘의 사용을 가장 명백하게 반대한 작품은 그의 기독론이 모든 사람에 의해서 이단적인 것으로 인정되고 있는 신학자의 것이라고 지적했다.

나아가서 만일 교부적 전통이 만장일치로 이콘을 우상과 동일시했다면, 왜 최초의 6차례의 에큐메니칼 공의회가 그와 같은 중요한 문제에 대해서 침묵을 지키고 있었겠는가? 확실히 공의회들은 다른 예전적, 그리고 실제적 타락에 대해서는 언급했었다.[64]

두번째 본문은 이콘의 거부에 있어서 훨씬 더 단호하고 분명한 입장을 가지고 있었다. 그리고 성상파괴론자들은 그들의 적들에게 상기시키기를, 그러한 거부는 일부 "이단적 가필자"로부터가 아니라" 성자들 중에서 저명하고 명망 있는" 사람으로부터 온 것이었다. 키프로스의 주교이자 열정적인 정교회 교조주의자인 에피파니우스Epiphanius, c. 315-403의 작품은 저자가 진정 에피파니우스인지에 대해서 논란이 있는데, 이콘을 이방인의 우상 숭배와 동일시했다.

그는 심지어 "지상의 색깔로 칠해진" 이콘의 숭배를 정당화하기 위해서 성육신에 호소하는 사람은 누구나 저주했다. 다마스커스의 요한과 테오도르, 그리고 콘스탄티노플의 총대주교 니케포루스는 모두 그의 비판에 함께 답변하면서 그 본문이 위조된 것으로 여겨 거부했다. 그 작품의 진정성은 오늘날에도 학자들 간에 계속적인 논쟁의 대상이 되고 있다.[65]

---

64) John of Jerusalem, *Against Constantine* V, 5 (cited by Pelikan, *Imago*, 60).

65) 관련된 참고문헌을 위해서는 Ouspensky, *Theology*, 1:131을 보라: 오우스펜스키, 오스트로고르스키, 플로로브스키, 메옌도르프, 스코보른 등은 모두 에피파니우스의 작품이

레오나드 오우스펜스키Leonard Ouspensky는 에피파니우스의 지도 하의 키프로스의 교회가 이콘으로 장식되었다고 지적했다.

유세비우스와 에피파니우스의 본문보다 훨씬 더 흥미로운 것은 성상옹호론자들에 의한 책략적인 움직임이었다. 다마스커스의 요한과 테오도르는 바울의 권위에 호소하면서 "굳건하게 서서 말로나 우리의 편지로 가르침을 받은 전통을 지키라"(살후 2:15)고 촉구했다.

일찍이 이레니우스가 구전 전승의 권위에 대해서 언급했지만,[66] 성상옹호론자들이 특별히 인용한 사람은 바실이었다. 바실은 그의 저서 『성령에 관하여』에서 다음과 같이 말한다:

"조심스럽게 지켜져 온 교회의 가르침과 교리들 중에는 우리가 기록된 문서로부터 받은 것도 있다. 반면 우리는 다른 가르침들은 비밀스럽게 받았는데, 이는 그것들이 사도적 전통으로부터 우리에게 전수된 것이기 때문이다. 두 자료 모두 우리를 의로 인도하기에 충분한 능력을 가지고 있다. 오래된 교회의 규율을 가치있게 평가하는 사람이라면 누구도 이에 대해서 의문을 제기하지 않을 것이다. 왜냐하면 만일 우리가 구전의 관습을 가치 없는 것으로 여겨서 무시해 버린다면, 우리는 복음의 많은 중요한 부분을 매장시키는 결과가 되기 때문이다."[67]

신빙성이 없는 것이라고 간주한다. 반면에 홀, 클라우스, 야로슬라브 펠리칸은 진정한 그의 작품으로 본다.

66) Irenaeus, *Against Heresies* 3.2.1-2 (cited by Pelikan, *Imago*, 62).

67) Basil, *On the Holy Spirit* 27.66. 이 본문은 John of Damascus, *Divine Images* 1.23와 Nicephorus, *Refutation of the Iconoclasts* 3.8에 인용되어 있다.

그와 같은 구전전승에는 갈보리와 주님이 묻히신 무덤의 위치, 세례식에서의 삼중적인 세례, 동방을 향한 기도, 십자가 앞에서 무릎 꿇음, 그리고 성만찬 축제의 몇 가지 양상 등이 포함된다.

바실은 기록된 본문의 권위뿐만 아니라 예전적 관행의 권위에 대해서도 말했다. 테오도르는 우리가 어떻게 "오랫동안 지속되어 온 고대의 관습과 전통"을 뒤엎어 버릴 수 있겠는가?…그렇게 많은 언어로 쓰여지지 않았지만 기록된 가르침과 동일한 힘을 가지고 있는 많은 가르침이 거룩한 교부들에 의해서 선포되었다"라고 솔직히 인정한다. 테오도르는 "결국 지금 시대가 점증하고 있는 성상파괴론적인 이단에 반대하여 이것을 말하기를 요구한다면, 비록 그리스도가 그분의 형상의 원형이라고 기록되어 있지 않다고 할지라도, 놀라운 일이 아닌가?"[68]라고 질문한다.

다마스커스의 요한도 동일한 논리를 많이 채용하여 "기록된 복음이 온 세계에 전파된 것과 마찬가지로 성육하신 하나님이신 그리스도의 이콘을 만들어 온 구전의 전통이 전 세계에 걸쳐서 존재해 왔다"[69]라고 결론짓는다. 이 때문에 제2차 니케아 에큐메니칼 공의회(787)의 최종적 선언이 "기록된, 그리고 기록되지 않은" 교부적 권위에 기초를 두고 있는 것이다.

4. 제국의 경제, 교회와 국가간의 정치적 역학 관계, 구약성경의 금령, 이방 종교의 우상 숭배, 교부적 권위, 그리고 인식론적 우선권을 차지하기 위한 시각과 청각간의 투쟁 등이 성상파괴 논쟁에서 어떤 역할을 했는지와 상

---

68) Nicephorus의 *Refutation* 3.1과 비교하라. 이 글은 성상파괴론자들을 "전통에서 피난처를 찾는 자들"이라고 비난한다(야로슬라브 펠리칸의 책 *Imago*에서 인용함).

69) John of Damascus, *Divine Images* 2.16.

관없이 최초와 최신의 문헌적 증거들—유세비우스와 에피파니우스의 본문, 692년 공의회의 법령 82조, 754년의 성상파괴 공의회, 그리고 787년의 최종적 진술 등—은 이콘의 역할에 관한 논쟁이 구체적으로 기독론적인 토대 위에서 이루어졌다는 것을 지적해 준다. "정교회는 처음부터 이콘의 문제를 기독론적인 가르침에 연결시켰다."[70] 불가시적인 하나님의 가시적인 형상을 표현하기 위해서 성육신이 함축하고 있는 것은 무엇이었는가? 기독론은 성상파괴 논쟁의 전장에서 가장 강력한 무기였을 뿐만 아니라 또한 성상옹호론자들의 성상옹호를 위한 "필수 불가결한 열쇠"이자 "교리적 핵심"이었다.[71]

이미 살펴본 바와 같이 유세비우스는 콘스탄티나에게 보낸 편지에서 성상옹호론자들을 삼단 논법이라는 딜레마의 꼭대기 위에 꼼짝 못하게 세워 두고자 했다. 후일에 콘스탄틴 5세는 "그리스도의 이콘을 만드는 자는 그리스도의 두 본성이 분리될 수 없이 연합되어 있다는 교리의 깊이까지 이르지 못한 자"라고 비난했다.[72]

그리고 콘스탄틴에 의해서 754년에 개최된 성상파괴 공의회는 이콘을 만드는 행위가 불가능하거나 참람한 행위라고 주장했다.

무지한 화가가 마음으로만 믿어지고 말로만 고백되는 것에 형태를 부여하려고 할 때, 그는 무엇을 하고 있는 것인가? 예수 그리스도의 이름은 하나

---

70) George Ostrogorsky, "The Combination of the Problem of the Holy Icons with Christological Dogmatics in the *Works of the Orthodox Apologists of the Early Period of Iconoclasm*," *Seminarium Kondakovianum: Recueil d'étutes* 1 (Prague, 1927): 36 (cited by Ouspensky, *Theology*, 1:120).

71) Pelikan, *Image*, 75, 77; idem, *Spirit*, 114.

72) Nicephorus, *Refutation* 1.41-42 (cited by Pelikan, *Imago*, 73-74)에 인용됨.

님-인간의 이름이다. 그러므로 당신이 그 분을 묘사할 때, 당신은 이중적인 참람죄를 범하고 있는 것이다. 무엇보다도 당신은 묘사할 수 없는 신성을 묘사하려고 시도한 것이다.

둘째, 만일 당신이 이콘에 그리스도의 신성과 인성을 묘사하려고 시도한다면, 당신은 그 두 본성을 혼동하는 잘못을 범하게 되는데 이것이 단성론이다. 당신은 오직 그리스도의 가시적이고 유형적인 육체를 묘사한다고 답변한다. 그러나 이 육체는 인간적인 것이며, 따라서 당신은 그리스도의 인간성, 곧 오직 그분의 인성만을 묘사하게 되는 것이다. 그러나 이 경우, 당신은 그리스도의 육체를 그것과 연합되어 있는 신성으로부터 분리시키게 되는데, 이것은 네스토리우스주의이다.

사실상 예수 그리스도의 육체는 말씀이신 하나님의 육체이다. 그것은 그 분에 의해서 완전히 취해져서 신화되었다. 그렇다면 이 불경건한 자들은 어떻게 감히 신성을 그리스도의 육체로부터 분리시키고, 마치 보통 사람의 육체처럼 이 육체만을 묘사하려 하는가?

교회는 그 자신 안에 신성과 인성이 불가분하고 순수하게 연합되어 있는 그리스도를 믿는다. 만일 당신이 그리스도의 인성을 묘사한다면, 이 인성에 고유의 존재, 곧 독립적 생명을 부여하고 그 안에서 분리된 위격을 보며, 따라서 거룩한 삼위일체에 제4의 위격을 도입함으로써 그 분의 두 본성, 곧 그 분의 신성과 인성을 분리시키는 것이다.[73]

성상파괴론자들은 주장하기를 그리스도의 물질적 형상은 불가피하게 그리스도의 두 본성을 분리하거나 혼동하게 된다고 한다: 그것은 반드시 오직

---

73) Cf. Ouspensky, *Theology*, 1:124-25.

그리스도의 인성만을 묘사하든지(네스토리우스주의), 혹은 두 본성을 병합시키든지 하게 된다(단성론). "'성상옹호자'는 무가치한 자신의 판단에 선하게 여겨지는 피조된 육체를 묘사함으로써 제한될 수 없는 하나님을 제한하거나 혼동될 수 없는 연합을 혼동하여 혼동의 죄에 빠지게 된 것이다."[74]

그에 대응하여 성상을 변호하는 자들은 칼케돈 기독론 및 "위격"과 "본성"을 구별한 451년의 공의회에 호소함으로써 일련의 논점을 정립했다.

첫째, 신성을 묘사하는 것이 불가능하다. 테오도르는 "그리스도는 그 분의 위격에 의해서는 묘사할 수 있다. 그러나 그 분의 신성 안에서는 묘사가 불가능하다"[75]라고 인정한다. 이 점에서 성상옹호자들은 자신들이 성상파괴론자들과 "동일하게 고백" 한다고 말할 수 있었다.[76]

둘째로 성상파괴론자들은 이콘의 목적이 그리스도의 본성을 묘사하기 위함이라고 이해한 점에서 오류를 범했다. 실제로 이콘이 그리스도를 묘사할 때, "묘사되는 것은 본성이 아니라 위격이다."[77]

셋째, 성육신으로 인해서 비물질적인 하나님이 물질적 형상으로 묘사될 수 있다. 그와 달리 말하는 것은 "말씀이 육신이 되신 것을 전적으로 부인하는 것인데, 이는 가장 사악한 불경건이다."[78] 그러나 이콘 안에서 묘사되는 것이 그 분의 인성만은 아니다(인성을 신성으로부터 분리하는 것은 네스토

---

74) Cf. Pelikan, *Imago*, 78; Theodore The Studite, *Icons* 1. 3.

75) Theodore the Studite, *Refutations of the Iconoclasts* 4.34 (cited by Ouspensky, *Theology*, 1:125).

76) John of Jerusalem, *Against Constantine* V, 4 (cited by Pelikan, *Imago*, 79).

77) Theodore the Studite, *Icons* 3.14.

78) Ibid., 1.3.

리우스주의가 될 것이다). 오히려 "그리스도의 전체적인 신격과 인격"이 묘사되는 것이다.[79]

칼케돈 공의회는 그리스도가 "두 본성 안에서" 존재하셨고, 또한 신성과 인성은 분리될 수도 혼동될 수도 없다고 주장했다. 그리스도의 두 본성은 "혼동이나 변화, 분할, 혹은 분리 없이" 존재했다. 두 본성의 구별은 결코 연합에 의해서 취소되지 않는다. 오히려 각 본성의 특징들이 보존된다."

그렇다면 이콘은 인성이나 신성 중 어느 한쪽만을 묘사하려고 시도하는 것이 아니다. 오히려, 단일한 위격 안에서의 두 본성의 단일성과 전체성을 묘사하려는 것이다. 성상옹호론자들은 성만찬,[80] 십자가 처형 이전의 변형,[81] 그리고 영화롭게 되신 부활 후의 그리스도[82]를 신-인격의 전체성이 어떻게 동시에 완전히 신적이면서 완전히 인간적인, 그리고 필수적으로 공간화되고 제한될 수 있는 상태를 유지할 수 있는지를 천명하는 예로써 지적하였다.

따라서 성상옹호론자들은 이콘이 그리스도의 신성을 묘사하거나(이 개념에 대해서 그들은 불가능한 것으로 그와 동의한다), 혹은 그리스도의 신성으로부터 구별되는 그 분의 인성만을 묘사한다(이 개념에 대해서 그들은 이단적이라고 동의했다)는 유세비우스적인 삼단논법을 거부했다.

성상파괴론자들은 세번째 선택, 곧 이콘은 "그 분의 신성이나 인성을 묘

---

79) Pelikan, *Imago*, 79.

80) Theodore the Studite, *Icons* 1.10.

81) Theodore the Studite, *Refutations* 3.1.53; Nicephorus, *Refutation* 3.38(cited by Pelikan, *Imago*, 95). Ouspensky, *Theology*, 1:159를 보라.

82) Theodore the Studite *Icons* 2. 41-47.

사하는 것이 아니라 그 분의 위격을 묘사하는데, 칼케돈 정식이 규정하듯이, 이 위격은 그 안에서 이 두 본성이 혼동이나 분할됨이 없이 상상할 수 없을 정도로 연합되어 있다"[83]라는 사실을 인식하지 못한 것이다.

---

83) Ouspensky, *Theology*, 1:125, 153; Meyendorff, *Christ* 181-82.

성령의 증언
― 성경과 전통 ―

그러므로 형제들아 굳건하게 서서 말로나 우리의 편지로 가르침을 받은 전통을 지키라.

― 데살로니가후서 2:15

그러므로 그들이 모든 것들을 편지로 전하지 않았음이 분명하다. 많은 것들이 구전으로 전해졌다. 따라서 전자와 후자는 모두 유사한 방식으로 진정한 가치를 지니고 있는 것이다. 그러므로 우리는 교회의 전통이 진정한 가치를 가지고 있는 것으로 인정하자. 그것은 전통이다; 그 이상의 것을 추구하지 말라.

― 요한 크리소스톰

너희가 모든 일에 나를 기억하고 또 내가 너희에게 전하여 준 대로 그 전통을 너희가 지키므로 너희를 칭찬하노라.

― 고린도전서 11:2

전통은 성령의 증언이다.

― 조지 플로로보스키

성상파괴논쟁은 특이하게 시각적인 방식으로 정교회의 신학 방법론의 복잡성, 교리적 권위—성경 · 예전적 관습 · 교부적 합의 · 공의회의 선언 · 교리적 진술 등—의 다양한 기준에 대한 정교회의 신학 방법론의 당연한 호소를 표명해 주었다.

787년의 공의회가 성상옹호론자들에 대해서 호의적인 선언을 했음에도 불구하고 이러한 신학적 기준으로부터 도출된 결론들은 논쟁의 두 당사자들이 기대했던 것만큼 단순하거나 명백하지 않았다. 따라서 이 장에서는 신학 방법론의 기준으로서의 성경과 전통에 대한 정교회의 접근 방식에 대해서 상세히 검토할 것이다.

성경과 전통을 조금이라도 연구해 보면, 그것이 많은 이유로 인해서 복잡하다는 것을 인정하게 될 것이다. 종종 한 단어나 개념을 정의하는 것에 문제의 초점이 맞추어진다. 그러나 마틴 셈니즈Martin Chemnitz가 초대 교회에서 사용된 전통이라는 단어가 최소한 일곱 가지 뚜렷한 의미를 가지고 있었다는 보여줌으로써 입증한 바와 같이 이것도 단순한 문제가 아니다.[1]

나아가서 이 주제에 관한 전체 문헌의 광범위한 범위로 인해 그 분야의 전문가들에 의한 신학적 전문성이 창조되었다. 예상할 수 있는 바와 같이 성경과 전통의 역사적 · 신학적 관계를 다루는 이러한 전문화된 문헌들에서 반론이 제기되지 않는 경우가 거의 없었다. 심지어 명백한 진술들조차도 각각의 단어에 이르기까지 논쟁의 대상이 되었다.

---

[1] David Wells, "Tradition: A Meeting Place for Catholic and Evangelical Theology," *Christian Scholar* Review 5(1975): 55. 로버트 매카피 브라운은 "Tradition as a Problem for Protestants," *Union Seminary Quarterly Review* 16.2(1961): 211-14에서 우리가 전통이라는 단어를 사용할 때 그 말의 정확한 의미를 해명하기 위해서 문헌학적 연구를 시도해야 한다고 주장한다.

트렌트 공의회(1545-63)가 그 적절한 예이다. 1546년 4월 8일의 제4차 회의에서 회의의 원안을 "부분적으로는partim 기록된 책에서 부분적으로는 전통에서"로부터 "기록된 책과 전통"으로 수정했을 때 트렌트공의회는 두 가지 동일한 권위를 가진 계시의 원천(성경적 권위 및 성경 외적인 권위)에 관한 "전통적인" 가톨릭의 견해를 확언했는가, 아니면 거부했는가? 그러한 단일한 개정안은 계속적으로 논쟁의 대상이 되어 왔다.[2]

우리의 연구를 복잡하게 만드는 또 다른 요소는 서방 신학이 그 고유의 세계에 제한된 채 정교회 신학의 독특한 공헌을 무시하는 경향을 띠고 있지 않느냐는 비난에 어느 정도 신빙성을 제공해 준다는 것이다. 성경과 전통에 관한 많은 학문적 논쟁은 이 문제에 대한 개신교와 가톨릭간의 차이점에 초점을 맞춤으로써 정교회의 입장은 거의 고려하지 않고 있다. 물론 성경과 전통의 문제에 관한 개신교와 가톨릭간의 차이점은 크다. 그러한 차이점들을 축소시키거나 무시하려는 노력은 아무런 소용이 없다.

어떤 면에서 전통에 관한 정교회의 관점은 가톨릭에 보다 가깝다. 예를 들면 우리는 계시의 원천에 관한 동방(바실)과 서방(어거스틴)의 두 주요 인물

---

[2] George Tavard, *Holy Writ or Holy Church*(New York: Harper, 1959); Josef Geiselmann, "Das Konzil von Trient über das Verhältnis der Heiligen Schrift und der nicht geschriebenen Traditionen," in *Die müdliche Überlieferung*, ed. Michael Schmaus(Munich, 1957), 125-206; "Scriptura and Tradition in Catholic Theology," *Theology Digest* 6(1958): 73-378. 모두 트렌트는 소위 전통적인 가톨릭의 두 자료설을 가르치지 않았다는 주장을 제기했을 때 이 주장은 지금 많은 가톨릭 신학자들에 의해서 폭넓게 받아들여지고 있다. 이 문제에 대한 이견에 관하여는 Heiko Oberman, "Quo Vadis? Tradition from Irenaeus to Humani Generis," *Scottish Journal of Theology* 16(1963): 225-55를 보라: 하이코 오버만은 가이셀만과 조지 타바드에 의한 트렌트의 재평가를 "받아들이기 불가능한 것"으로 간주한다.

의 견해에까지 거슬러 갈 수 있다.[3]

그러나 우리가 성경과 전통에 대한 정교회의 견해를 가톨릭의 그것과 혼동하고 양자의 견해 모두를 단지 개신교의 입장에만 대조시킨다면, 그것은 엄청난 오류를 범하는 것이며 정교회의 전체적인 정신을 올바로 파악하지 못하는 것이다.

정교회의 관점에서 볼 때 가톨릭과 개신교가 상반되는 것이 아니라 같은 옷에서 잘라내어져서 상호 관련된 옷자락으로 이해할 만한 충분한 이유가 있다. 앞에서 알렉세이 코미아코프의 말처럼 동방의 정통은 전체적으로 볼 때 또 다른 타피스트리라는 것을 지적한 바 있다.[4]

코미아코프에 따르면 개신교도들은 가톨릭과 동일한 서방적인 구조 내에서 작동된다는 점에서 비밀 가톨릭교도crypto-Catholic로서 그 유일한 차이점은 동일한 신학적 자료들을 가톨릭은 확언하는 반면에 개신교는 부인한다는 점이다. 코미아코프는 정교회가 전혀 다른 방식으로 작동된다고 주장한다. 이것은 교회 미술의 역할 및 구원의 교리를 포함해서 일반적으로, 그리고 수많은 구체적인 면에서 사실이다. 특히 성경과 전통과 신학적 방법론 등의 문제에 관하여 사실이다. 그래서 존 메엔도르프는 "궁극적으로 동과 서의 갈등은 전통에 대한 상호 대립적인 영적 인지에 기인한다"[5]라고 말했다.

---

3) Oberman, "Quo Vadis?" 237.

4) 토머스 홉코는 *Women and the Priesthood* (Crestwood, N.Y.: St. Vladimir's Seminary Press, 1983), 172에서 이 점을 정확하게 지적한다. 게오르그 플로로브스키도 동과 서의 "대화의 우주"가 깨졌고, 상호간의 이해는 이 "공동의 대화의 우주"가 회복될 때에만 가능할 것이라고 지적한다. 그의 책 *Christianity and Culture*(Belmont, Mass.: Nordland, 1974), 161-62를 보라.

5) John Meyendorff, *Catholicity and the Church* (Crestwood, N.Y.: St. Vladimir's Seminary

보다 구체적으로 그것은 신학적 권위의 본질과 위치의 문제인데, 이는 동·서방 간의 또 다른 중요한 차이점이다.[6]

코미아코프에 의하면 정교회에서 교회는 "진리, 그리고 동시에 기독교인의 내적인 삶"이다. 그렇다면 교회는 권위를 가지고 있지 않다. 왜냐하면 "권위는 우리들 외부에 있는 것이기 때문이다."[7] 비록 가톨릭과 개신교가 상이한 결론을 이끌어 낸다 할지라도, 서방에서 이 양 진영은 모두 신학적 진리의 보증인로서 작용하는 외적 권위를 확보하기 위하여 애쓴다는 점에서 동일한 전제에서 논리를 전개하고 있는 것이다. 가톨릭주의에서 이 외적 교리적 권위는 교황 수위권과 무오성으로 표현된 교회의 권위에서 나오는 반면[8] 개신교에서는 교황의 지배권에 대한 반발로서 '오직 성경'*sola scriptura*의 외적 권위가 대두되었다.

그와 대조적으로 정교회는 교회에 대해서, 그리고 교회에게 말하는 외적 신학적 권위보다 교회 내부의, 그리고 교회 안에서 생동하는 내적인 진리―하나님의 성령 자체―라는 개념을 제시한다. 정교회는 교리적이라기보다는 영적인*pneumatic* 신학적 권위라는 견해를 제안한다. 조지 플로로보스키는

Press, 1983), 97.

6) 신학적 권위의 문제에 관해서는 카네기 칼리안의 "The Question of Authority" in *Theology without Boundaries: Encounters of Eastern Orthodoxy and Western Tradition* (Louisville: Westminster/John Knox, 1992), 45-50, 117을 보라. 또 제임스 스타물리스의 "Scripture and Tradition as Sources of Authority in the Eastern Orthodox Church" M. A. Thesis, *Trinity Evangelical Divinity School*, 1971을 보라.

7) Alexei S. Khomiakov, "In the Western Confessions of Faith," in Alexander Schememann, ed., *Ultimate Question: An Anthology of Modern Russian Religious Thought* (Crestwood, N.Y.: St. Vladimir's Seminary Press, 1977), 50.

8) Jaroslav Pelikan, *The Emergence of the Catholic Tradition* (Chicago: University of Chicago Press, 1971), 352, 356-57.

"어느 개인, 교회 내 개인들의 집합체도 전통을 보존하거나 성경을 쓸 수 없고, 전체 교회의 몸 안에서 살아 계시는 하나님의 성령만이 그 일을 하신다"라는 코미아코프의 설명을 "경탄스러운" 것이라고 말한다.[9] 신학적 권위에 대한 메엔도르프의 연구 결론도 동일한 개념을 반영한다.

"만일 정교회 신학이 현재의 에큐메니칼 대화에 기여를 하고 있다면, 그것은 권위의 보조적인 성격을 강조하고 보여준 데 있을 것이다. 교회를 교회되게 만드는 것은 권위가 아니라 몸된 교회 안에서 활동하시며 사람들 가운데서 그리고 사람들 안에서 그리스도 자신의 성만찬적 임재를 인식하시는 성령 뿐이다. 주교 · 공의회 · 성경 · 전통 안에서의 권위는 이러한 임재를 표현하는 것에 불과할 뿐 그리스도 안에서 갖는 인간의 삶의 목적을 대체하지 못한다."[10]

영적 · 내적인 권위를 강조하는 동방과 교리적 · 외적 권위를 강조하는 서방의 서로 상이한 신학적 권위의 개념에서 동방과 서방의 "궁극적인 신앙고백 상의 차이"가 기인하는 것이다.[11]

---

9) Alexei S. Khomiakov, "The Church Is One" in W. J. Birkbeck, *Russian and the English Church* (London: S.P.C.K., 1953), 198; George Florovsky, "The Catholicity of the Church," in *Bible, Church, Tradition: An Eastern Orthodox View* (Belmont, Mass.: Nordland, 1972). 46.

10) John Meyendorff, *Living Tradition* (Crestwood, N.Y.: St. Vladimir's Seminary Press, 1978), 44.Alexander Schmemann, *Church, World, Mission* (Crestwood, N.Y.: St. Vladimir's Seminary Press, 1979), 186-87을 보라

11) Meyendorff, *Living Tradition* , 27, 77. 메엔도르프는 위의 책 20-21에서 이 점을 정확히 지적한다. 또한 그는 이레니우스의 "교회가 있는 곳에 하나님의 성령이 계시다. 그리고 하나님의 영이 계신 곳에 교회와 모든 종류의 은총이 있다. 그러나 성령은 진리

물론 코미아코프가 자신의 입장을 과장해서 말하고 있고, 메엔도르프도 코미아코프의 단순한 일반화가 불공평하고 낭만적이며 논쟁적인 과장을 담고 있음을 인정하고 있다. 그럼에도 불구하고 성경과 전통의 문제에 관하여 근본적으로 상이한 관점이 존재한다는 것을 상기시켜 주는 역할을 하고 있다. 우리의 목적상 이것은 16세기 종교개혁자들의 후예들과 로마 교황 사이의 차이가 아니라 콘스탄티노플과 전 서방교회와의 차이점이다. 또한 코미아코프의 과장된 수사법도 성경과 전통과 신학적 방법론에 있어서의 권위의 문제에 대한 정교회의 독특한 견해를 이해할 수 있는 통찰을 제공해 준다.

이 장에서 첫째로는 성경과 전통의 문제에 관한 가톨릭과 정교회의 정확한 차이점을, 둘째로는 개신교와 정교회간의 차이점을 탐구한다. 그런 다음에 성경과 전통이 교회의 삶에 있어서의 성령을 증거하는 수단이 된다는 정교회의 적극적인 입장을 제시하기 위해 노력할 것이다.

서방교회의 입장과의 차이점: 전통과 교황 수위권

제2장에서 정교회와 가톨릭이 소원한 관계를 갖게 된 주된 이유들—예전적 차이, "필리오케"filioque에 관한 논쟁, 9세기의 포티우스 분열, 1054년의 상호 저주, 1204년 가톨릭의 십자군에 의한 콘스탄티노플 침략—을 언급했

이시다"(*Against Heresies* 3.24.1)를 인용한다. Meyendorff, "Light and the East? Doing Theology in an Eastern Orthodox Perspective," in John D. Woodbridge and Thomas E. McComiskey, eds., *Doing Theology in Today's World*(Grand Rapids: Zondervan, 1991), 346를 보라.

다. 이 모든 것들이 중요하다. 그러나 가장 근본적인 쟁점, 즉 지금도 여전히 두 기독교 진영을 분열시키고 있는 "중심적인 문제로 떠오르고 있는" 교회 정치적 권위의 문제와 비교해 볼 때 이것들은 2차적인 요인이 된다. 정교회는 권위에 대한 내적·영적인 이해에 바탕해서 교황제를 진리의 기준으로 보는 가톨릭의 입장에 대해 "집요한 저항을 했다."[12]

간단히 말해서 분열의 뿌리가 무엇인가 하는 문제는 과거뿐만 아니라 오늘날에도 근본적인 질문이다: "어느 것이 우선인가? 진리를 보장하는 제도인가, 아니면 진리 자체인가?"[13]

신적 계시의 원천으로서의 성경과 전통에 대해 동일한 존경심을 표하고 성경의 필수적인 해석자로서의 교회의 중심적 역할 등 성경과 전통에 관해서 가톨릭과 정교회 간에 유사성이 있지만, 교황제를 큰 장애물로 간주하는 정교회는 로마와의 관계를 지속할 수 없다고 생각한다.

서방 가톨릭 교회는 뚜렷한 역사적 발전 단계를 거쳐 로마의 주교가 "참된 전통의 최종적·궁극적 기준"으로 여겨지게 되었다.[14] 칼케돈 공의회에서 교황에게만 부여된 "완전한 권위"를 주장한 교황 대 레오 Leo the Great, 440-61는 마태복음 16장 18-19절의 석의를 통해서 그리스도가 로마의 주교에게 전체 기독교 세계를 통치할 독특하고 최고의 보편적 권위를 수여했다는 논리를 구체적으로 제시했다. 446년에 데살로니가의 주교인 아나스타시우스에게 보낸 편지에서 레오는 주교들이 "동일한 위엄"을 공유하는 것이 사실

---

12) Meyendorff, *Living Tradition*, 64, 76.

13) John Meyendorff, ed., *The Primacy of Peter in the Orthodox Church* (Crestwood, N.Y.: St. Vladirnir's Seminary Press, 1992), 7.

14) Meyendorff, *Living Tradition*, 96.

이지만 그들이 "동등한 지위"를 가지고 있는 것은 아니며, 오히려 "보편적 교회를 돌보는 일은 오직 베드로의 의자를 향해서 수렴되어야 하며 그 머리로부터 다른 아무 것도 분리될 수 없다"라고 주장했다.

교황 피우스 9세Pius IX에 의해 소집된 제1차 바티칸 공의회(1869-70)에서 교황의 수위권과 무오성이 신적으로 계시된 교리로서 법전화되었다. 신앙과 도덕과 사법권에 관한 문제에 있어서 교황의 선언은 "교회의 합의를 통해서가 아니고 변화될 수도 없이 자체로 권위를 가진다." 피우스가 "나는 곧 전통이다"[15]라고 주장한 것이 바로 이 공의회에서였다.

비록 제2차 바티칸 공의회(1962-65)는 다소 완화된 입장을 취했고, 그럼으로써 교황제의 본질과 교황의 무오성에 대해 폭넓은 해석이 제기될 수 있었지만(예를 들면 한스 큉 · 칼 라너 · 에브리 둘레스 · 찰스 쿠란 · 에드워드 쉴레벡스 · 로즈마리 뤼터 등의 작품을 보라), 그럼에도 불구하고 이 공의회는 "주교들의 협의회는 로마의 교황과 연관하여 이해되지 않으면 아무런 권위를 가지지 못한다.…성직자와 평신도를 포함해서 모든 것을 다스리는 교황의 수위권은 완전하고 신성불가침의 영역으로 남아 있다"라고 주장했다.[16]

정교회는 결코 본질적으로 베드로의 수위권을 거부하지 않았다. 심지어 "로마에 대한 동방의 존경"의 명확한 역사적 유형을 그릴 수도 있었다.[17] 우

---

15) Robert Strimple, "The Relationship between Scripture and Tradition in Contemporary Roman Catholic Theology," *Westminster Theological Journal* 40 (Fall 1977): 29.

16) *Lumen gentium* 3.22 (cited by Meyendorff, *Primacy of Peter*, 8).

17) Jaroslav Pelikan, *The Spirit of Eastern Christendom (600-1700)* (Chicago: University of Chicago Press, 1974), 156.

리는 성상파괴 논쟁에서 동방이 로마의 교황에게 지지를 요청했다는 사실을 살펴보았다. 9세기에 포티우스조차도 베드로의 수위권을 확언했고, 심지어 1054년의 대분열 이후에도 그레고리 팔라마스Gregory Palamas와 같은 정교회 작가들은 베드로의 수위권을 확언했다.[18] 동방이 베드로의 수위권을 수락한 이유는 하나의 중요한 특징에 있다.

정교회는 언제나 제도적으로 최고의 권능을 가졌다는 의미에서가 아니라 개인적인 의미에서 베드로에게 최고의 영예와 위엄을 부여해 왔다. 정교회는 베드로가 최고의 권능primus potestatis을 가졌다는 개념을 거부하는 한편 언제나 그를 "동등한 자들 중에서 첫째"primus inter pares로 인정해 왔다.

베드로에 대한 정교회의 태도가 결정적으로 바뀌게 된 전환점은 십자군이 1204년에 콘스탄티노플을 약탈한 이후였다. 왜냐하면 그 때부터 로마가 동방의 교회들에 자신의 주교를 임명하기 시작했기 때문이다. 정교회의 관점에서 볼 때 가장 터무니없는 사건은 교황 이노센트 3세가 토머스 모로시니Thomas Morosini라는 이탈리아 주교를 콘스탄티노플의 총대주교에 임명한 것이었다. "갑자기 동방이 서방에서 일어난 교회 정치적 발전의 진상을 보다 명확히 이해할 수 있게 되었다. 그러나 그것을 멈추게 하기에는 때가 너무 늦었다."[19] 교황제에 대한 구체적인 논쟁이 곧 뒤따랐다.

베드로의 개인적 위엄을 인정하되 그의 제도적 권능을 거부한 정교회는 각 주교뿐만 아니라 각 교회의 "존재론적 동등성"을 강력하게 주장한다. 사도적 교회는 로마의 주교를 통해서 단일하게 계승되는 것이 아니라 각 교회

---

18) Meyendorff, *Primacy of Peter*, 71-72, 83-90.

19) Ibid., 77.

나 전 교회를 통해서, 그리고 베드로와 마찬가지로 그리스도를 하나님의 아들로 고백하는 모든 기독교인을 통해서 계승되는 것이다. 무오성은 보편교회, 즉 모든 성직자와 평신도의 "플레로마"pleroma에 놓여 있다.[20] 동방의 총대주교는 1848년의 칙서에서 이 사실을 가장 명확히 표명했다.

"무오성은 전적으로 상호간의 사랑으로 함께 묶여진 연합된 교회에 있다,…의식의 순수성뿐만 아니라 교리의 불변성은 위계질서의 정상에 있는 한 사람에게 위임된 것이 아니라 모든 교회의 성도들, 즉 그리스도의 몸을 이루는 모든 지체들에게 위임되어 있다."[21]

모든 하나님의 백성이 사도적 전통의 보호자라는 이러한 확신 속에 일종의 회중주의나 교회 정치적 민주주의가 내포되어 있는 것이 아니며, 계급 구조가 교회의 대변인으로서의 특별한 역할을 담당하지 않는다는 것을 의미하는 것도 아니다. 모든 하나님의 백성들이 진리를 소유하고 있는 것이 사실이지만, 주교들은 그 진리를 선포하고 가르칠 독특한 의무를 가지고 있다.[22] 신앙의 보존을 위한 전체 하나님의 백성들의 "집단적 책임" 때문에 한 주교

---

20) John Karmiris, *A Synopsis of the Dogmatic Theology of the Orthodox Catholic Church* (Scranton, Pa.: Christian Orthodox Edition, 1973), 88-89, 93; Meyendorff, *Living Tradition*, 66, 86; idem, *Primacy of Peter* 80-82; idem, *Catholicity*, 59; Khomiakov, "Church Is One," 94: Sergius Bulgakov, "Pf the Infallible Exterior Authority of the Church," in *The Orthodox Church*, rev. ed. (Crestwood, N.Y.: St. Vladimir's Seminary Press. 1988), 54-86.

21) Khomiakov, "Western Confessions," 55에 인용됨.

22) Florovsky, *Bible, Church, Tradition*, 53; Timothy Ware, *The Orthodox Church* (Baltimore: Penguin, 1964), 25 5.

의 사법적 결정보다는 공의회성concilarity과 합의가 권위를 가진다.[23]

정교회의 교회론은 단일한 로마 주교의 일방적인, 혹은 군주적 사법권보다는 모든 교회들의 수평적 사법권이라는 개념을 주장하는데, 특별히 소위 다섯 개의 총대주교좌—로마, 콘스탄티노플, 예루살렘, 안디옥, 알렉산드리아—로 이루어진 최초의 5대 총대주교좌에 특별한 존경을 바친다. 박식한 테오도르는 마태복음 16장 18-19절을 주석하면서 "이 질서를 부여받은 사람들은 누구인가? 사도들과 그들의 계승자들이다. 그렇다면 그들의 계승자는 누구인가? 로마의 주교좌를 차지하고 있는 그가 첫째이며, 콘스탄티노플의 주교좌를 차지하고 있는 그가 둘째이며, 그 다음으로는 알렉산드리아, 안디옥, 예루살렘의 주교좌를 차지하고 있는 자들이다. 이것이 교회 내에서 누리는 5대 총대주교의 권위이다. 이들은 신적인 교리에 대해서 치리할 권한을 가지고 있다"라고 했다.[24]

정교회는 많은 이유에 근거해서 교황의 수위권과 무오성에 대한 주장을 거부한다. 주석적인 관점에서 볼 때 마태복음 16장은 베드로에게 독특한 교회론적 지위를 부여하는 것으로 해석되기보다는 그의 신앙고백을 의미하는 것으로 해석되어왔다. 따라서 오리겐이 지적했듯이 그리스도의 제자로서 베드로와 동일한 신앙고백을 하는 사람은 누구나 베드로가 될 수 있다. 역사적으로 볼 때 터툴리안·키프리안·오리겐·요한 크리소스톰·카파도키아 교부들과 같은 유명한 교부들에게 바친 많고 다양한 호소들은 베드로의 수위권 주장을 확고하게 거부할 수 있는 근거를 확립할 수 있었다는 것이 분

---

23) Meyendorff, *Catholicity*, 96.

24) Cf. Pelikan, *Spirit*, 164-65.

명하게 되었다.[25)]

특별히 첨가된 것은 에큐메니칼 공의회의 법령들이었다. 니케아 공의회의 법령 6조는 로마의 주교가 다른 주교들과 동등한 것으로 간주되며, 도시의 주교들은 자신의 관할지에 대해서 통제권을 행사함으로써 "그들의 특권을 보존" 해야 한다고 지적했다. 즉 한 주교의 수위권은 보편적으로 인정된 것이 아니라 개인적이며 그 지방에 국한된 것으로 해석되었다는 것이다.

보다 중요한 것은 칼케돈 공의회의 법령 28조인데, 이것은 오늘날 정교회 신학자들에 의해서 금언으로 여겨지고 있다. 이 법령은 수평적 사법권의 개념을 명확하게 표현하고 있다. 로마는 신학적 이유에 의해서가 아니라 제국의 수도라는 독특한 지위 때문에 특권을 부여받았다. 새로운 로마로서의 콘스탄티노플은 그와 동일한 근거에서 "동등한 특권"과 "교회 정치적 문제에 있어서 동등한 지위"를 부여받았다.[26)]

그렇다면 개신교도들은 성경과 전통의 문제와 관련하여 정교회와 가톨릭을 한 진영으로 묶으려는 경향을 띠고 있는 것이 이해될 수 있는 일이지만, 그렇게 하는 것은 역사적 · 신학적으로 부정확한 태도임이 분명하다. 정교회는 여전히 1054년의 동 · 서의 대분열을 "이후의 분열을 가져온 가장 깊고 근본적인 뿌리"라고 간주한다.[27)] 더 나아가서 정교회는 이러한 소원한 관

---

25) 신약성경에 대한 정교회의 주석 및 초대 기독교 문헌이 베드로를 다룬 데 대해서는 니콜라스 코울롬찐의 "Peter's Place in the Primitive Church" 및 베셀린 카이쉬의 "Peter's Primacy in the New Testament and the Early Tradition, in Meyendorf, *Primacy of Peter*, 11-34, 35-64를 보라.

26) Meyendorff, *Primacy of Peter*, 82; idem, "One Bishop in One City," and The Council of 381 and the Primacy of Constantinople," in *Catholicity*, 111-42.

27) Meyendorff, *Catholicity*, 79; idem, *Primacy of Peter*, 7.

계의 주된 원인을 상이한 교회론과 신학적 권위의 개념에서 찾고 있다. 뒤이어 벌어진 로마 가톨릭 교회와 종교개혁자들 간의 분열은 이러한 최초의 분열의 결과에 불과하다.

전통과 '오직 성경'

비록 성경과 전통의 문제와 관련하여 개신교가 정교회와 가톨릭을 한 묶음으로 엮는 것이 부정확하지만 가톨릭과 정교회가 16세기 종교개혁과 그 슬로건인 '오직 말씀'sola Scriptura을 둘 다 유사하게 부정적인 관점에서 바라본다고 말하는 것이 부정확한 것은 아니다. 하이코 오버만Heiko Oberman이 로마 가톨릭 교회의 입장에 대해서 지적한 것은 정교회의 입장에 대해서도 동일하게 적용될 수 있다.

16세기는 하나님의 계시에 대한 교회의 지식의 원천과 규범에 대한 처절한 논전을 증거한다. 전통적으로 이것은 오지 '성경의 원리'와 '성경 및 전통의 원리' 간의 충돌로 묘사된다. 역설적이지만 양 진영은…서로를 하나님의 말씀의 순수성과 권위를 깎아 내린다고 비난했다. 종교개혁자들은 "교회 정치", 또는 "인간적 전통"을 거룩한 성경에서 보존된 복음을 첨가하고 왜곡한 것이라고 지적했다. 반-종교개혁의 주창자들은 종교개혁자들이 성경을 자의적으로 해석하며 교회의 전통과 결별했다고 비난했다. 이 두 경우에 있어서 인간적 권위에 대한 의존은 성경에의 복종이라는 법칙을 방해하는 것이라고 여겨졌다.[28]

---

28) Oberman, "Quo, Vadis?" 226.

개신교와 정교회 간의 쟁점은 성경이나 전통 중에서 선택하는 문제, 즉 하나를 선택하면서 다른 하나를 거부하는 것이 아니라는 것을 명심하면서 이러한 일반적인 역사에 몇 가지 수식어를 첨가해야 한다. 그 쟁점은 두 가지 상이한 전통의 개념의 대립이다. '오직 말씀'이라는 원리의 두 가지 관련된 양상을 검토함으로써 그 차이점을 이해하는 것이 좋을 것이다.

첫째, '오직 말씀'이라는 원리는 성경을 전통보다 우위에 둠으로써 성경의 규범적 가치와 전통을 대립시키고 양자 간의 차이점을 분명히 드러내는 것이다. 그것은 성경과 전통이 신학적 작업을 위한 동일한 공동의 규범이라는 주장을 거부한다. 종교개혁자들에게 있어서 성경은 하나님의 계시를 알려주는 신적이요 근본적이며 절대적인 규범인 데 반해 전통은 비록 가치 있는 것이기는 하지만 인간적이며 부차적인 것이며 상대적인 것이었다.

그들의 관점에서 볼 때 이 진리가 상실되어 버렸고, 따라서 복음이 모호하게 전달되고 있었던 것이다. 따라서 마틴 루터는 "우리의 적들은 믿음을 완전히 저버리고 하나님에 의해 명령되지 않고, 오직 그들이 하나님의 말씀과 관계없이 하나님의 말씀에 대항하여 만들어 낸 인간의 전통과 공적을 가르쳤다. 그들은 이것들을 하나님의 말씀과 동등한 위치에 두었을 뿐만 아니라 말씀 위에 두었다"라고 불평했다.[29] 이러한 역사적 맥락에서 보게 되면 성경과 전통을 집요하게 구별하고자 했던 종교개혁자들의 입장을 이해할 수 있게 된다. 루터는 이렇게 말했다.

"내가 모든 사람으로 하여금 하나님의 성경과 인간의 가르침 또는 관습간의

---

29) Martin Luther, "Lectures on Galatians," in *Luther's Works*, 56 vols. (St. Louis: Concordia, 1958-74), 26:52 (cited by Wells, "Tradition," 50).

차이점을 이해하도록 이끄는 것 외에 무엇을 더 주장하겠는가? 그럼으로써 기독교인이 후자를 얻기 위해서 전자를 취하고, 금을 바꾸어서 짚을 취하고, 은 대신에 보리 다발을, 그리고 나무 대신에 값진 돌을 바꾸는 일이 없도록 하려는 것이 나의 목적이다."[30]

우리는 종교개혁자들이 성경을 전통에 종속시키기를 거부하는 것의 "아름다운 상징이요 인"seal으로서 루터가 1520년 12월 10일 비텐베르크의 엘스터 문에서 법령집을 태워 버린 것을 회상할 수 있다.[31]

이것은 종교개혁자들이 전통을 절대적으로 거부했다거나 철저히 멸시했다는 의미가 아니다. 그들이 점에 대해서 간혹 언급한 바 있다. 그들은 심지어 자신을 교부적 합의에 충실한 교회의 모습을 복원하는 일꾼으로 자처했다. 예를 들어 존 칼빈의 『기독교 강요』Institutes에서 교회 교부들을 얼마나 의존하고 있는지를 알 수 있다. 개혁자들은 개인적·사적 성경 해석이 초래할 수 있는 위험을 간파하지 못한 것이 아니었다. 그들은 신앙의 삶을 위해서 교회적 맥락이 얼마나 중요한지를 인식하고 있었다.[32] 그들이 반대했던 것은 교회가 전통을 성경의 지위에까지 격상시키는 것, 나아가 성경의 매개자로서의 전통을 성경보다 더 높이는 교만한 행위였다. 따라서 칼빈은 "교

---

30) Martin Luther, "Answer to the Super Christian, Super Spiritual, and Super Learned Book of Goat Emser," in *Works of Martin Luther*, 6 vols. (Philadelphia: Muhlenberg, 1915-32), 3:372 (cited by Alan F. Johnson and Robert E. Webber, *What Christians Believe*[Grand Rapids: Zondervan, 1989], 44. .

31) Oberman, "Quo Vadis?" 242.

32) Oberman, "Quo Vadis?" 243, 249; Wells, "Tradition", Calvin, *Institutes*, 4. 1. 4는 교회 밖에는 구원이 없다는 키프리안의 유명한 문구를 인용한다. 또 브라운, "'Tradition' as a Problem", 207-10을 보라.

회라는 이름으로 교만하게 우리들의 삶에 침투해 들어오는 인간적 전통의 횡포"에 관해서 글을 쓰곤 했다.[33]

비록 정교회의 공식 선언에서 종교개혁자들이 교부 시대에 집중하려는 움직임을 간혹 인정할 뿐만 아니라 성경의 독특한 권위를 확언하는 것을 발견하는 것이 가능하다 할지라도 "기독교 신앙과 경험은 결코 '오직 성경'이라는 개념' 및 성경을 제외한 모든 권위를 명백히 거부하는 태도와 양립될 수 없다는 것이 정교회의 공식 입장이다.[34]

성경은 교회와 전통의 맥락에서 분리되거나 소외된 채 자체로 존재할 수 있는 것이 아니다. 정교회의 관점에서 볼 때 종교개혁자들의 오류는 분리할 수 없는 유기체를 분리하고 구분하여 인위적인 적대감을 지어내거나, 혹은 조지 타바드George Tavard가 말한 대로 성경과 전통 사이에 "화해할 수 없는 분열"을 만든 것이다.[35] 정교회는 성경을 계시의 독특한 원천으로서 분리하고 그것을 전통보다 우위의 것으로 격상시키는 대신에 하나의 계시의 원천, 즉 거룩한 전통이 두 가지 형태—문서와 구전—로 다가온다고 확언하는 경향이 있다.

"성경과 전통은…동일하게 타당한 것으로서 동일한 교리적 권위를 가지며,

---

33) Calvin, *Institutes*, 4. 19. 18 (cited by Wells, "Tradition,"57).

34) Meyendorff, "Light from the East," 341; idem, *Catholicity*, 49-50, 75, 94.

35) 많은 정교회 저자들이 이러한 입장을 가지고 있다: Bulgakov, Orthodox Church, 11-12, 24; Thomas Hopko, "The Bible in the Orthodox Church," in *All the Fullness of God: Essays on Orthodoxy, Ecumenism and Modem Society* (Crestwood, N.Y.: St. Vladimir's Seminary Press, 1982), 49; Ware, *Orthodox Church*, 214-15; Meyendorff, *Catholicity*, 94-95; Lazarus Moore, *Sacred Tradition in the Orthodox Church* (Minneapolis: Light and Life, 1984), 5-8; George Tavard in Brown, "Tradition' as a Problem," 200.

교리적 진리의 원천으로서 동일한 가치를 가지고 있다.…이 개념은 기독교 교리의 주된 원천으로서의 성경의 가치와 유효성을 약화시킨다."[36]

따라서 정교회는 '오직 말씀'이라는 원리가 성경을 전통보다 우위에 두는 반면에 그것들을 하나의 유기적 전체의 두 가지 공동의 형태들로 보는 경향이 있다.

둘째로 '오직 말씀'이라는 원리는 성경과 교회 사이에 해석학적인 구별을 내포한다: 성경을 해석하는 문제에 있어서 성경이 교회 위에 놓여 있다. 종교개혁자들은 하나님께서 교회를 매개로 간접적으로 말씀하기보다는 직접적으로 성경의 독자에게 말씀하신다고 주장한다. 울리히 쯔빙글리는 다음과 같이 씀으로써 이것을 올바로 지적했다.

"모든 인간적 전통, 공의회의 권위, 교부들 및 교황제는 스스로 입증되는 전능한 성경의 권위 앞에서는 아무 것도 아니다. 성경은 교회의 권위에 의해서 확증을 받을 필요가 전혀 없다. 하나님의 말씀은 성경으로부터 개인의 심령에게 직접 말씀하신다."[37]

종교개혁자들이 성경을 주된 규범으로서 전통 위에 둔 것과 마찬가지로 그들은 성경을 모든 신학적 문제에 관한 최종적 심판자로서 교회 위에 두었다. 칼빈은 교회를 탄생시킨 것이 하나님의 말씀이며, 그 역이 결코 아니라

---

36) Karmiris, *Synopsis*, 5-7.

37) Ulrich Zwingli, *On the Clarity and Certainty of the Word of God* (1522) (cited by Jordan Bajis, *Common Ground: An introduction to Eastern Christianity for the American Christian* [Minneapolis: Light and Life, 1991], 38).

고 주장했다.

종교개혁자들에게 있어서 성경은 스스로를 증거하면서*autopistos* 동시에 스스로 해석한다(*Scripturam ex Scriptura explicandam esse*—성경은 성경에 의해서 설명된다). 즉 성령의 내적인 증거를 통해서, 그리고 웨스트민스터 고백서가 칭하는 대로 "일반적인 방법을 올바로 사용함으로써" 성경이 본질적으로 신뢰할 만하며 이해될 수 있는 것이다. 이 때문에 윌리엄 템플은 모국어로 번역된 성경이 주어진다면 밭을 가는 농부라도 완전하지는 못하더라도 하나님의 말씀을 이해할 수 있을 것이라고 주장했다.

교회나 전통과 같은 외적인 매개자의 가르침이 없이도 성경의 성경됨을 증명할 수 있다. 종교개혁자들은 "성경이 안에서 신자들에게 스스로를 해석할 수 있고, 또 그렇게 한다—루터가 말한 대로 성경은 성경 자체가 해석자이다(*Scriptura sui ipsus interpres*). 그러므로 성경은 하나님의 말씀이 무슨 의미인지를 말해 주기 위해서 교황이나 공의회를 필요로 하지 않는다. 나아가서 성경은 실제로 교황 및 공의회의 선언에 도전하고, 그것들이 불경건하며 진리가 아니라고 설득하며, 신자들로 하여금 그들과 관계를 맺지 말도록 요구한다.…성경은 죄인들이 하나님에 대한 진정한 지식과 경건을 얻을 수 있는 유일한 원천인 것처럼 성경은 또한 각 시대의 교회가 주님의 이름으로 감히 선포한 내용을 판단할 유일한 심판자였다."[38]

플로로브스키가 "종교개혁의 죄"라고 부른 대로, 정교회는 교회 위에 군림하는 성경의 자기 충족성이라는 개념이 독단적이고 주관적이며 개인주의

---

[38] J. I. Packer, "'Sola Scriptura' in History and Today," in John Warwick Montgomery, ed., *God's Inerrant Word* (Minneapolis: Bethany Fellowship, 1975), 44-45.

적인 복음 해석을 초래했다고 간주한다. 반대로 정교회는 "교회는…신비적으로 첫째의 자리에 서며, 성경보다 더 완전하다"[39]라고 믿는다. 단일한 계급 구조에 의해서가 아니라 공의회에 의해서 대표되는 완전한 의미의 교회는 필수 불가결한 성경의 해석자이다.

이런 관점에서 볼 때 성경은 교회 위에 군림하는 것이 아니라 교회 안에 존재한다. 그런 점에서 성경의 권위는 독립적이고 직접적이라기보다는 파생적인 것이다. 교회가 없이는 성경이 이해될 수 없으며, 그렇지 않으면 엄청나게 그릇된 이해를 갖게 될 것이다. 따라서 정교회로 개종한 사람들은 "우리의 어머니인 거룩한 보편 정교회의 해석에 따라서 거룩한 성경을 받아들이고 이해할 것"[40]을 서약한다.

정교회에서의 권위: 내적인 표준

신학적 권위 · 성경 · 전통의 문제에 관하여 정교회는 교황의 수위권을 주장하는 가톨릭 교회의 입장과 '오직 성경'의 원리를 주장하는 개신교의 입장과 자신의 입장을 주의 깊게 구별할 필요가 있다. 그렇다면 정교회에 있어서 신학적 권위의 기준은 무엇인가? 그 답변은 부정적인 방식과 긍정적인 방식이라는 양면으로 주어질 수 있다.[41]

부정적으로 말하자면 정교회는 비본질적 · 법정적 · 제도적 혹은 교리적

---

39) Florovsky, *Bible, Church, Tradition*, 48.

40) Ware, *Orthodox Church*, 208-9. Bulgakov, *Orthodox Church*, 13-14; Hopke "Bible in the Orthodox Church," 49-50; Karmiris, *Synopsis*, 6도 보라.

41) Meyendorff, *Catholicity*, 99-101.

형태로 표현된 신학적 진리의 어떤 공식적인 기준을 인정하지 않는다고 말할 수 있다. 구스타프 아울렌Gustav Aulen이 올바로 지적한 대로 "동방교회는 어떤 문서나 정부, 공의회, 교황 혹은 어떤 기관에 최고의 권위를 바치지 않는다. 이는 이것들을 통해서 교리적 권위가 법적으로 규정되기 때문이다."[42]

가톨릭 교회와는 달리 정교회는 교회법을 공식적으로 편찬해 놓은 자료를 가지고 있지 않다. 심지어 소위 상징적인 책들조차도 공식적으로 장정되어 있지 않다.[43] 메엔도르프가 인정한 대로 서방인들의 입장에서는 이러한 "공식적 기준이나 권위의 부재"는 "난처하고…모호하고…낭만적이며…비현실적"이며 명백히 "주관주의적"이고 "당황스러운 것"이다. 그럼에도 불구하고 "동방의 정교회는 결코 객관적이고 명확하며 공식적으로 규정할 만한 진리의 기준들, 즉 교황의 권위라든지 종교개혁의 '오직 성경'의 개념 등을 탐구하려는 데 집착한 적이 없다."[44] 메엔도르프는 이 중요한 문제를 명확히 제시하기 위해서 애를 썼다.

"정교회의 교회론에서 하나님과 그리스도, 그리고 성령을 제외하고는 명확히 규정되고 정확하며 영원한 진리의 기준을 갖고 있지 않다는 사실은 확실히 정교회와 모든 고전적인 서구의 교회론 사이의 주된 대조점들 중의 하나이다. 서방 교회의 경우 점진적으로 발전된 교황무오설은 공의회 운동이 실패로 끝

---

42) Gustav Aulen, *Reformation and Catholicity* (Philadelphia: Muhlenberg, 1961), 11-12 (cited by Bajis, *Common Ground*, 113).

43) Bulgakov, *Orthodox Church*, 35; Ware, *Orthodox Church*, 21 1-12; Karmiris, *Synopsis* 8-9; Meyendorff, *Living Tradition*, 102; idem, *Byzantine Theology: Historical Trends and Doctrinal Themes* (New York: Fordham University Press, 1974), 79-80.

44) Meyendorff, *Orthodox Church*, 99-101, 102-3; idem, "Light from the East," 346.

난 후 개신교의 '오직 말씀'의 확언에 의해서 저항에 부딪혔다. 16세기 이래의 서방교회의 교회론적 문제가 두 가지 기준, 즉 교리적 안정을 위한 두 가지 참조 사항에 대한 반대에 수렴된 반면에 정교회에서는 그와 같은 안정의 필요성 혹은 필연성을 느끼지 않았다. 살아 있는 진리 자체가 그 고유의 기준이라는 단순한 이유 때문이었다."[45]

물론 코미아코프가 지적한 것은 정교회에서 진리의 기준이 외적 혹은 교리적인 것, 곧 교회에게 문의하는 것이 아니라 내적이고 영적인 것, 즉 교회 내에 살아 계신 주님이라는 것이다.

긍정적으로는 정교회가 호소하는 유일한 궁극적인 신학적 기준은 살아 계신 하나님의 현존이라고 말할 수 있는데, 이 하나님은 교회를 보호하시고 또한 그 분의 성령을 통해서 우리를 모든 진리 가운데로 인도하시고 안내하시는 분이시다(요 14:25-26; 16:13). 이것은 예루살렘 공의회에서 원시 교회가 세운 유형이었는데, 이 교회는 은사주의적 기준에 따라서 결정했다. "우리는 이 요긴한 것들 외에는 아무 짐도 너희에게 지우지 아니하는 것이 옳은 줄 알았노니"(행 15:28). 따라서 정통 교회는 이레니우스에게 다음과 같이 호소하는 것이다.

"교회가 있는 곳에 하나님의 영이 있다. 그리고 하나님의 영이 있는 곳에 교회와 모든 종류의 은혜가 있다. 그러나 성령은 진리 자체이시다."[46]

---

45) Meyendorff, *Living Tradition*, 20.
46) Irenaeus, *Against Heresies* 3. 24.

역설적이지만 많은 사람들은 정교회를 고대의 전통과 예전적인 관습이 정태적·무비판적으로 수용하는 일종의 역사주의라고 비난하지만, 정교회는 그 같은 전통의 개념 대신 교회를 끊임없이 새롭게 하시는 역동적이고 살아계신 하나님의 현존을 선호한다. 플로로브스키는 "전통에 대한 언급은 역사적 탐구가 아니다. 전통은 교회의 고고학에 제한된 것이 아니다.…전통은 성령의 증언이다.…단순히 말의 기억이 아닌 성령의 끊임없는 내주이다. 전통은 역사적 원리가 아니라 은사주의적 원리"[47]라고 주장했다. 전통은 교회 안에서 행하시는 성령의 삶으로서 이 성령만이 진리의 궁극적인 기준이시다.[48] 토머스 홉코Thomas Hopko는 이것이 고대에서 현대에 이르기까지 일관된 정교회의 입장이라고 했다.

"각각의 저자들이 이 점에 관하여 직접 연구를 했고, 여기에서 구체적으로 언급할 수 있는 기준들이 약 20개 있다. 비록 '교회의 전통(성경도 포함된다)', 공의회, 그리고 교회 자체가 교회 안에서 공식적인 권위를 제공해 주는 '최고의', 그리고 '지고의' 권위로 지명될 수 있겠지만 오직 성령만이 기독교인들을 위한 궁극적인 진리의 기준으로 남아 있다.…전체적으로 볼 때 교회는 신자에게 '외부적인 것'으로 남아 있을 수도 없으며 또 그래서도 안 된다. 이 점에서

---

47) Florovsky, *Bible, Church, Tradition*, 46-47. 플로로브스키는 교회의 교육적 권위는 "교회 법적 권위"라기보다 "성령의 도움에 근거한 은사적 권위"(pp. 97, 103)이며, "궁극적으로 전통은 교회 안에 거하시는 성령의 계속적인 임재, 곧 신적인 안내와 조명의 연속"이라고 선언한다(p. 106).

48) Vladimir Lossky, *In the Image and Likeness of God* (Crestwood, N.Y.: St. Vladimir's Seminary Press, 1974), 152, 159-60; Emmanuel Clapsis, "Scripture, Tradition, an Authority: Conceptions of Orthodoxy" (Paper given at the Society for the Study of Easter: Orthodoxy and Evangelicalism, Wheaten, III., Sept. 26, 1992), 2.

신학자도 교회와 마찬가지로 역할해야 한다."[49]

어떤 수단을 통해서 성령의 증언이 교회의 삶에서 스스로 표현되는지 살펴볼 필요가 있다. 이제 이러한 궁극적이고 내적인 성령의 규준으로부터 외적이며 준궁극적인 성령의 증언의 형태를 살펴볼 차례이다.

거룩한 성경의 수위권

일반적으로 우리는 정교회에 있어서 성령은 복음의 전통paradosis을 통해서 교회에게 말씀하시며, 이 전통이 사도적 과거와의 살아 있고 진정한 연속성을 가지고 있는 것으로 규정될 수 있다고 말할 수 있다.

> "사도적 전통은 복음과 말씀과 구원의 사건으로서 예수께서 제자들에게 이 것을 세계에 선포하도록 권위를 부여해 주시고 위임해 주신 것이다."[50]

바울은 이 전통을 고린도 교회에게 전했고(고전 11:2, 23; 15:3), 교회가 이를 지키도록 위임받은 유산이라고 세 번에 걸쳐 언급했다(딤전 6:20; 딤후 1:12, 14). 교회가 소유하고 있는 권위나 진리의 기준이 무엇이든지 간에 그것은 이 근본적인 사도적 파라도시스에 대한 충실성 속에서 존재한다.
종합적인 의미에서 사도적 전통은 외적인 형태에서도 표현될 수 있는데,

---

49) Thomas Hopko, "Criteria of Truth in Orthodox Theology," *St. Vladimir's Seminary Quarterly* 15. 3 (1971): 123

50) Clapsis, "Scripture, Tradition, and Authority," 1.

그 모든 것은 내주하시는 성령에 의해 사용되는 수단이다. 예를 들어 티모시 웨어Timothy Ware는 일곱 가지를 열거한다: 성경, 일곱 차례의 에큐메니칼 공의회, 그 이후의 공의회들 및 그 선언들(소위 정교회의 상징적 책들), 교부들, 예전, 교회법, 그리고 이콘. 이러한 외적인 형태들이 전체적인 유기체를 구성하고 있기 때문에, 우리가 이것들을 분리해서 취급하는 것은 논의의 편의를 위해서일 뿐이다. 편의상 그것들을 기록된 전통(성경)과 기록되지 않은 전통(경전 이외의 원천들)으로 구분하거나 일반적인 구별법을 따라서 기록된 성경과 구전 전통으로 구분할 수 있다.

성령의 증언의 모든 외적인 형태가 동일한 본질이나 가치를 가지고 있는 것은 아니다. 전통은 우리가 현재 소유하고 있는 기록된 정경 속에 독특하게 표현되어 있다.[51]

비록 정교회가 성경을 다른 형태의 전통의 맥락을 떠나서 생각하기를 거부하고 권위 있는 전통을 정경에만 국한하지는 않지만, 정교회는 성경에 독특한 지위를 부여한다. 예전적으로 볼 때 이것은 단순히 성경에 대한 정교회의 깊은 숭배―성경을 높이고 향을 피우고 입을 맞추는 것 등―로 이해되는 것이 아니라 특별히 예전 자체의 풍부한 성경적 내용에서 이해되어야 한다.[52]

---

51) 쟈시 공의회(1642)와 예루살렘 공의회(1672)가 외경도 "진정한 성경의 일부"라고 말했다. 정교회 신학자들이 개신교도보다 그 책들의 중요성을 더 인정하는 것이 사실이지만 일반적으로 외경들에게 구약성경보다 "낮은 지위"를 부여한다: Ware, *Orthodox Church*, 208-9; see also Bulgakov, *Orthodox Church*, 20; Karmiris, *Synopsis*, 6; Meyendorff, "Light from the East," 341; Bajis, *Common Ground*, 93 n. 9.

52) Meyendorff, *Living Tradition*, 13-14; Clapsis, "Scripture, Tradition, and Authority," 13.

성경은 다른 형태의 전통들과 "구별되는 독특한 자리"를 가지고 있다.[53] 그리고 성경이 다른 모든 형태의 전통들을 수용하는 것이 성경 특유의 "하나님의 말씀으로서의 독창성과 가치를 결코 포기하는 것이 아니다.

하나님의 말씀은 다른 모든 신앙의 원천들, 특히 모든 형태의 전통들 위에 있다."[54] 심지어 성경과 전통이 "가치 면에서 동등하지 않다"라고까지 말할 수 있는데, 이는 성경만이 "첫째의 자리를 차지"하기 때문이다.[55] 전통은 결코 성경과 모순되지 않으며, 이 점에서 성경은 "교회에 있는 모든 것이 판단 받는" "기록된 주요 권위"이다.[56] 성경이 수위의 자리를 차지한다. 그것을 대신할 것은 아무 것도 없다. 아무 것도 성경에 첨가할 것이 없다. 레렝의 빈센트와 바실 등 고대의 교부들도 성경이 완전하고 자기 충족적이며 궁극적이고 최고의 교리적 기준임을 인정했다.[57]

"본질적으로 완전한" 성경은 "전체적인 사도적 증거를 포함한다.…이런 점에서 전통 및 진리 안에서 교회의 연속성과 교회의 무오성이라는 개념에 어떠한 가치를 부여한다 할지라도 기독교의 교회는 성경에 그 고유의 교리적 정의

---

53) Jaroslav Pelikan, *Imago Dei: The Byzantine Apologia for Icons* (Princeton: Princeton University Press, 1990), 45*46; idem, *Spirit*, 16.

54) Ware, *Orthodox Church*, 207.

55) Bulgakov, *Orthodox Church*, 11, 18.

56) Hopko, "Bible in the Orthodox Church," 49-50. Cf. John Breck, *The Power of the Word* (Crestwood, N.Y.: St. Vladimir's Seminary Press, 1986), 105; Gerasimos Papadopoulos, "The Revelatory Character of the New Testament and Holy Tradition in the Orthodox Church," in A. J. Philippou, ed., *The Orthodox Ethos* (Oxford: Holywell, 1964), 109.

57) Florovsky, *Bible, Church, Tradition*, 28, 74-75, 79, 89.

를 덧붙인 적이 없음에 주목하는 것이 중요하다."⁵⁸⁾

거룩한 전통의 필연성

사도적 유산이 기록된 정경의 전통 속에서 뚜렷이 발견되지만, 그것은 성경적 본문에만 제한되거나 국한되지 않고 정경 이외의 전통 속에서 보다 완전히 표현된다. 기록된 성경이 수위의 자리를 차지하지만 독점적인 자리를 차지하고 있는 것은 아니다. 공의회와 교부들의 전통은 많은 이유로 해서 필수 불가결하다.

첫째, 교회 자체와 사도적 선포kerygma는 에큐메니칼 공의회와 정경이 확립되기 이전 거의 3세기 동안 존재했다. 사도행전에서 정경화되기 이전의 "하나님의 말씀", 즉 예수님에 관해서 사도들이 전한 말씀이 성장하고 흥왕했고, 심지어 교회 자체와 동일시된 듯하다(행 12:24; 19:20).⁵⁹⁾

우리는 예수님이 기록되지 않은 많은 이적들을 행하셨다는 사실(요 20:30-31; 21:25), 그리고 바울이 초대 기독교인들에게 그가 전수해 준 바 기록된 사도적 전통과 기록되지 않은 사도적 전통을 모두 받아들이도록 촉구했음을 안다(살후 2:15; 고전 11:2). 데살로니가 교인들은 그들에게 선포된 구전의 메시지를 "하나님의 말씀"으로 올바로 받아들였다(살전 2:13; 골 1:25, 3:16과 비교하라). 따라서 구전의 전통은 기록된 성경에 대한 필수적인 보완 혹은 보충의 역할을 한다. 왜냐하면 복음의 케리그마는 성

---

58) Meyendorff, *Living Tradition*, 14-16; Calian, *Theology without Boundaries*, 5.
59) Alexander Schmemann, *The Historical Road of Eastern Orthodoxy* (Crestwood, N.Y.: St. Vladimir's Seminary Press, 1977), 42.

경의 정경과 정확히 연속되는 것이 아니기 때문이다.

둘째, 정교회는 백지 상태*tabula rasa*에서 활동할 수 있는 사람이 한 사람도 없다고 주장한다. 따라서 비정경적 전통은 실제적으로 불가피하게 해석학을 요청한다. 비록 원칙상 성경을 새로*de novo* 해석할 수 있다고 주장하는 사람이 있지만, 우리는 실제로 신학적·교단적 전제 위에서 본문을 읽을 뿐만 아니라 우리의 개인적 문화와 경험이라는 시간적·공간적 프리즘을 통해서 읽는다. 나아가 비록 중립적인 성경읽기가 가능하다 할지라도 그것은 거의 바람직하지 않을 것이다. 왜냐하면 그것은 독단적이고 오류에 가득 찬 본문 이해를 초래할 것이기 때문이다.[60] 따라서 기록된 성경의 해석학적인 맥락으로 작용하는 사도적·구전적 전통의 범주 안에 자신을 위치시키는 것이 더욱 중요해진다.

셋째, 예전적 전례前例도 비정경적 전통의 중요성을 나타내 준다. 바로 앞 장에서 다마스커스의 요한과 박식한 테오도르는 이콘의 사용을 변호하면서 논리적 근거를 성경 외적 예전적 전통의 중요성에 두었다. 정교회에 따르면 교회의 삶과 예전의 많은 유사한 양상들이 있는데, 이것들은 성경에 명시적으로 포함되어 있거나 성경에 의해서 요구되지는 않는다 할지라도 신자들에게는 논란의 여지없이 중요성을 가지고 있다.

이 점에서 바실의 『성령에 관하여』*On the Holy Sprit*에 있는 유명한 구절이 적절한 예가 될 것이다. 바실은 성령의 신성을 변증하면서 폭넓게 사용되던 교회의 찬양시의 고백에 호소했다: "성령과 함께 성부와 성자께 영광을." 성경에는 '함께'라는 조사가 없지만, 그것은 예전적 전례의 모든 무게를 가

---

[60] Khomiakov, "Western Confessions," 42-43을 보라.

지고 있었고 바실에게 엄청난 중요성을 가지고 있었다.

"우리는 교회의 가르침의 일부를 기록된 자료로부터 받았다. 다른 것들은 사도적 전통을 통해서 비밀스럽게 우리에게 전수되었다. 두 원천은 동일한 힘을 가지고 진정한 신앙을 위해 봉사한다. 누구도 둘 중의 어느 하나를 부인할 수 없다. 교회의 의식에 조금이나마 친숙한 사람이라면 누구도 이를 부인할 수 없다. 만일 우리가 기록되지 않은 관습들이 거의 중요하지 않다고 생각하고 그것들을 공격한다면, 우리는 자신의 의도와는 상관없이 복음을 치명적으로 절단하거나 복음의 가르침을 말씀에만 축소시키는 일이 될 것이다."[61]

이어서 바실은 당연하게 받아들여지던 고대교회의 예전적 관습 중의 일부를 나열한다: 십자가 성호를 그림, 동쪽을 향해서 기도함, 성만찬적 기원, 어떤 세례 관습, 그리고 사탄 및 그의 부하인 악한 천사들에 대한 거부 등. 바실에게 있어서 어떤 예전적 전통들은 대단히 중요할 뿐만 아니라 "올바른 신앙의 보존을 위해서 필수불가결하다."[62]

터툴리안도 한 세기 전에 비슷한 방식으로 같은 지적을 했다: 세례식에서 사탄을 거부하는 것, 세 가지 세례, 오직 주교에 의해서만 이른 아침에 성만찬이 거행됨, 성만찬에서 죽은 자들을 위해서 기도함, 순교자들의 순교 기념일에 성만찬을 행함, 주일에 무릎을 꿇은 상태로 금식하고 기도하면서 금욕함, 빵과 포도주가 땅에 떨어지지 않게 주의함 등 중요한 예전적 관습들을 인용하면서 터툴리안은 다음과 같이 지적했다.

---

61) Basil, *On the Holy Spirit* 27. 66.
62) Florovsky, *Bible, Church, Tradition*, 87.

"만일 당신이 이러한 관습들을 비롯해서 유사한 관습들의 성경적 근거를 요구한다면, 당신은 어디서도 기록된 근거를 발견하지 못할 것이다. 전통은 그것들을 지지하는 권위와 관습으로서, 그리고 그것들을 실천하는 믿음으로 간주될 것이다. 당신은 그러한 전통과 관습과 신앙을 지지해 줄 이유를 발견하게 될 것이다. 그렇지 않으면 그것을 본 사람으로부터 그것에 대해서 배우게 될 것이다. 그러는 동안 당신은 그것이 권위를 결여하고 있는 것이 아니며, 따라서 당연히 그에 복종해야 한다는 사실을 믿게 될 것이다."[63]

단적으로 바실과 터툴리안에서 우리는 예배와 기도 lex orandi가 교리와 믿음 lex credendi을 규정하는 실제적인 예를 보게 된다. 바실과 터툴리안에 따르면 만일 우리가 사도적 전통을 제거하거나 잘라 버리기를 원하지 않는다면, 우리는 비록 성경 안에는 포함되어 있지 않다 할지라도 예전적 전례의 권위를 받아들이게 될 것이다.

넷째, 성경 외적 전통의 필요성은 초대 교부들의 신학 방법론에서 광범위한 지지를 받았음을 발견하게 된다. 이것은 정교회에서 대단히 중요한 점이다. 터툴리안과 이레니우스는 그 시대의 이단들을 논박하면서 터툴리안은 "신앙의 규칙"에, 이레니우스는 "진리의 법"에 호소했다. 니케아 정통의 최종적 승리자인 아타나시우스는 니케아의 결론—구체적으로 말하자면 *homousios*라는 용어—이 후대에 만들어진 것이라는 아리우스주의자들의 비난에 대해서 공의회를 변호해야 했다. 그는 비록 그것들이 성경에는 포함되어 있지 않지만 온전히 사도적이라는 것을 확신했다. 아타나시우스는 논

---

63) Tertullian *De Corona* 4.1. 오리겐은 그의 책 *Homilies on Numbers* 5.1에서 그와 동일한 입장을 표명한다.

의를 성경에만 국한시키려 했던 아리우스주의자들과의 논쟁에서 보다 넓은 "범위"*skopus* 혹은 신앙의 "표준"*kanon*, 즉 가톨릭교회의 전통과 가르침에 호소했다.[64]

정통의 강력한 변호자인 에피파니우스는 "사도적 신앙의 몇몇 요소가 성경을 통해서 우리에게 전수되었고, 다른 요소들은 거룩한 사도들에 의해서 전통을 통해서 전수되었다"라고 지적했다. 요한 크리소스톰은 데살로니가 후서 2장 15절에 대해서 주석하면서 사도들이 "모든 것을 편지로써 전달하지는 않았으며 많은 것을 구전으로 전달했다. 따라서 전자와 후자 모두 신뢰할 가치가 있다. 그러므로 우리는 교회의 전통도 역시 고귀한 가치를 지니고 있다고 생각하자. 더 이상의 것을 추구하지는 말자"라고 지적했다.[65] 어거스틴은 "만일 가톨릭 교회의 권위가 나의 마음을 움직이지 않았다면, 나는 복음을 믿지 않았을 것이다"라고 고백했다.[66] 그러므로 정교회에 따르면 우리가 '오직 성경' 밖에서 사도적 전통에 호소할 때 초기의 교부적 합의 및 신학적 방법론의 터전에 확고히 서게 된다.

정교회의 입장에서 볼 때 정경 외의 사도적 전통에 호소하는 것의 정당성 중에서 해석학적 요청보다 더 중요한 논지는 없다. 푸아티에의 힐라리는 "성경은 독서에 있는 것이 아니라 이해에 있다"라고 지적했는데, 이런 태도는 제롬이 어떤 이단들을 논박하는 근거로서 그들이 성령의 인도를 받지 않

---

64) Florovsky, *Bible, Church, Tradition*, 75-83; Clapsis, "Scripture, Tradition, an Authority," 14-21.

65) Epiphanius, *Contra Heresies* 61.6; Chrysostom, *Homilies on II Thessalonians 4* (cite by Karmiris, *Synopsis*, 10-11).

66) Augustine *Contra epistolam Manichaei quam vocant Fundamenti* 6 (cited by Oberman "Quo Vadis?" 235. Florovsky, *Bible, Church, Tradition*, 73, 91-92을 보라.

아서가 아니라 신적인 복음을 인간적인 말로 바꾸어 버렸기 때문이라고 했을 때에도 반복되었다.

"우리는 복음이 성경의 말로써 이루어지는 것이 아니라 그 의미에 진정한 가치가 있다고 생각한다.…이 경우 성경이 그리스도 없이 말해지지 않을 때, 교부들이 없이 제시되지 않을 때, 성령 없이 복음을 설교파하지 않을 때, 성경은 듣는 자들에게 참으로 유용하다."[67]

사적인 해석과 성경의 왜곡의 결과로 인한 오해의 문제는 성경만 읽는 것이 부적합하다는 사실을 드러내주고, 보다 폭넓은 교부적 맥락에서의 해석학적 필요성을 확언해 준다. 조지 프레스티지George Prestige가 적절하게 묘사했듯이 이것이 이단자들이 가지고 있는 문제이다.

"이단자들은 성자들만큼이나 성경의 사용에 있어 어려움을 겪을 수 있다는 것을 보여주었다. 지성적인 사상가들은 곧 '성경 및 성경만'의 원리가 진정으로 기독교적인 종교를 위한 자동적인 확고한 토대를 제공해 주지 못한다는 것을 명확히 발견하게 되었다."[68]

이레니우스와 레렝의 빈센트는 이 점을 특별한 방법으로 제시했다. 이레니우스는 두 가지 뚜렷한 비유를 사용했다. 그는 이단자들이 성경을 사용하

---

67) Hilary, *Ad Constantium Augustum* 2.9; Jerome *Galatians* 1.1.2 (cited by Florovsky, *Bible, Church, Tradition*, 75, 91).

68) George L. Prestige, *Fathers and Heretics* (London: S.P.C.K., 1984), 14-15.

는 것을 아름답게 조각된 왕의 모자이크를 개나 여우의 모양으로 뒤바꾸어 버린 후 용감하게 말하기를 "새롭게 짠 것이 진정한 모자이크인데, 이는 그것이 원래의 조각들로 이루어져 있기 때문이다"라고 말하는 사람에 비유했다. 또한 이단자들은 자의적으로 호머의 시詩를 뒤바꾸어버리는 사람과 같다고 했다. 그들은 싯귀들은 그대로 두지만 그 의미는 완전히 왜곡되어 버리는 결과를 초래한 것이다. 다시 말하면 성경의 원자료들을 마음대로 사용하는 것과 성경 자체를 올바로 사용하는 것은 전적으로 다른 문제이다. 우리는 사도적 전통과 진리의 표준을 준수함으로써 이단자들이 범하는 해석학적인 왜곡을 피할 수 있고, 왕을 여우로 만들거나 진정한 말씀을 무가치한 말의 조합으로 왜곡시키는 잘못을 범하지 않게 되는 것이다.[69]

레렝의 빈센트는 진정한 사도적 신앙을 이단자들의 그것과 구별하는 법을 추구했다. 그는 성경이 "모든 점에서 완전하며 또한 충분한 것 이상"이지만 이단자들도 성경에 호소한다고 지적했다. 빈센트는 "거룩한 성경의 심오함 때문에 모든 사람이 한 가지, 또는 동일한 의미로 그것을 받아들이지 않고 각기 나름의 방식으로 성경을 이해하는 것이다. 그래서 많은 해석자들이 있는 것만큼 많은 해석이 있는 것"처럼 보인다고 지적했다. "허위를 식별하고, 이단자들의 올가미를 피하며, 건전하고 완전한 가톨릭 신앙을 지속하기 위해서" 우리는 전통의 권위, 특히 "모든 곳에서 모든 사람에 의해서 언제나 믿어져 온" 전통의 권위를 필요로 한다.[70] 이러한 시간과 공간을 초월한 보편성ecumenicity이 해석학적 프리즘으로 작용한다. 따라서 우리는 힐라리와

---

69) Irenaeus, *Against Heresies* 1.8.1; 1.9.4.
70) Vincent of Lérins, *Commonitorium* 2.

제롬의 글에서 단순히 본문을 읽을 뿐만 아니라 바르게 이해하게 되는 것이다. 플로보스브스키가 언급한 대로 빈센트에게 있어서 "전통은 사실상 성경에 대한 진정한 해석이다. 이 점에서 전통은 성경과 동일한 가치를 가진다. 전통은 '올바로 이해된 성경이다.' 빈센트에게 있어 성경은 기독교 신앙의 유일하고 최고이고 궁극적인 경전이다."[71]

거룩한 전통의 양식

거룩한 성경의 보다 완전한 맥락으로서의 거룩한 전통의 필요성이 확립되고 나면 보다 명백한 문제가 대두된다: 그리스도와 사도 바울이 경고했던 것과 같이 모든 전통이 올바른 것은 아니다(마 15:3-7; 막 7:1-13; 골 2:8). 많은 인간적 전통들이 모두 동일한 가치를 지니고 있는 것이 아니며 어떤 전통은 거짓된 것이다. 다수의 의견에 호소하는 것이 문제를 초래할 수 있다. 왜냐하면 때때로 진리가 소수의 편에 서 있을 때 이단이 득세하는 경우가 있기 때문이다. 고대의 전통에만 호소하는 것도 충분하지 않다. 왜냐하면 키프리안이 지적한 것처럼 "진리가 결여된 고대의 전통은 해묵은 오류"에 불과하기 때문이다.[72] 유티케스Eutyches를 무죄 방면한 449년의 에베소 공의회와 같이 어떤 공의회는 이단적이다. 피에르 아벨라르 Peter Abelard가 그의 『긍정과 부정』Sic et non에서 교부들 간의 차이점을 제시한 158개의 주제를 열거한 데서 보듯이 교부들에게 호소하는 것도 문제를 야기할

---

71) Florovsky, *Bible, Church, Tradition*, 75; 51, 79; Bulgakov, *Orthodox Church*, 29.

72) Cyprian *Epistles* 74. 9 (cited by Florovsky, *Bible, Church, Tradition*, 99; Tertullian and Augustine cited by Florovsky도 보라).

수 있다. 680년의 콘스탄티노플 공의회가 교황 호노리우스 1세를 단의론 monothelitism 이단으로 정죄한 것은 최고의 권위를 가진 교회의 공의회조차도 오류를 범할 수 있다는 사실을 보여 준다. 정교회는 이 모든 사실을 충분히 이해하고 있다. 그래서 그들은 이 원리를 일반적인 교회에 적용할 뿐만 아니라 거룩한 밀의 전통과 가라지의 전통을 구별하지 못했던 자신의 오류에 대해서도 적용한다.[73]

단적으로 말해서 전통에 호소할 때에는 분별력과 비판력을 가지고 선택함으로써 그것이 진정 하나님으로부터 온 것인지를 시험해서 결정해야 한다(요일 4:1). 정교회는 모든 전통이 동일한 가치를 지니고 있는 것이 아님을 인식하며 전통의 위계 질서나 계층의 형태가 있음을 인정한다. 주요한 전통이 있고 부수적인 전통이 있다. 그럼에도 불구하고 두 가지 형태의 비정경적 전통이 특별한 관심의 대상이 되기에 합당하다. 고백자 막시무스에 따르면 거룩한 성경으로부터 배운 우리는 "거룩한 교사들과 공의회들"로부터 배워야 한다. 이는 그것들이 기록된 말씀에 버금가는 지위를 소유하고 있기 때문이다.[74]

정교회 신자들은 모든 외적 형태의 전통들 중 최초의 일곱 공의회만을 무오한 것으로 인정하고 그에 순복한다.[75] 결국 공의회는 성경적인 선례를 가지고 있다(행 15장). 그렇다면 이러한 일곱 공의회는 참되고 거룩한 전통을

---

[73] Ware, *Orthodox Church*, 205; Lossky, "Tradition and Traditions," in *Image and Likeness*, 141-68; Meyendorff, *Living Tradition*, 21-26; Florovsky, *Bible, Church, Tradition*, 96-100; Karmiris, *Synopsis*, 7-9; Bajis, *Common Ground*, 61-62.

[74] Maximus the Confessor, *Relation about the Motion* 9 (cited by Pelikan, *Spirit*, 18).

[75] Ware, *Orthodox Church*, 210; Karmiris, *Synopsis*, 4-7.

식별하는 절대적인 기준이 되는 반면, 그 이후의 공의회들과 지역 공의회들은 오류를 범할 가능성을 가지고 있는 것이다. 일곱 공의회가 너무나 위대한 권위를 가지고 있기 때문에 누구나 자신의 신학적 입장을 진술할 때 그 일곱 공의회의 권위에 호소하는 것이 표준적·의무적 신학 방법론이 되었다고 말할 수 있다. 따라서 성상파괴 논쟁 중인 754년의 성상파괴 공의회 및 그 공의회를 거부한 콘스탄티노플의 총대주교요 성상옹호론자인 니케포루스는 모두 "일곱 개의 거룩한 에큐메니칼 공의회"에 호소함으로써 논의의 근거를 제시했다. 야로슬바브 펠리칸이 언급한 대로 "이러한 방법론이 광범위하게 파급되었고 그 자료들이 매우 잘 정리되어 있었기 때문에 만일 최초 다섯 공의회의 신조와 교리적 선언이 분실되었다면 소프로니우스Sophronius나 막시무스 혹은 그들의 계승자들의 작품을 토대로 그 공의회의 내용을 복원할 수 있을 것이다."[76]

둘째, 제롬이 경고한 대로 교부들의 존재 없이 성경에 접근하려는 자세를 버려야 한다. 아토스의 니코데모스Nicodemos of Athos는 "만일 당신이 거룩한 성경을 주의 깊게 읽었다면, 또한 성경을 해석하는 거룩한 교부들의 글을 읽어야 한다. 당신은 성경을 읽는 것 못지않게 교부들의 작품을 읽음으로써 기쁨을 누리게 될 것이다"라고 썼는데, 이것은 전체 정교회의 전통에 찬성하여 말한 것이다.[77] 비록 정교회가 최초 4세기의 작가들에게 특별한 공경을 표하고 있지만, 다른 교부들에 대해서도 선택적으로 존경을 표해야 한다. 가장 중요한 것은 우리가 호소해야 할 것은 어느 한 교부의 견해가 아니

---

76) Pelikan, *Spirit*, 25.

77) Nicomedos of Athos, *Handbook of Spiritual Counsel* (New York: Paulist, 1989), 190. 성경에 오류가 있을 수 없다는 점에 대해서는 pp. 186-88을 보라.

라 모든 교부들의 일치된 견해consensus patrum라는 점이다.

막시무스는 그의 적들에게 응수하여 "교부들의 결정에 근거해서" 그들의 입장을 입증하라고 공격하면서, 만일 그것이 불가능하다면 "그들의 입장을 포기하고 우리와 함께 신적으로 영감 받은 가톨릭교회의 교부들 및 다섯 공의회의 결정에 순응하라"고 했다. "새로운 교의"를 고안하거나 "자신의 개념에 따라서 용어를 만들어 내는 것"은 정신착란이며 외람되고 이단적인 행위이다.

> "우리는 성인들에 의해서 이해되고 진술된 것들을 우리의 권위로 여겨서 공손히 따른다."[78]

진리의 영

역설적이지만 우리는 완전한 원을 한 바퀴 돌아 왔다. 정교회 고유의 고백에 의하면 악순환을 통과해 온 것 같다. 전통에의 호소는 그것이 성경, 공의회, 한 교부, 예전, 혹은 어떤 종류의 빈센트적인 경전이든지 막론하고 자체로는 불충분하다. 우리는 외적인 기준에 근거해서 하나의 신학적 가르침을 진실한 것으로 받아들일 것이다. 그러나 어떤 외적인 기준도 진리 자체를 보장하지는 못한다. 정교회는 한 에큐메니칼 공의회가 진리를 보장할 수 있다고 주장하지 않을 것이다. 왜냐하면 에큐메니칼 공의회들은 "정경적 기관"

---

78) Maximus the Confessor, *Theological and Polemical Opuscula* 9, 19 (cited by Pelikan, *Spirit*, 20).

이라기보다는 "은사적 사건"으로 간주되기 때문이다.[79] 교회를 진리 안에 보존하는 것은 약속된 성령의 유일하고 최종적인 내적 증거이다.

"결정적인 가치는 제국적 보편성에 있는 것이 아니라 내적 가톨릭성에 있다. 교부들(혹은 공의회들)의 견해는 외적인 권위에 대한 공식적인 복종으로서가 아니라 그들의 가톨릭적 진리의 내적 증거 때문에 받아들여진다."[80]

무오한 공의회들이 오류를 범하는 교부들보다 우선적 권위를 가진다. 공의회들은 그 결정에 있어 "거룩한 교부들을 따르며" 정교회에 있어 유일한 신학적 권위는 성령의 인도에 근거한 "은사적 권위이다: 그것은 우리와 성령 모두에게 좋은 것 같다"[81]라고 확언한다. 달리 말하자면 "전통에의 충실함은…오순절에의 참여이며, 전통은 오순절의 완성을 나타낸다."[82]

---

79) Florovsky, *Bible, Church, Tradition*, 96-97.

80) Ibid., 52-53.

81) Ibid., 103.

82) George Florovsky, *Creation and Redemption* (Belmont, Mass.: Nordland, 1976), 194.

인간의 신화
— 테오시스 —

만일 말씀이 인간이 되었다면, 인간은 신들이 될 수 있을 것이다.

─이레니우스

성령에 의해서 하나님의 형상을 닮는 일이 가능해졌고, 인간의 최고의 소망은 하나님이 되는 것이다.

─ 대 바실

하나님이 인간이 되셨으므로 인간은 신이 될 수 있다.

─ 아타나시우스

[하나님이] 그 보배롭고 지극히 큰 약속을 우리에게 주사 이 약속으로 말미암아 너희가 정욕 때문에 세상에서 썩어질 것을 피하여 신성한 성품에 참여하는 자가 되게 하려 하셨느니라.

─ 벧후 1:4

목동 다윗이 한밤중에 양떼를 지키는 중에 질문이 생겨났다. 그는 고요하고 깊은 밤에 팔레스타인의 언덕 위에 홀로 앉아서 광대한 하늘과 빛나는 별들과 부드러운 달빛, 그리고 그에 반해서 자신이 무가치하다는 느낌을 다음과 같이 표현했다.

"사람이 무엇이기에 주께서 그를 생각하시며 인자가 무엇이기에 주께서 그를 돌보시나이까?"(시 8:4).

다른 곳에서 이 시편 기자는 인간 생명의 덧없음을 생각한다. 그가 살펴보건대 우리 인간의 수명은 약 70년이며 강건해도 80년에 불과하며 그 수명의 자랑은 수고와 슬픔뿐이요 신속히 가니 우리는 날아간다. 우리의 평생은 일식간에 다하며 우리 인생은 풀과 같으며 그 영화가 들의 꽃과 같다. 우리는 바람이 불면 먼지처럼 날아간다(시 90:3, 9-10; 103:15-16). 솔로몬은 인생이 겪을 수 있는 모든 것—명성, 돈, 일, 쾌락, 정치적 권력, 학문—을 경험했으나 그의 일생은 바람을 따라 바람이 일어나고 난처한 우연이 결합되어 나타나며 부질없음과 절망, 그로 하여금 밤잠을 못 이루게 한 부질없는 일들이 연속된 나날이었다(전도서).

다윗과 솔로몬이 던진 질문과 유사한 질문으로 고뇌해 보지 않은 사람이 어디 있겠는가? 나의 시간과 정력을 빼앗아가는 부차적인 문제들을 초월해서 내 존재의 궁극적인 이유는 무엇인가? 나는 왜 여기에 있는가? 나의 직업의 문제를 너머 인간으로서의 나의 소명, 이 세상에서의 나의 부르심의 정확한 본질은 무엇인가? 직장에서의 일과를 마친 후 눈덮인 숲속의 길을 고독하게 걸을 때나 호숫가에 앉아서 여름날의 일몰을 지켜볼 때에 이런 질문이 불현듯 떠오를 것이다. 우리들 대부분은 가장 실제적인 질문을 던져 보았을 것이다: 내 삶의 목적은 무엇인가?

구약의 성도들과 현대인들이 던진 이 실제적인 질문은 수천 년 동안 위대한 학자들의 마음을 단련시켜왔다. 소피스트 철학자인 프로타고라스 Protagoras, B. C. 450년경는 인간이 우주의 중심이며 만물의 척도 homo mensura라고 했다. 아리스토텔레스 BC. 384-322는 『니코마코스 윤리학』 Nicomachean Ethics의 첫 장에서 인생의 목적의 문제를 제기했다. 그는 삶의 주된 목적이 행복이라고 추론했다. 그러나 그는 행복의 정의에 대해서는 합일점이 없다는 것을 인정했다―병자는 건강이 행복이라고 말하고, 빈자에게는 부요가 행복이며, 힘이 없는 자는 권력이 행복이라고 한다는 등.

플라톤의 『변명』에 보존된 어록에 따르면 소크라테스는 만일 우리가 자신의 삶을 검토해 보고 만족할 만한 존재 이유를 찾지 못한다면, 삶 자체가 살아갈 가치가 없다고 주장했다.

블레이즈 파스칼은 『팡세』에서 인간의 위대함과 불행의 역설을 숙고했다. 인간은 흔들리는 갈대에 불과하다. 그러나 그는 "생각하는 갈대"이다. 아마 미국의 목회자이자 신학자인 라인홀드 니이버 만큼 이 문제를 간명하게 제기한 사람은 없을 것이다. 그의 책 『자연과 인간의 운명』 The Nature and Destiny of Man의 첫 문장은 "인간은 언제나 그에게 있어 가장 난처한 문제를 지니고 살아 왔다. 그는 자신을 어떻게 생각할 것인가?"라는 도전적인 질문을 제기한다.

인간의 정체성과 목적이 무엇이냐는 이러한 질문에 대해서 우리가 내리는 답변은 심오한 함축성을 가지고 있다. 실존적인 차원에서 볼 때 우리의 반응은 가장 실제적인 방식에서 우리의 삶을 안내할 것이다. 기독교를 변호하는 차원에서(변증학) 우리는 현대에서 기독교를 거부하는 가장 뚜렷한 이유가 종교에 대한 인간학적 비판이었다는 것을 주목한다. 말하자면 그것은 인간의 본성에 대한 특정한 개념에 근거했다. 즉 생물학적인가(찰스 다윈), 경제적인가(칼 마르크스), 철학적인가(프리드리히 니체), 혹은 심리학적인가(지그문드 프로이드).

세번째 차원에서 현대 생활의 많은 주요 사회윤리적 문제들—낙태, 안락사, 사형제도, 세계의 기아 문제, 여성 안수 문제 등등—은 인간의 정체성에 관한 특정한 개념에 뿌리를 두고 있었다. 정치학의 고전적인 질문들도 인간학에 근거를 두고 있었다. 예를 들면 사람이 근본적으로 선한가(장 자크 루소) 악한가(토머스 홉스), 그리고 인간이 동등하게 창조되었고 양도할 수 없는 권리를 가지고 태어나는가 등의 질문이었다.

소말리아의 무정부 상태나 유고슬라비아에서 자행된 인종 청소에서 드러난 정치의 끔찍한 실패는 인간이 공동체를 이루어 더불어 살아갈 수 있는 능력을 가지고 있지 않다는 사실을 상기시켜 주는 고통스러운 잣대가 되었다.

마지막으로 인간의 구원 자체가 인간의 정체성과 목적의 문제에 대해 올바로 답변할 수 있는지 여부에 달려 있다. 존 칼빈은 『기독교 강요』의 첫 문장에서 우리가 소유하고 있는 거의 모든 지식은 두 종류로서 하나님에 관한 지식과 우리 자신에 관한 지식이며 이 두 종류의 지식은 불가분하게 연결되어 있다고 했다. 그는 내가 하나님과 맺는 관계는 부분적으로는 인간의 본성에 대한 정확한 평가에 달려 있다고 주장했다.

사실 기독교는 인간의 본성과 목적, 그리고 운명에 대해서 구체적으로 말해 왔다. 예를 들면 칼빈주의에 입각한 '웨스트민스터 교리문답'(1647)은 "인간의 주된 목적"에 관한 질문으로 시작된다. 위대한 스위스 신학자 칼 바르트Karl Barth, 1886-1968는 하나님의 초월성을 주장하면서 프리드리히 슐라이에르마허Friedrich Schleiermacher, 1768-1834가 신학을 인간학으로 축소시켰다고 통렬하게 비판했다. 그럼에도 불구하고 그는 기독교 신앙의 조직신학을 신학적 인간학으로써 시작할 수 있음을 인정했다.

비록 서방의 기독교 전통과는 판이하게 다른 방식이지만 정교회의 신학도 인간의 운명·죄·구원 등의 질문을 전체 신학적 비전의 전면에 두었다. 정교회 신학의 오랜 역사는 구체적이고 독특하며 통일된 반응으로써 삶의 목적의 문제에 답변한다. 그것은 서방의 신학적 인간학의 개념과 다를 뿐만 아니라 우리의 귀에 매우 생소하게 들리는 반응이다.

아토스의 니코데모스가 4세기부터 15세기까지의 정교회의 작품들을 편집한 책인 『필로칼리아』Philokalia 중 「테오레티콘」(Theoretikon, 14세기의 작품으로 추정됨)은 이 주제에 대해서 다음과 같이 언급한다.

> "우리의 삶의 목적은 지복에 있다…제왕들 중의 최고이신 삼위일체를 목격할 뿐만 아니라 신성의 유입을 경험하며, 또한 신화(神化)를 경험하게 된 것이다."[1]

현대 그리스 정교회 신학자인 크리스토포로스 스타브로풀로스는 그의 조그만 책 「신의 성품에 참예하는 자들」의 서두에 이러한 정교회의 비전을 요약하고 있다: 우리는 하나님의 말씀인 성경에서 우리에게 직접 말씀하시는 하나님의 음성을 들을 수 있다. 하나님은 우리 인간에게 분명히 직접적으로 말씀하신다: "너희들—너희들 모두—가 신들이라고, 지극히 높으신 분의 아들들이라고 나는 말했다"(시 82:6; 요 10:34).

---

1) Thoretikon, in *Philokalia*, trans. and ed. G. E. H. Palmer, Philip Sherrard, and Kallistos Ware, 3 vols. (London: Faber and Faber, 1979-90), 2:43.

우리는 그 음성을 듣고 있는가? 우리는 이 말씀의 의미를 이해하고 있는가? 우리는 자신이 테오시스에 이르는 여정 중에 있음을 받아들이는가? 인간으로서 우리는 각각 테오시스를 성취하라는 독특한 부르심을 받고 있다. 달리 말하자면 우리는 각각 신이 될 운명—하나님 자신을 닮고, 그 분과 연합하게 될 운명—을 가지고 있다는 것이다. 사도 바울은 삶의 목적을 지극히 명료하게 묘사한다: 우리는 "신의 성품에 참예하는 자가 될 것이다"(벧후 1:4).

이것이 삶의 목적이다. 즉 하나님의 본성 및 신적인 에너지를 전달하는 그리스도의 삶에 참여하고 그것을 함께 나누는 사람이 될 운명—하나님처럼, 곧 진정한 하나님 자신처럼 되는 것—을 가지고 있다는 것이다.[2] 나지안주스의 그레고리는 "인간은 하나님이 되도록 명령받았다"라고 썼다.[3]

이 장의 목적은 이러한 놀라운 선언의 의미를 탐구하는 것이다. 테오시스theosis, 신성화divinization, 신화deification—이 세 단어는 동의어이다—라는 개념은 제3장에서 논의했던 하나님에 대한 기독교인의 신비적 경험의 본질에 대해서 직접적으로 말해 준다.

한밤중 팔레스타인의 언덕에서 다윗이 느낀 바 인간이 너무나 무가치하다는 느낌의 문제(시 8:4)와, 그의 동료 시편 기자였던 아삽의 놀랍고 대담한 반응을 함께 놓고 살펴보아야 한다. 이러한 아삽의 입장은 정교회 신학자들이 의존하고 있는 본문이요(시 82:6) 예수 그리스도 자신에 의해서 재확인되었던 말이다(요 10:34).

---

2) Christoforos Stavropoulos, *Partakers of Divine Nature* (Minneapolis: Light and Life, 1976), 17-18.

3) Gregory of Nazianzus, *Funeral Oration for St. Basil* (cited by Stavropoulos, Partakers, 18).

그리스도의 사역에 대한 동방과 서방의 관점

앞에서 살펴본 것처럼 테오시스라는 개념은 정교회를 특징짓는 요소이며 또한 정교회의 전체 신학적 구조에 있어서 중심적인 자리를 차지하고 있다.

그것은 수세기에 걸친 정교회의 고대 신학적 타피스트리에 지속적으로 나타나는 황금의 실과 같다. 대부분의 주요 정교회 신학자들은 이 교리적 실을 매개로 해서 동방 기독교의 옷을 짜내었다. 테오시스의 개념에 주된 신학적 관심을 기울이지 않는 요한 클리마쿠스는 아마 이러한 역사적 규칙에 대해서 고독하게 예외적인 입장을 견지하고 있는 신학자일 것이다. 그러나 그에게서조차 이 주제는 전적으로 결여되고 있는 것이 아니다.

인간의 신화가 정교회의 중심적 주제, 주된 목표, 기본적인 목적, 혹은 주요 종교적 개념이라고 말하는 것은 결코 지나친 것이 아니다. 테오시스는 모든 사람들이 도달하기 위해 애써야 하는 궁극적인 목표,[4] 즉 "축복의 텔로스 telos로서 만물이 이를 위해서 만들어졌다."[5]

정교회 신학자들은 이 교리를 강조하면서 테오레티콘Theoretikon이 삶의 목적으로 정의하는 것보다 더 많이 초점을 맞춘다. 정교회에 있어 신화는 "기독교의 본질 자체"이다. 왜냐하면 그것은 "하나님께서 우리 인간 타락의 궁극적인 한계 상황, 심지어 죽음의 상황에까지 내려오실 정도로 자기를 낮추

---

4) Georgios I. Mantzaridis, *The Deification of Man* (Crestwood, N.Y.: St. Vladimir's Seminary Press, 1984), 12, 129. Cf. Timothy Ware, *The Orthodox Church* (Baltimore: Penguin, 1964), 236; John Meyendorff, *Byzantine Theology: Historical Trends and Doctrinal Themes* (New York: Fordham University Press, 1974), 2-3, 225-26.

5) Gregory of Nazianzus, *To Thallasios* 60 (cited by Panagiotes Chrestou, *Partakers of God* [Brookline, Mass.: Holy Cross Orthodox, 1984], 36. 인생의 목적에 대해서 16-17, 61쪽을 보라.

심―인간에게 상승의 길을 열어 놓으신 하나님의 하강, 곧 피조물과 신이 연합되는 영원한 전망"을 포함하기 때문이다.[6]

아타나시우스의 말을 환언하면 하나님께서 내려오셨을 때 그 분이 인간성을 입고 "육신 속에 들어오셨을"in-carnated 때 인간이 그 분께 상승하여 신성을 입고 "신성 안에 들어"in-godded 오게 되었다. 그렇다면 복음을 정의하는 데 있어서 동방 기독교는 신화의 개념을 전제하고 있다. 심지어 그 용어가 명시적으로 언급되지 않을 때에도 그것은 "복음에 의해서 선포된 구원의 내용으로서" 암시적으로 존재한다.[7]

가톨릭 학자인 그로스J. Gross의 중요한 작품과 그 주제에 대한 간헐적인 언급을 제외하고는[8] 일반적으로는 서방의 신학자들과 개신교 신학자들은 정교회 사상 속의 중심적인 주제인 테오시스에 대해서는 거의 깊은 관심을 기울이지 않았다. 그들은 그 교리를 중요한 성경적 범주로서 합당하게 말하지도 않았다. 예를 들면 조지 래드George Ladd, 1974와 레온 모리스Leon Morris, 1986는 자신의 저서 『신약신학』에서 테오시스라는 용어조차 언급하지 않았다. 반면에 정교회의 사상가들은 14세기의 그레고리 팔라마스Gregory Palamas의 『신성과 신화에의 참여』On Divine and Deifying Participation에서 이 교

---

6) Vladimir Lossky, *In the Image and Likeness of God* (Crestwood, N.Y.: St. Vladimir's Seminary Press, 1974), 97.

7) Jaroslav Pelikan, *The Spirit of Eastern Christendom (600-1700)* (Chicago: University of Chicago Press, 1974), 11; p. 46.

8) J. Gross, *La Diuinisation du chretien d'après les les Pères grecs: Contribution historique dēla doctrine de la grâce* (Paris, 1938) (cited by Mantzaridis, *Deification*, 13). John Karmiris, *A Synopsis of the Dogmatic Theology of the Orthodox Catholic Church* (Scranton, Pa.: Christian Orthodox Edition, 1973), 70 n.30, cites two German studies by K. Bornhauser (1903) and L. Baur (1916), and a French article by M. G. Congar(1935).

리를 조직적으로 상세하게 분석했다.[9]

보다 중요한 측면으로서 구원의 교리에 대해서 동방교회는 일반적으로 인간의 딜레마 및 그에 대해서 그리스도의 사역 속에서 행하신 하나님의 반응을 서방교회의 관점과는 다른 관점에서 해석한다. 정교회 신학자들은 서방에서 죄와 구원의 교리는 법적 · 사법적 · 법정적 범주에 의해 부당하게 지배되어 왔다고 주장한다. 그들은 이러한 범주들이 동방 기독교의 정신에는 부정적이고 낯선 것이라고 주장했다. 그러나 이 범주들이 그 교리를 지배하도록 허용하게 되면서 성경적 메시지의 실제적인 왜곡을 초래했다.[10]

에른스트 벤츠Ernst Benz는 이러한 법적 구조가 서방(가톨릭과 개신교)의 사상을 지배하고 있다고 주장한다. 그는 사도 바울이 로마의 시민법에서 차용해온 범주인 신의 법과 정의라는 관점에서 로마서를 썼을 것이며 또 그의 믿음으로 말미암는 칭의라는 개념이 어떻게 죄인이 정의로운 하나님 앞에 설 수 있는가 하는 질문에 답변하고 있다는 점에 주목한다. 벤츠는 특별히 가톨릭 교회가 속죄와 면죄부의 교리 · 교회론 · 사제의 역할 · 교회법 등의 개념에서 이러한 법정주의적 방향으로 발전되어갔다고 말한다.[11] 이처럼

---

9) Panayiotis Nellas, *Deification in Christ* (Crestwood, N.Y.: St. Vladimir's Seminary Press, 1987); M. Lot-Borodine, "La Doctrine de la déification dans l'Eglise grecque jusqu'au XIe siécle," *Revue de l'histoire des religions 105* (1932): 543; 106 (1932): 525-74; 107 i 1 933): 8-5 5; Elias Moutsoulas, *The Incarnation of the Word and the Theosis of Man according to Gregory of Nyssa* (in Greek; Athens, 1 965); Andreas Theodorou, *The Theosis of Man in the Teaching of the Greek Fathers of the Church to John of Damascus* (in Greek; Athens: Theological School of the University of Athens, 1956).

10) Lossky, *Image and Likeness*, chap. 5; Karmiris, *Synopsis*, 38, 55-56

11) Ernst Benz, *The Eastern Orthodox Church: Its Thought and Life*, trans. Richard and Clara Winston (Garden City, N.Y.: Anchor Books, 1963), 4347. Cf. James I. Stamoolis, *Eastern Orthodox Mission Theology Today* (Maryknoll, N.Y.: Orbis, 1986), 7-11.

동방에서 영속적으로 정립된 신비적 연합의 개념과 대조적으로 법적 개념을 강조하는 것은 정교회의 입장에서는 "서방[말하자면, 가톨릭과 개신교]을 신학적으로 연합시키고, 서방을 동방과 분리시키는 진정한 쟁점"으로 간주된다.[12]

법률가로서 교육을 받았을 것으로 추측이 되고 라틴어로 글을 쓴 최초의 주요 신학자인 터툴리안은 그리스도의 사역을 법정적 범주 내에서 해석한 최초의 학자로서 인정받고 있다. 그러나 법정적 개념을 보다 상세하게 발전시키고 완벽하게 제시한 사람은 어거스틴과 캔터베리의 안셀름이었다.

존 메엔도르프는 서방에서의 어거스틴주의적 법적 개념의 엄청난 영향과 동방에서의(이곳에서는 그리스도의 사역은 테오시스의 관점에서 이해되었다) 어거스틴의 거의 전무할 정도의 영향이 동방교회와 서방교회의 분열을 초래한 주된 신학적 요소 중 하나라고 제시한다.[13]

안셀름은 그리스도의 사역을 다룬 거의 모든 후대의 작품들에 영향을 미치면서 역사의 분기점을 이룬 작품 『신은 왜 인간으로 태어났는가』*Cur Deus Homo*에서 인간의 죄가 하나님의 위엄과 영광을 침해했고, 따라서 하나님의 정의는 그 분을 "만족하게 함"으로써, 혹은 죄의 값을 지불함으로써만 이루어질 수 있었다고 주장한다. 약간의 노력만으로도 서방의 구원론에서 법정적 개념이 우세하다는 사실을 보여주는 실례를 많이 이끌어 낼 수 있다. 예를 들면 현대의 복음주의적 신학에서 패커J. I. Packer와 존 스토트John Stott와 같은 작가들은 그리스도의 사역을 주로 그 분이 대신 형벌을 받으셨다는 관

---

12) Stamoolis, *Orthodox Mission Theology*, 7.

13) Meyendorff, *Byzantine Theology*, 143, 32-33, 160-61, 215, 226; Stamoolis, *Orthodox Mission Theology*, 8.

점에서 해석한다.[14]

동·서방 간의 이러한 기본적인 차이점을 가장 잘 예시해 주는 것이 '이신칭의'의 교리인데, 이것은 서방에서는 압도적인 위치를 차지하고 있지만 동방에서는 거의 알려지지 않고 있다.

마틴 루터(1483-1546)는 이 교리에 위에 올바로 서느냐 그렇지 않느냐에 따라서 기독교의 정오(正誤)가 판가름난다고 주장했다. 그는 자신의 저서 『두 종류의 의』 *Two Types of Righteousness*에서 그리스도 안에서 누리는 외적·피동적·낯선 의라는 개념을 발전시켰다. 하나님이 신자에게 전가되는 그리스도의 완전하신 의에 근거해서 죄인을 의롭다고 선언하신다는 개념은 그리스도와의 신비적 연합이라는 개념과는 매우 다르다. 칼빈은 『기독교강요』에서 '이신칭의'를 "모든 진정한 종교가 의존하는 중추"라고 묘사했으며, 또한 그 교리를 정확히 정의하면서, 그는 그것을 신의 법정에서의 무죄 방면에 비유했다.

"공정한 재판관에 의해 무죄하다고 여겨지는 사람이 의롭다고 인정되듯이, 죄인이 하나님의 의를 주장할 때 하나님에 의해서 의롭다고 선포된다."[15]

반면에 정교회 신학의 역사에 있어서 이신칭의의 개념이 거의 전적으로 배제되어 있다는 것을 발견한다는 것은 놀라운 일이다. 정교회에서 이신칭

---

14) Cf. J. I. Packer, "What Did the Cross Achieve? The Logic of Penal Substitution," *Tyndale Bulletin* 25 (1974): 345; John R. W. Stott, *The Cross of Christ* (Downers Grove, Inter-Varsity, 1987).

15) John Calvin, *Institutes*, 3.11.2.

의는 "소홀하게 취급" 되어 왔다. 사실 정교회 신학에서 가장 중요한 작품인 다마스커스의 요한의 정통 신앙은 그러한 개념조차 언급하지 않는다.[16]

그렇다면 우리는 동·서방 간의 또 다른 진정한 관점의 차이를 발견하게 된다. 그러나 그 쟁점을 그대로 접어 두면 그 문제를 그릇되게 해석하게 되는 것이다. 우리는 이러한 신학적 역사에 세 가지 제한 조건을 덧붙여야만 한다.

첫째, 바울 자신은 이신칭의와 같은 법률적 범주를 사용하고 있다는 사실이다. 제임스 스타물리스, 블라디미르 로스키, 벤츠, 그리고 다른 정교회 신학자들도 이 점을 인정한다. 그리스도의 사역을 이와 같은 방식으로 해석하는 것이 사실을 왜곡하거나 과도하게 부정적인 측면을 가지고 있는 것이 결코 아니다. 오히려 이신칭의의 개념과 법률적 범주는 매우 성경적이다.

둘째, 진정한 쟁점은 강조점의 차이인 것으로 보인다. 동방교회는 테오시스를 통한 신비적 연합을 강조하고, 서방교회는 법정적 범주를 강조하고 있다. 우리는 그 두 가지 중에서 하나를 선택하거나 그것들을 상호 양립될 수 없는 모순적인 것으로 볼 수는 없다. 오히려 그것들과 수많은 신약 성경의

---

16) Benz, *Eastern Orthodox Church*, 50-51; Stamoolis, *Orthodox Mission Theology*, 135. 카미리스의 *Synopsis*는 많은 구원의 은유를 사용하지만 이신칭의의 개념을 생략한다. 이에 대해서는 Meyendorff, *Byzantine Theology*, 160-61, 226; Carnegie S. Calian, *Theology out Boundaries: Encounters of Eastern Orthodoxy and Western Tradition* (Louisville: Westminster/John Knox, 1992), 34, 37; Nikolai Fyodorov, "The Restoration of Kinship among Mankind," in Alexander Schmemann, ed., *Ultimate Questions: An Anthology Modern Russian Religious Thought* (Crestwood, N.Y.: St. Vladimir's Seminary Press, 1977), 220을 보라. 이에 대한 뚜렷한 예외는 논쟁적인 정교회의 "개신교 총대주교"인 키릴 루카리스(1572-1638)의 신앙고백 9번과 13번이다. 루카리스에 대한 광범위한 참고문헌에 대해서는 캘리안의 *Theology without Boundaries*, 115-16과 그의 책 3장 전체를 보라.

구원적 주제들—양자로 받아들임 · 화해 · 구속 · 대속 · 희생 · 죄사함 · 승리자 그리스도Christus victor · 속죄propitiation · 구원deliverance—은 보완적이다. 그리스도 안에서 이루신 하나님의 구원의 경이를 이해하기 위해서 우리는 그것들을 확언할 필요가 있다.

셋째, 역사적 일반화가 어떤 사람들이 생각하는 것처럼 균형있고 명료한 것만은 아니다. 비록 서방교회가 테오시스를 주된 신학적 개념으로 명시적으로 수용하는 것은 아니지만, 신화라는 개념이 서방 전통에서 전적으로 배제되어 있는 것은 아니다. 어거스틴은 "하나님이 몸과 영혼을 받아들이셨는데, 이는 인간의 몸과 영혼이 축복받게 하기 위함이었다: 영혼은 그 분의 신성과 관련되고 몸은 그 분의 인성과 관련된다"라고 썼다.[17]

야로슬바브 펠리칸은 몇몇 중세의 라틴 신학자들에게서 테오시스에 대해 언급한 자료를 찾아내었다. 교회법 학자이자 신학자인 리게의 알거Alger of Liege, 1131-32와 독일의 주석학자인 도이츠의 루페르트Rupert of Deutz, 1075-1129는 그리스도의 인성을 "신화된 인간"이라고 칭했다. 가톨릭 개혁자인 피터 다미안Peter Damian, 1007-72은 베드로후서 1장 4절을 인용하면서 그리스도가 "우리로 하여금 그분의 신성에 참여할 수 있도록 하기 위하여 승천하셨다"라고 언급했다. 클레르보의 베르나르Bernard of Clairvaux, 1090-1153는 우리 자신을 하나님으로 채우는 데 대해서 쓰고 있다.[18] 나아가서 서방 교회는 그리스도와의 연합이라는 바울의 개념을 잘 발전시켰다. 예를 들면 칼빈은

---

17) Augustine, *Enchiridion* 26 (cited by Nicodemos of Athos, *Handbook of Spiritual Counsel* [New York: Paulist, 1989], 204)

18) Jaroslav Pelikan, *The Growth of Medieval Theology*, 600-1 300 (Chicago: University of Chicago Press, 1978), 152; idem, *Imago Dei: The Byzantine Apologia for Icons* (Princeton: Princeton University Press, 1990), 141.

『기독교 강요』 제3권 서두에서 이신칭의의 문제를 제기하기 전에 "성령의 신비한 에너지"를 통하여 신자가 그리스도와 접목되거나 결합되는 데 대해서 말하고 있다.

동방의 신학자들은 역으로 그리스도 안에서 누리는 우리의 구원을 묘사하면서 테오시스 이외의 성경적 주제들을 결합한다. 정교회에 있어서 테오시스의 주창자인 아타나시우스가 적절한 예가 될 것이다. 아타나시우스의 『말씀의 성육신에 대하여』에서 그리스도의 사역을 묘사하기 위해서 많은 성경적 주제들을 사용한다. 그 속에는 대속적 혹은 대리적 속죄, 죄 값을 지불함, 죽음과 사탄의 정복, 속죄, 그리고 희생 등의 개념이 포함된다. 사실상 아타나시우스는 테오시스의 고전적 위치를 자리매김하기 위해서 그리스도의 사역은 너무나 다양한 측면을 가지고 있기 때문에 그 분이 주신 다양하고 많은 유익을 세어 보려고 하는 것은 수없이 밀려오는 대양의 파도의 수를 세려는 것과 다를 바 없다고 선언했다.

"우리가 그리스도께서 이루신 모든 것을 몸 안에 취하려고 한다고 해도 그것은 불가능하다. 한번만 생각해 보아도 그것이 불가능하다는 것을 알게 된다. 왜냐하면 인간의 생각을 초월하는 것들은 언제나 인간이 이해했다고 생각하는 것들 이상이기 때문이다."[19]

그렇다면 우리는 동방신학자들이 테오시스를 주장할 뿐만 아니라 법률적 비유metaphor를 포함하여 구원을 위한 어떤 성경적 비유도 수용한다고 확언

---

19) Athanasius, *On the Incarnation* 8. 54.

할 수 있다. 그들은 그리스도의 사역은 어떤 단일한 비유로 축소될 수 없다는 것을 인정한다. 따라서 법률적 비유들은 진정 바울적이며 당연히 확신 있게 선포되어야 할 것이지만, 그것들이 지배적인 자리를 차지하도록 허용되어서는 안 되며 다른 많은 성경적 이미지들 중의 하나로 "재배치" 되어야 한다.[20]

개신교와 정교회의 신학자들은 모두 성경적 자료들은 그리스도의 사역을 수많은 다른 관점에서 제시하며, 또한 그것들 모두가 그리스도 안에서 누리는 우리의 구원에 대한 완전한 이해를 위해 필요하다는 것을 인정한다.[21]

그럼에도 불구하고 강조점의 차이는 현실적으로 존재한다. 서방교회는 어느 정도 발전된 테오시스의 개념을 결여하고 있고 구원의 개념을 법률적 범주 안에서 표현하는 경향이 있다. 동방교회는 신화의 개념을 선호하여 칭의의 개념을 무시한다. 동방은 성경 전체에서 이 신화의 개념을 발견하며 수백 년 동안 계속 이런 입장을 발전시켜 왔다.

---

20) Vladimir Lossky, *Orthodox Theology: An Introduction* (Crestwood, N.Y.: St. vladimir's Seminary Press, 1978), 111. 또한 *Image and Likeness*, 100-103에서 그와 유사한 그의 입장을 보라. 그리스도의 사역을 선지자, 사제, 왕이라는 전통적인 범주로 취급하는 카미리스는 심지어 테오시스를 지나치게 강조한다: "헬라 교부들은 결코 구세주의 구속 사역의 다른 중요한 측면들을 무시하지 않는다"(*Synopsis*, 70 n. 33).Cf. Dumitru Stamoolis, *Theology and the Church* (Crestwood, N.Y.: St. Vladimir's Seminary Press, 1980), 183.

21) Vladimir Lossky, *The Mystical Theology of the Eastern Church* (Crestwood, N.Y.: St. Vladimir's Seminary Press, 1976), 151-55; idem, *Image and Likeness*, 100; Chrestou, *Parkers of God*, 42; Mantzaridis, Deification, 27; Stamoolis, *Orthodox Mission Theology*, 9; Sergius Bulgakov, *The Orthodox Church*, rev. ed. (Crestwood, N.Y.: St. Vladimir's Seminary Press, 1988), 107-9.

테오시스에 대한 성경적 · 역사적 증거

정교회의 전통에 따르면 성경은 테오시스*theosis*에 대해서 광범위하게 말하고 있으며, 따라서 우리도 이 사실을 받아들여야 한다. 가장 직접적으로 이 개념을 나타내고 있는 구절은 베드로후서 1장 4절과 시편 82장 6절(요 10: 34-35)이다. 이 본문들이 문맥에서 벗어난 것이라거나 그 교리를 성경의 본문들의 배열에서 발견한다는 것이 설득력이 없는 것이라는 반대가 있다 할지라도 정교회 신학자들은 거의 개의치 않는다. 진정한 주해는 본문의 문자적 의미를 넘어서, 혹은 그 이면의 숨겨진 의미를 찾아내려고 노력하는 것이다.[22] 성경의 문자 자체에만 집착하는 것은 감각과 육체에 대해 집착하는 것에 불과하다.[23] 비록 부주의한 풍유화가 "성경을 죽일" 수 있지만, 진정한 주해자는 언제나 하나님의 말씀에 대한 "영적 해석"을 추구한다.[24]

나아가서 교부들의 전통은 그 문제에 대해서 명확하게 말하고 있기 때문에 테오시스 교리의 성경적 타당성은 정교회에 있어 토론의 여지가 없다. 사실 동방 신학자들은 신화의 교리에 대한 성경적 증거를 제시하는 광범위한 연도litany를 주장한다. 그들은 인간의 하나님과의 "유기적 연합"이 바울과

---

22) Mark the Ascetic, *On the Spiritual Law: Two Hundred Texts* 26 (in *Philokalia*, 1:112). Maximus the Confessor, *Two Hundred Texts on Theology* 2.75 (in *Philokalia*, 2:156)도 보라.

23) Maximus the Confessor, *Various Texts on Theology* 4. 76 (in *Philokalia*, 2:254). 분명한 역사적 이야기를 영적 의미로 해석한 예로 Neilos the Ascetic, *Ascetic Discourse* (in *Philokalia*, 1:210)를 보라.

24) Peter of Damascus, *Twenty-four Discourses* 12, 23 (in *Philokalia*, 3:248, 267). 풍유화의 부정적인 영향에 대해서는 Peter of Damascus, *A Treasury of Divine Knowledge*(in *Philokalia*, 3: 144)를 보라. 성경에 대한 영적 해석에 대해서는 Bradley Nassif, "Antiochene Theoria in John Chrtsostom's Exegesis" Ph. D. diss., Fordam University, 1991을 보라.

요한 두 사람의 지속적인 주제라고 생각한다. 정교회에 따르면 테오시스는 베드로후서 1장 4절과 요한복음 10장 34-35절의 두 명백한 구절 이외의 "확고한 성경적 근거"를 가지고 있다.[25]

불타는 떨기나무 속에서 하나님을 만난 모세는 "바로에게 신과 같은 존재"(출 7:1)가 되었다. 후에 모세는 시내산의 연기 자욱한 흠암 속에서 하나님을 만났는데, 그 때 그의 얼굴은 변형되어 환하게 빛이 났다(출 34:30).[26] 베드로가 변화산에서 예수님의 변화된 얼굴에서 나오는 밝은 빛을 경험하게 된 사건은(마 17:1-8) 모세가 시내산에서 변화된 사건과 병행되는 것으로서 오늘날 우리가 "신의 밝은 빛에 참여하게 되는" 패러다임이 된다.[27] 이런 점에서 흔히 인용되는 두 구절이 고린도후서 8장 9절과 히브리서 4장 15절이다. 5세기초에 활동한 금욕자 마크Mark, 5세기초는 이 구절을 주석하면서 다음과 같이 썼다.

"그리스도가 우리와 같은 존재가 되셨다. 그럼으로써 우리는 그 분과 같이 될 수 있게 되었다. 로고스가 인간이 되셨는데, 이는 인간이 로고스가 될 수 있게 하기 위함이었다. 부요하신 그 분이 우리를 위하여 가난하게 되셨는데, 이는 그 분의 가난을 통해서 우리가 부요케 되게 하기 위함이었다. 인간을 향한 위대한 사랑 속에서 그 분이 우리와 같이 되셨다. 이로써 우리가 모든 면에서 그 분을 닮아갈 수 있게 하셨다."[28]

---

25) Ware, *Orthodox Church*, 236-37.

26) Hesychios the Priest, *On Watchfulness and Holiness* 139 (in *Philokalia*, 1:186).

27) Macarios of Philadelphia (in Nicodemos, *Handbook*, 224).

28) Mark the Ascetic, *Letter to Nicolas the Solitary* (in *Philokalia*, 1:155).

요한의 저술들은 전체적으로 테오시스를 특별히 풍부하게 증거한다(요 3:8; 14:21-23; 15:4-8; 17:21-23; 요일 3:2; 4:12). 신학자 요한John the Theologian 및 그가 우리와 하나님과의 연합에 대해서 언급한 많은 구절들에 대해서 주석한 다마스커스의 피터는 그리스도의 권위에 대해서 호소한다.

"우리는 은혜로 말미암아 양자로 맞아들여짐으로써 신들이" 되었다. 그리고 치우침이 없이 냉정한 상태가 된 후 "우리는 그리스도께서 말씀하신 바와 같이 우리.자신 속에 하나님을 모시고 있는 것이다."[29]

이집트인 마카리우스와 요한 크리소스톰은 고린도전서 6장 17절의 결혼 비유를 "말로 형언할 수 없는 연합 안에서 우리의 영혼이 하나님과 결합되는" 영적 결혼에 대한 말씀으로 해석한다.[30]

110년경 장로 일리아스Ilias the Presbyter는 우리가 남성과 여성의 차이를 초월할 수 있게 되는 것은 테오시스를 통해서 우리가 신의 형상을 획득할 때라고 했다(갈 3:28).[31] 사도 바울은 우리가 하나님을 따라서 창조되었고 하나님을 본받는 자가 되었다고 말했다(엡 4:24; 5:1).

---

29) Peter of Damascus *Treasury* (in *Philokalia*, 3:79); Nicodemos, *Handbook*, 186도 보라. 다른 성경의 본문에 대한 교부적 자료들에 대해서는 Maximus the Confessor, *Various Texts on Theology* 1.42; Theodoros the Great Ascetic, *A Century of Spiritual Texts* 9 (in *Philokalia*, 2:35, 173); *Symeon the New Theologian: The Discourses* (New York: Paulist, 1980), 195, 350을 보라.

30) Chrysostom, *Homilies on Ephesians* 20 (Eph. 5:22-33); Macarius of Egypt, *Makarian Homilies* 4.67, 6.124 (in *Philokalia*, 3:314, 330).

31) Ilias the Presbyter, *Gnomic Anthology* 3. 25 (in *Philokalia*, 3:50).

고백자 막시무스와 신 신학자 시므온은 이 점에서 특히 주목할 가치가 있는 대상이다. 왜냐하면 그들은 테오시스의 개념이 성경에서 뚜렷이 발견되는 주제라고 믿는 정교회 신앙의 깊이와 넓이를 예시해 주기 때문이다. 막시무스는 거의 모든 곳에서 테오시스의 개념을 발견한다.

> "주기도문의 목적은 신성화의 신비를 지적해 주기 위함이었다. 세례는 '생명을 주시고 신화시키시는 삼위일체의 이름으로 행해진다.' 갈릴리 가나의 혼인 잔치에서 손님들은…그 집 주인이 '이제까지 좋은 포도주를 남겨 두었다'고 말했는데, 그것은 하나님의 말씀, 즉 마지막을 위해서 아껴 둔 것으로서 인간을 신화시키는 말씀을 지칭한 것이었다. '그 신학자', 즉 사도 요한의 편지들에서 그것은 우리가 어떤 존재가 될 것인가를 나타내는 것 같다고 했을 때, 그것은 '지금 하나님의 자녀가 된 사람들이 미래에 누리게 될 신성화'에 대한 언급이었다. 사도 바울이 성도들의 '부요함'에 대해서 말한 것도 또한 신성화를 의미하는 것이었다."[32]

신 신학자 시므온은 그가 테오시스의 교리를 해설할 때 이미 언급한 구절들뿐만 아니라 다른 성경적 본문들의 광범위한 배열에 호소한다(예를 들면 고전 6:15; 골 3:1; 딛 2:13).[33]

우리는 이러한 성경적 본문들에 수세기를 통해서 내려온 정교회의 성만찬적 삶과 신학적 문헌의 역사적 증거를 첨가할 수 있는데, 양자 모두 계속해서 구원을 신화divinization로 규정한다. 테오시스는 "모든 시대의 교부들과

---

32) Pelikan, *Spirit*, 10.
33) *Symeon the New Theologian: The Discourses*, 207, 336, 361.

신학자들의 작품에서 반향된다."³⁴⁾ 우리는 이미 지적된 이름들 이외에 신화에 대한 다른 중요한 역사적 증거를 간단히 언급할 수 있는데, 이로써 우리는 동방의 신학에서 신화의 교리는 거의 모든 곳에서 드러나고 있다는 인상을 갖게 된다.

테오시스에 대한 최초의 언급은 이레니우스와 오리겐의 작품에서 나타나는데, 이 두 사람의 글에서 아타나시우스적 경구를 미리 발견하게 된다("하나님이 인간이 되셨기 때문에 인간이 신이 될 수 있다"). 이레니우스는 "만일 말씀이 인간이 되었다면, 그것은 곧 인간이 신이 될 수 있다는 것을 의미한다"라고 말했다. 오리겐은 우리가 물질적 영역을 초월할 때 하나님에 대한 관상이 "적절한 완성"에로 이끌려진다. 말하자면 영이 "관상에 의해서 신화된다."³⁵⁾

카파도키아 교부들도 모두 이 주제를 계속 탐구한다. 바실은 그의 뛰어난 저서 『성령에 관하여』의 서두에서 "우리를 부르신 목적은 우리로 하여금 하나님처럼 되도록 하는 것"이라고 주장한다. 그는 테오시스의 경험을 성령의 역사로 돌리고 있다. 그에 의하면 성령은 "본질상 하나님이시므로…본질상 변화될 수밖에 없는 속성을 지닌 사람들을 은혜로 신화시키신다."³⁶⁾

닛사의 그레고리는 "하나님은 자신을 우리의 본성에 연합시키셨는데, 이

---

34) Lossky, *Mystical Theology*, 134.

35) Irenaeus, *Against Heresies* 5, preface; see also 4.2, 5; Origen, *On First Principles* 3.6.3 (cited by Vladimir Lossky, *The Vision of God* [Crestwood, N.Y.: St. Vladimir's Seminary Press, 1963], 42, 61-62).

36) Basil, *On the Holy Spirit* 1.2; *Against Eunomius* 3.5.

는 우리의 본성이 하나님과의 연합으로 인해 신화되기 위함이다."[37] 나지안주스의 그레고리도 아타나시우스의 경구를 반향하고 있다: 하나님께서 성육신하셨기 때문에 인간이 "신성화"endivinized 되었다. 그리스도께서 참된 인간이 되신 만큼이나 우리도 신과 같은 존재가 된다.[38]

5세기의 가장 중요한 신학자들 중의 한 사람인 알렉산드리아의 키릴(376-444)은 베드로후서 1장 4절을 주석하면서 우리 모두가 신성에 참여하도록 부름 받았다고 지적했다. 비록 예수 그리스도만이 본성상 하나님이시지만 모든 사람들이 "참여"에 의해서 하나님이 되도록 부름 받았다.

그같은 참여를 통해서 우리는 그리스도와 같은 존재가 되고 성부 하나님의 완전한 형상을 닮게 된다.[39] 8세기에 다마스커스의 요한은 사람이 창조된 목적은 신화되기 위함이며 그리스도의 사역은 우리 안에서 그 분의 형상이 회복될 수 있다는 것이며, 그럼으로써 "신의 성품에 참여할" 수 있게 된다고 했다.[40]

콘스탄티노플에서 교수 생활을 했던 프셀루스Psellus는 영혼이 하나님을 닮았다는 것은 궁극적으로 "인간이 인간이 될 수 있다"는 것을 의미한다고 말했다. 그 이전의 많은 사람들처럼 프셀루스는 '하나님이 인간이 되셨기 때문

---

37) Gregory of Nyssa, *Oratio Catechetica* 25; Lossky, *Vision*, 80; Nicholas Arseniev, *Mysticism and the Eastern Church* (Crestwood, N.Y.: St. Vladimir's Seminary Press, 1979), 26.

38) Gregory of Nazianzus, *Poem. dogma* 10.5-9 (in Lossky, *Mystical Theology*, 134); *Epistle* 101 (to Cledonius) (in Karmiris, *Synopsis*, 70 n. 31); and "Third Theological Oration" 19 (*Oration* 29).

39) Lossky, *Vision*, 98을 보라.

40) John of Damascus, *Exposition of the Orthodox Faith* 4.4; 2.12; 3.18, 20도 보라

에 인간이 하나님이 될 수 있다'라는 표준적 신앙고백에 호소했다.[41] 니콜라스 모토빌로프Nicholas Motovilov의 감동적인 기술에 따르면 러시아의 수도사 세라핌 사로프Seraphim Sarov, 1759-1833는 테오시스의 교리를 해설할 뿐만 아니라 테오시스를 충만하게 경험했다고 한다.[42]

정교회의 예전적 삶이 테오시스의 교리를 표현하고 있다는 것은 동방교회의 전통에서 그 교리가 지니고 있는 중요성을 증언해 주는 또 다른 예이다. 교리와 믿음lex credendi 뿐만 아니라 예배와 기도lex orandi가 신화의 이상을 선포한다. 교회는 성 목요일의 아침기도에서 "그리스도께서 말씀하시기를 나의 나라에서 나는 하나님이 되고 너희는 신이 되리라고 하신다"라는 말씀의 규칙을 암송한다.[43] 헬라어와 시리아어로 현존하고 있는 고대 성 제임스Saint James, 450년경 사망의 기도서는 다음과 같이 선포한다.

"오 주여, 당신은 당신의 신성을 우리의 인간성과, 우리의 인간성을 당신의 신성과, 당신의 영원한 생명을 우리의 죽을 목숨과, 우리의 죽을 목숨을 당신의 영원한 생명과 연합시키셨습니다. 우리 영혼에 생명과 구원을 주기 위해서 당신은 우리의 운명을 받아들이셨고, 우리에게는 당신의 것을 주셨습니다. 영원히 당신께 영광을 돌리나이다."[44]

---

41) Psellus, *Omnifarious Doctrine* 71; *Oration on the Salutation to Mary* 2 (cited by Pelikan, *Spirit*, 247).

42) 세라핌의 신화가 초래한 육체적 영향에 대해서는 Ware, *Orthodox Church*, 130-32를 보라.

43) Ode 4, *Troparion* 3; Ware, *Orthodox Church*, 236을 보라.

44) Quoted in Arseniev, *Mysticism*, 148.

4세기의 기독교 시인인 시리아인 에프렘Ephrem the Syrian의 찬송가는 기도문에 합창을 첨가하고 있다. 에프렘이 시리아어로 찬송가를 썼으며 헬라어를 알지 못했을 것임을 고려해보면, 그의 찬송가는 정교회의 테오시스 교리가 헬라 철학을 애매하게 모방한 것에 불과하다는 일반적인 비판을 반박하는 중요한 근거가 된다. 그에 따르면 아담과 하와는 "그들은 인간성 안에 신성을 획득했을 것이다"라는 신적 명령을 범한 것은 아니었다(창세기 주석). 어느 니시빈Nisibine 찬송가에서 그는 다음과 같이 쓰고 있다.

> 지고하신 분은 아담이 신이 되기를 원했다는 것을 아셨다.
> 그래서 그 분은 자신의 아들을 보내사
> 아담의 모양으로 나타나셨는데
> 이는 그의 소망을 만족시켜 주기 위함이었다.

에프렘의 시 "동정녀에 관하여"에는 다음과 같은 내용이 있다.

> 신성이 흘러내려 하강하셨다
> 인간을 끌어올려 당기려고
> 성자가 추한 종의 몸을 아름답게 만드셨다.
> 그러자 그가 갈망하던 대로 그 종이 신이 되었다.

아타나시우스가 테오시스의 명확한 경구를 제공한 것으로 전형적으로 인정받고 있는 반면, 시리아인 에프렘 역시 그 못지 않게 경구를 제시했다.

> 그는 우리에게 신성을 주었고
> 우리는 그에게 인성을 주었다.[45]

테오시스를 정의함

그러나 "신화된다"divinized 혹은 "신이 된다"become god라는 말은 정확히 무엇을 의미하는가? 정교회는 테오시스를 정의하는 과정에서 두 가지에 주의하고서 시작하라고 경고한다.

첫째, 우리는 정교회가 아포파틱 신학을 선호한다는 사실을 기억하면서 너무 어렵거나 우리의 능력의 한계를 넘은 것을 조사하려는 시도를 해서는 안 된다. 그 대신 우리는 하나님께서 알려 주시지 않은 일을 캐내려고 애쓰지 말고 우리에게 주어진 것만 숙고해야 한다. 왜냐하면 우리는 숨겨져 있는 것을 필요로 하지 않기 때문이다"(집회서 3:21-22). 테오시스가는 궁극적으로 신비이기 때문에 그것을 정의할 때 신중해야 한다. 어떤 의미에서 테오시스는 분석을 거부한다. 이집트인 마카리우스는 신화가 "미묘하고 심오한 것"이라고 말했다.[46] 그러나 그 주제를 다루기 위해서 한 편의 작품 전체를 할애한 그레고리 팔라마스는 형용할 수 없는 것을 묘사하기를 주저했다.

> "우리는 고요에 대해서 상세히 써 왔지만 신화에 관해서 글을 쓰려고 시도하지는 않았다. 그러나 지금은 말해야 할 필요가 있기 때문에 비록 우리의 능

---

45) Ephrem the Syrian, in *Hymns on Paradise*, trans. Sebastian Brock (Crestwood, N.Y.: St. Vladimir's Seminary Press, 1990), 72-74.

46) Macarius of Egypt, *Makarian Homilies* 4.67 (in *Philokalia*, 3:314).

력으로 그것을 묘사하는 것이 벅차지만 주님의 은혜를 힘입어 공손한 마음으로 우리는 말할 것이다. 하지만 그에 대해서 말했을 때에도 신화는 여전히 언급할 수 없는 대상으로 남아 있다: 교부들이 말한 것 같이 신화는 오직 그것으로 축복을 입은 사람만에 의해서 정의될 수 있다."[47]

고백자 막시무스는 신성과의 연합은 "그 본질상 인지되거나 상상되거나 표현될 수 없다"[48]라고 주장했다.

둘째, 고대와 현대를 포함해서 모든 동방 신학자들은 범신론적 형태를 일심으로, 그리고 단호하게 거부한다. "신이 된다"라는 것이 무엇을 의미하든지 간에 인간 본성의 핵심은 상실되지 않는다. 이런 점에서 인간의 테오시스는 절대적인 변형이라기보다는 상대적인 것이다. 신자와 하나님과의 실질적이며 진정한 연합이 존재하는 것이 사실이다. 그러나 그것은 인간 본성의 고결성이 훼손되는 문자적인 병합이나 혼동을 의미하는 것은 아니다. 정교회는 인간이 하나님의 본질 혹은 본성에 참여할 수 있다는 개념을 일관되게 거부해 왔다. 오히려 우리는 본질상 뚜렷하게 인간으로 남는다. 그러나 우리는 또한 신적인 에너지나 은혜에 의해서 하나님 안에 참여한다. 심지어 우리가 신화된 순간에도 어떤 면에서든 우리의 인간성이 축소되거나 파괴되지 않는다.

따라서 막시무스는 말하기를 "인간이 은혜에 의해서 신화될 때, 그는 본질ousia 안에서의 정체성을 제외하고는 모든 면에서 하나님과 같이 된다"라

---

47) Gregory Palamas, *Defense of the Holy Hesychasts* 3.1. 32 (in Mantzaridis, *Deification* 127).

48) Maximus the Confessor, *Various Texts on Theology* 4.19 (in *Philokalia*, 2:240).

고 했다. 로고스가 인간이 되시고 우리를 신화시켰을 때 "그 본질적 본성이 아니라 그 본성의 질quality 안에서" 인간의 본성을 변화시키셨다.[49] 시나이의 아나스타시우스(7세기)는 테오시스를 정의하면서 동일한 구별을 해야 한다고 주장한다.

"테오시스는 더 나쁜 것에로의 축소가 아니고, 우리 인간 본성의 근본적인 변화도 아니며, 더 좋은 것으로의 향상이다. …하나님께 속한 것은 그 고유한 본성은 변화되지 않은 채 더 큰 영광에로 들려 올려진다."[50]

다마스커스의 요한은 "인간은 신적 존재로의 변화되는 영광에 참여하는 것이 아니라 신적 영광에 참여하는 방식으로 신화된다"[51]라고 말한다. 마카리우스도 피조물과 창조주와의 구별을 보호하기 위해서 주의한다. 심지어 우리가 은혜로 신화될 때에도 "베드로는 베드로이고, 바울은 바울이며, 빌립은 빌립이다. 각 사람은 그의 고유한 본성과 개인적 정체성을 보유한다. 그러나 그들은 각자 성령으로 충만해진다."[52]

---

49) Maximus the Confessor, *Book of Ambiguities* 41 (cited by Pelikan, *Spirit*, 267; *Various Texts on Theology* 2. 26 (in Philokalia, 2:193).

50) Anastasius of Sinai, *Concerning the Word* (in Stavropoulos, *Partakers of Divine Nature*, 19). John of Damascus, *Exposition of the Orthodox Faith* 2.12

51) John of Damascus, *Exposition of the Orthodox Faith* 2.12.

52) Macarius of Egypt, *Makarian Homilies* (in Timothy Ware, *The Orthodox Way* [Crestwood, ed, N.Y.: St. Vladimir's Seminary Press, 1990], 168). Ware, *Orthodox Way*, 237; Mantzaridis, *Deification*, 9, 58; Karmiris, *Synopsis*, 60; Lossky, *Mystical Theology*, 87; Stavropoulos, *Partakers of Divine Nature*, 59; Meyendorff, *Byzantine Theology*, 38-39, 163-64 등을 보라.

동의어와 유비

이 두 가지 거부 사항을 마음에 명심하고서 정교회 신학자들이 구원의 신비를 설명하기 위해서 사용하는 다양한 동의어와 유비들을 살펴봄으로써 보다 구체적으로 테오시스의 정의를 내릴 수 있다. 교부들의 어휘 속에서 테오시스는 많은 관련된 단어들로서 묘사될 수 있다. 그것은 변형 · 연합 · 참여 · 동참 · 혼합 · 향상 · 침투 · 변성 · 혼성 · 융화 · 재통합 · 입양 혹은 재창조이다. 신성화는 우리가 그리스도와 한데 얽힘 · 신성의 유입, 혹은 하나님과의 유사성의 획득 등의 의미를 내포한다. 나는 이러한 동의어를 『필로칼리아』에서 취해 왔다.[53]

테오시스에 대한 가장 적절한 유비는 하나님의 성육신이다. 막시무스의 의하면 하나님과 인간은 "서로 서로의 본보기"이다. 하나님이 성육신하신 것처럼 인간은 "신성 안으로의 유입"endivinized을 경험했다. 그러나 헬라의 교부들은 이 유비를 그리스도에게 적용하면서 방금 전에 강조한 바와 같이 하나님과 인간 사이의 구별을 유지하기 위해서 주의했다. 우리와 하나님과의 연합은 그리스도의 두 본성의 연합에서 보는 바와 같은 위격적인hypostatic 연합이 아니며, 삼위일체의 세 위격 간의 관계에서 보는 것과 같은 실재의 연합도 아니다. 테오시스에서 하나님은 그 분이 "인간적 본성을 신적 본성으로 변화시키지 않은 채 그의 본성을 신화시키신다는 점을 제외한다면, 하나님 자신이 인간이 되신 것과 동일한 정도로 인간을 신으로 만드신다."[54]

---

53) C. Kern, "Homotheos et synonyms dans la littérature byzantine, in 1054-1954," in *L'Eglise et les Eglises* (Edition de Chevetogne, vol. 2) (cited by Karmiris, *Synopsis*, 70) 을 보라.

54) Maximus the Confessor, *Various Texts on Theology* 1.62 (in *Philokalia*, 2:177-78).

따라서 팔라마스는 "비록 로고스와 육체는 어느 쪽도 고유한 본성을 포기하지 않지만, 로고스는 육체가 되었고, 육체는 로고스가 되었다."[55]

마카리우스와 크리스스톰은 테오시스를 정의하기 위해서 결혼의 유비를 사용한다. 두 사람이 한 몸으로 결합함에도 불구하고 각기 자신의 고결한 독립적 정체성을 유지하고 서로 하나의 존재를 함께 나누며 모든 것을 공동으로 소유하는 것과 같이, 신자는 "형언할 수 없는 친교" 안에서 하나님께 결합된다(고전 6:15-17). 막시무스는 이 테오시스를 "에로틱한 연합"이라고까지 부르기도 한다.[56] 그는 테오시스를 제8일의 창조—"가치 있다고 발견된 것들을 신화의 상태로 치환하거나 변형함"[57]—에 비유한다.

다른 곳에서 요한 크리소스톰은 하나님과 우리의 연합을 밀 이삭에 비유한다: "많은 이삭들이 연합됨으로써 빵이 만들어지는 것은, 비록 이삭들이 그 곳에 있어도 서로 구별되지 않게 하기 위함이다. 이는 그 이삭들이 접착된 상태에서 차이점이 뚜렷이 드러나지 않게 되기 때문이다. 우리도 마찬가지로 서로 서로에 대해서, 그리고 그리스도에 대해서 함께 결합되어 있는 것이다."

알렉산드리아의 키릴은 우리의 그리스도에 대한 참여를 밀납과 밀납의 결합, 효모가 밀가루 반죽 안에 침투해 들어가는 것, 불에 의해 뜨겁게 달아오

---

55) Mantzaridis, *Deification*, 29을 인용함. Lossky, *Mystical Theology*, 87; Ware, *Orthodox Church*, 236; *Symeon the New Theologian: The Discourses*, 350을 보라.

56) Maximus the Confessor, *Various Texts on Theology* 3.30 (in *Philokalia*, 2:216). 다음을 보라: Chrysostom, *Homilies on Ephesians* 20 (Eph. 5:22-33); Macarius of Egypt, *Makarian Homilies* 124 (in *Philokalia*, 3:340).

57) Maximus the Confessor, *Two Hundred Texts on Theology* 1.54-55 (in *Philokalia* 2:125). 제8일의 창조에 대해서는 알렉산더 쉐메만의 *Introduction to Liturgical Theology* (Crestwood, N.Y.: St. Vladimir's Seminary Press, 1986), 77ff.를 보라.

른 쇠 등에 비유했다.[58]

타락으로부터 불멸까지

보다 구체적으로 헬라적 전통에서 테오시스는 신자가 타락과 죽음에 처한 운명의 상태에서부터 더 이상 타락하지 않고 불멸의 상태로 옮겨지는 것을 상징한다. 여기서 다시 동방의 전통이 서방 전통과 상이한 강조점을 가지고 있음이 드러난다. 어거스틴의 전통에서와는 달리 동방 교부들이 볼 때 모든 사람이 아담의 타락이 초래한 비극을 죄로서 상속하는 것이 아니다. 그들은 확실히 주장하기를 모든 사람이 죄인이며 타락은 무엇과도 비교할 수 없는 재난이라고 한다. 그러나 우리는 모두 자유롭게 죄를 범하며, 우리 자신의 죄에 대한 개인적 책임을 가지고 있다. 우리는 아담 안에서 죄보다는 죽음, 필멸성, 그리고 타락을 상속했다. 예루살렘의 키릴은 "첫 사람이 우주적인 죽음을 가져왔다"라고 썼다. 대 바실은 죄가 우리의 자유의지 안에서 기원한다고 주장했다.

> "당신 자신 밖에서 악을 추구하거나 근원적으로 악한 본성이 존재한다고 상상하지 말라.…우리가 인정해야 할 것은 우리 각자는 자신의 죄를 최초로 실행한 사람이라는 것이다."[59]

---

58) 밀납, 일, 효모, 쇠 등의 유비에 관해서는 Stavropoulos, *Partakers Divine Nature*, 59, 62-63를 보라. Cf. Lossky, *Vision*, 98.

59) Cyril of Jerusalem, *Catechesis* 13.2; Basil, *That God Is Not Responsible for Evil* 8 (cited by Karmiris, *Synopsis*, 33-34).

파나기오테스 크레스투Panagiotes Chrestou는 이 중요한 구별점을 정교하게 제시한다.

"아담의 후손들은 그의 본성과 연약성을 포함해서 그의 전체성을 상속한다. 그들은 서방의 성 어거스틴이 가르친 것처럼 아담의 죄를 상속하지 않는다. 왜냐하면 헬라 교부들의 관점에 따르면 죄는 개인적인 문제이기 때문이다. 아담과 하와는 한쪽 편에서 그리고 그들의 후손들은 다른 편에서 그와 같은 방식으로 서로 침투해 들어가기 때문에 모든 사람은 출생하면서부터 아담과 하와를 부패하게 만든 본성을 갖게 된다.…이런 방식으로 인간이 생명에 이르는 길에서 죽음에 이르는 길로 타락하지 않은 상태에서 타락패의 상태로 떨어져 온 것이다."[60]

시나이의 아나스타시우스는 "우리는 아담의 타락을 상속한 후손들이다. 그러나 우리는 신의 법을 범한 아담의 불순종 때문에 벌을 받는 것은 아니다. 오히려 아담이 필멸의 운명에 처해지고 죄가 그의 후손 안에 들어오게 되었다. 우리는 그로부터 필멸의 운명을 받았다.…아담의 범죄에 대한 일반적인 처벌은 타락과 죽음이다"[61]라고 했다.

테오시스에서 하나님께서 하시는 일은 죽음에 대한 생명의 승리를 의미한다. 신 신학자 시므온과 아타나시우스가 이를 전형적으로 묘사했다. 성령께서는 우리에게 다가오실 때 "우리를 거듭나게 하시고 [또한 우리를] 타락한

---

60) Chrestou, *Partakers of God*, 28. Pelikan, *Spirit*, 260; Mantzaridis, *Deification* 25, 46; Ware, *Orthodox Church*, 228-29를 보라.

61) Anastasius of Sinai, *Questions and Answers on Various Chapters* 143 (cited by Karmiris, *Synopsis*, 36).

상태로부터 타락하지 않은 상태로, 필멸의 운명으로부터 불멸의 운명으로, 은혜로 말미암아 인간의 아들로부터 양자로 맞아 주심으로 인해서 하나님 및 신의 아들로 변화시켜 주신다."[62] 테오시스를 의미하는 『말씀의 성육신에 관하여』의 두 구절에서 아타나시우스는 그것을 타락하지 않은 상태를 의미하는 것이라고 정의한다. 그는 본성상 우리는 하나님을 닮도록 만들어졌으며, 우리가 이 닮은 상태를 유지한다면 우리의 부패한 본성이 힘을 잃게 되며 우리는 부패하지 않은 상태를 획득하게 된다고 말한다. "부패하지 않은 상태가 될 때 우리는 성경에서 '내가 말하기를 너희는 신들이며 다 지존자의 아들들이라 하였다'(시 82:6)라고 말씀하신 것과 같이 하나님과 같이 될 것이다. 그리스도의 죽음을 통해서 죽음 없음이 선포되었다. 그리고 그 분이 수치 받으심을 인해서 우리는 불멸성을 상속한다."[63]

형상으로부터 닮음으로

동방 교부들은 테오시스를 신의 형상으로부터 신을 닮음으로의 움직임으로 정의한다. 많은 정교회 신학자들이 이렇게 구별한다. 포티케의 디아도코스, 막시무스, 다마스커스의 요한, 팔라마스 등 교부들은 모든 사람이 신적인 형상을 따라 지어진 것은 사실이지만 소수의 사람들만이 왜곡된 형상으로부터 신을 닮은 상태로의 변형을 획득할 수 있다고 보았다.[64] 말하자면 우

---

62) *Symeon the New Theologian: The Discourses*, 337.

63) Athanasius, *On the Incarnation* 1.4; 8.54.

64) Diadochos of Photiki, *On Spiritual Knowledge* 4, 78, 89; Maximus the Confessor, *Four Hundred Texts on Love* 3.24-27; idem, *Two Hundred Texts on Theology* 1.13; John of

리는 모두 신의 형상을 본성상을 소유한다. 그러나 오직 몇몇 사람만 각성 vigilance을 통해서 신을 닮을 수 있다.

하나님의 형상은 모든 사람의 공통된 자산으로서 창조된 모든 사람의 인간적 본성 속에 내재한다(창 1:26-27). 하나님의 형상이란 인간이 자유 선택을 할 수 있는 합리성과 능력을 말한다.

반면에 하나님을 닮았다는 것은 하나님의 은혜와의 자유로운 협동을 요구하는 하나님과의 잠재적인 유사성을 의미한다. 하나님의 형상이란 그 분을 닮아갈 수 있는 잠재성을 말하고, 닮았다는 것은 형상의 실현을 의미한다.[65] 형상은 정태적인 것인 데 반해 닮음은 역동적이다. 우리가 하나님의 은혜와 협동할 때 그 분이 우리 안에 있는 왜곡된 형상을 새롭게 하심으로써 우리가 그 분을 닮고, 결과적으로 하나님과 같이 되도록 하신다.

바실은 "하나님의 형상이 우리의 본성 속에 주어졌다. 그것은 불변하는 것이다. 그것은 처음부터 끝까지 남아 있다. 반면에 우리는 협동과 자의적 결정을 통해서 하나님을 닮는 것을 성취할 수 있다. [그것은] 우리 속에 잠재적으로 존재한다. 그리고 그것은 선한 삶과 탁월한 행동을 통해서 활력을 얻는다"[66]라고 주장했다.

닛사의 그레고리는 "우리는 이성적이 됨으로써 하나님의 형상을 소유한

Damascus, *On the Virtues and the Vices*; Abba Philemon, *Discourse* (all in *Philokalia*, 253, 280, 288; 2:87, 116, 341, 350, 354).

65) Chrestou, *Partakers of God*, 20-2 1; Stavropoulos, *Partakers of Divine Nature*, 25; Mantzaridis, *Deification*, 21. 존 힉은 이러한 구별을 승인하는 현대의 개신교도 중 한 사람이다. 그의 책 *Evil and the God of Love*, new. ed. of 2d rev. ed. (New York: Macmilian, 1985)를 보라.

66) Basil, *On the Creation of Man* (cited by Karmiris, *Synopsis*, 29).

다. [우리는] 덕을 획득함으로써 하나님의 모습을 닮아간다. 창조시에 나는 형상을 가지고 있다. 그러나 나는 나의 자유의지를 행사함으로써 하나님을 닮아간다"[67]고 했다.

우리가 은혜와 모방에 의해서 하나님의 형상으로부터 하나님을 닮아가는 변화의 과정을 겪을 때 우리는 이 땅의 하나님이 된다. 우리는 본성과 본질상 하나님만이 소유하고 있는 많은 완전성을 은혜로 반영해서 가지고 있다. 우리의 본성이 형상으로부터 닮음으로 변형되는 과정에서 우리는 신화된다 (시 82:6).[68] 구원이란 "구원받은 자의 신화에 의하지 않고는 불가능한 것이며, 신화는 하나님을 닮고 그 분과 연합되는 것이다"라고 위-디오니시우스는 말했다.[69] 이레니우스는 인간의 곤경과 말씀의 성육신 및 형상으로부터 닮음으로 이동하는 과정을 통한 해결책을 다음과 같이 요약한다.

"하나님의 말씀이 인간이 되셔서 자신을 인간 속에, 그리고 인간을 자신 속에 동화시키셨다. 이리하여 인간이 성자를 닮음으로써 인간이 성부께 존귀한 자가 되도록 하셨다. 과거 오랜 세월 동안 인간이 하나님의 형상을 따라 창조되었다고 말해졌다. 그러나 그 형상은 실제로 보이지는 않았다. 왜냐하면 인간이 말씀의 형상을 따라 창조되었지만 아직 말씀을 볼 수 없었기 때문이다. 그러므로 인간도 하나님을 닮은 모습을 잃어버렸다. 그러나 하나님의 말씀이 육신이 되셨을 때 그 분은 이 두 가지 모두를 보장해 주셨다: 그 분은 자신의 형상을 그대로 보여주셨다. 그리고 보이는 말씀에 의해서 인간을 보이지 않는

---

67) Quoted in Nicodemos, *Handbook*, 219.

68) Nicodemos, *Handbook*, 219.

69) Nicodemos, *Handbook*, 219에 인용됨.

하나님께 동화시킴으로써 그 분은 확실하게 하나님과의 유사성을 재확립하셨다."[70]

이러한 하나님과의 동화 속에서 사람들은 자연으로부터 은혜로, 신의 형상으로부터 신을 닮음으로, 죄로부터 신화를 통한 구원으로 움직인다.

테오시스의 수단

우리는 이미 가장 실제적인 질문을 예상했다. 정확히 어떻게 인간은 테오시스를 획득하는가? 정교회 신학자들은 우리의 신화가 소위 제3의 출생을 통해서 종말에서만 최종적으로 실현될 것이라는 데 합의한다. 그럼에도 불구하고 확실하고 분명한 시작은 현재의 삶에서 모든 기독교인에게서 이루어질 것이다. 『필로칼리아』는 정교회의 영성 작품을 수록한 가장 중요한 책일 뿐만 아니라 테오시스에 대한 탁월한 안내서이다. 그 책의 편집자인 아토스의 니코데모스에 따르면 그것은 "신화의 도구 자체"이다.[71]

비록 일부 편집은 14세기 후반에 시작된 것이 분명하지만 『필로칼리아』(문자적으로는 "미에 대한 사랑")의 헬라어 판이 1782년에 베니스에서 발간되었고 그 후 아테네에서(1957-63) 5권으로 출판되었다. 현재의 영어판은 5권의 총서로 계획되었지만 세 권으로 이루어져 있다. 니코데무스는 아토스에 있는 수도원에서 먼지로 뒤덮이고 나방에 갇혀 먹힌 필사본을 발견한 후

---

70) Irenaeus, *Against Heresies* 5.16.2 (cited by Karmiris, *Synopsis*, 30).

71) George S. Bebis, *Introduction to Nicodemos, Handbook*, 20-24을 보라.

그 필사본을 책으로 편집했다. 『필로칼리아』는 4세기에서부터 15세기까지의 정교회 기독교인이 저술한 작품들을 모아 놓은 것이다. 니코데무스는 그 선집의 서론을 기고했을 뿐만 아니라 원고를 철학적으로 비교하여 일부 본문을 수정하고 또 각 저자의 간략한 전기를 첨가했다. 어떤 측면에서는 정교회의 전통에 있어서 『필로칼리아』의 영향력은 오직 성경에만 버금갈 뿐이다.

『필로칼리아』에 대한 디코데모스의 서론은 "모든 정교회 영성에 공통된 신인 협동적 표현, 곧 창조, 타락, 그리고 구속으로 이어지는 구원 역사의 파노라마를" 제공한다. 신화는 그 세계관에서 중심적인 위치를 차지한다. 왜냐하면 그것이 하나님의 창조의 궁극적인 목적이기 때문이다. 천 년 이상의 세월의 간격과 상이한 문화적 관점에서 쓰여진 『필로칼리아』 속의 많은 글들의 공통된 주제는 우리가 우리의 부르심 혹은 소명, 곧 테오시스 혹은 하나님과의 연합을 어떻게 정확히 이룰 수 있는가 하는 것이다.

흥미롭게도 『필로칼리아』의 저자들이 볼 때 테오시스의 은사는 행위에 의해서가 아니라 은혜를 인하여 믿음을 통해서 오는 것이었다고 말할 수 있다. 이 점에서 금욕주의자 마크의 『행위에 의해서 의롭다함을 받는다고 생각하는 사람들에 관하여』는 특별히 중요한 의미를 지닌다. 반대로 막시무스와 다마스커스의 요한은 "우리는 은혜에 의해서 신화된다"라고 주장한다. 우리는 "믿음에 의해서 하나님과의 연합을 통해서 신이 된다."[72]

보다 정확히 말하자면 『필로칼리아』는 하나님의 은혜와 인간의 노력 사이

---

72) Maximus the Confessor, in *Philokalia*, 2:189-90, 243, 246, 263, 267; Peter of Damascus, in *Philokalia*, 3:79.

의 협동, 혹은 협력 관계를 분명히 보여준다. 마카리우스는 하나님의 주권적 은총과 인간의 책임간의 상호관계를 다음과 같이 설명한다: 우리가 받는 구원은 은혜로 주어진 것이며 또한 성령의 은사이다. 그러나 우리는 완전한 덕을 얻기 위해서 믿음과 사랑을 소유하며 우리의 자유 의지를 고결하게 사용하기 위해서 노력할 필요가 있다. 이런 방식으로 우리는 은혜와 공의의 결과로서의 영생을 상속한다. 우리는 자신의 노력이 전혀 배제된 채 오직 하나님의 권능과 은혜로써 영적 성숙의 최종적 단계에 도달할 수 있는 것이 아니다. 또 하나님의 도우심이 없이 우리 자신의 성실과 힘에만 의존해서 최종적 수준의 자유와 정결을 얻을 수 있는 것도 아니다. 하나님이 집을 세우지 아니하시면 세우는 자의 수고가 헛되며 하나님이 성을 지키지 아니하시면 파수꾼의 깨어 있음이 헛일이다(시 127:1-4).[73]

따라서 행함이 없는 믿음과 믿음이 없는 행함은 양자 모두 똑같이 거부되어야 한다(야고보). 바울의 표현을 빌자면 우리가 힘쓰고 애써도 열매 맺는 것은 우리 안에서 역사하시는 하나님의 능하게 하시는 은혜를 통해서이다(빌 2:12-13; 고전 15:10-11).

인간의 노력은 어떤 방향을 지향하는가? 지나친 단순화의 위험을 무릅쓰고서 『필로칼리아』와 테오시스에 이르는 인간적 수단을 헬라어 단어인 넵시스nepsis로 요약할 수 있다—즉 경성함 · 깨어 지킴 · 강렬함 · 열성 · 각성 · 집중, 혹은 영적 각성 등이다. "넵틱"neptic한 사고 구조는 우리의 영적 전투의 실재, 곧 우리 기독교인의 삶은 힘겨운 투쟁, 격렬한 드라마, 혹은 "공개

---

[73] Macarius of Egypt, *Makarian Homilies* 1.1 (in *Philokalia*, 3:285). Theodoros the Great, Ascetic's invocation of Chrysostom to the same effect-Century of Spiritual Texts 68 (in *Philokalia*, 2:28)을 보라.

적 결투"Theoreticon, 그리고 그에 대한 반응이라는 것을 인식한다.

『필로칼리아』에서 사용된 경성vigilance은 다양한 방법으로 표현될 수 있다. 특별히 우리의 관심을 끄는 것은 정욕과 사악함과의 투쟁 및 마침내 그것들을 분석해 내고, 육체적 금욕—금식·철야기도·부복·눈물·회개—을 실행함으로써 평정과 덕을 얻으려는 우리의 노력이다.[74] 우리는 그와 같은 평정의 마음을 통해서 "우리를 향한 하나님의 섭리를 매일 기다리도록" 도와주는 내적인 고요를 획득할 수 있다. 그 섭리가 어떤 모습을 띠든 간에 우리는 그것을 "감사하게, 기쁘게, 열심히" 받아들일 수 있을 것이다.[75] "고요의 학문"the science of stillness, 폰투스의 에바그리우스, 관상, 그리고 예수의 이름을 끊임없이 부르는 내면의 기도 등도 또한 주된 중요성을 갖는다. 에바그리우스는 그러한 기도는 단순한 예식이 아니라 "끊임없는 자각"으로 드려져야 한다고 조언한다. 냉정 및 고요와 모두 연관되어 있는 것은 세상으로부터의 이탈이다. 금욕주의자 네일로스는 "세상의 먼지에 머리가 닿도록 굽신거리는" 것, 공허한 일상들, 유행을 따르는 어리석음, 그리고 현대 문명 사회의 수치를 모르는 뻔뻔스러움 등으로부터 자신을 멀리할 필요성이 있다고 말한다. 우리는 "이 세상의 반짝이는 허위"Diadochos of Photiki를 피해야 한다는 사실을 끊임없이 자각해야 한다. 이 모든 것에 우리는 분별력이라는 은사를 첨가해야 한다.

우리는 평정·고요·기도·이탈·분별력 등 신화에 이르는 또 다른 수단

---

[74] Peter of Damascus's list of 228 virtues and 298 vices, *Treasury of Divine Knowledge* (in *Philokalia*, 3:203-6);John Cassian's analysis, *On the Eight Vices* (in *Philokalia* 1:73-93)을 보라.

[75] Philotheos of Sinai, *Texts on Watchfulness* 20 (in *Philokalia*, 3:24).

을 추가할 수 있다. 우리는 성찬에 충실하게 참여해야 한다. 우리는 정규적으로 지도자나 영적 스승의 지도를 받음으로써 많은 죄로부터 자신을 구할 수 있다. 하나님의 명령을 지키는 것은 필수 불가결하다: "하나님의 명령을 지키려는 자들에게 명령을 주신 하나님의 은혜를 통해서 마침내 인간은 신이 된다."[76] 무엇보다도 우리는 사랑을 입어야 한다. 왜냐하면 "사랑이야말로 인간을 신으로 만드는 것"이기 때문이다.[77]

비록 테오시스의 개념이 대부분의 서방기독교인들에게는 낯설게 느껴질지 모르지만 '넵틱'한 삶은 낯설거나 밀의적인 것은 아니다. 그것은 수도사로서의 서약을 한 사람들만 누릴 수 있는 것이 아니라 모든 기독교인들에게 주어진 것이다. 왜냐하면 테오그노스토스Theognostos가 지적한 바와 같이 평신도의 삶도 "사제의 삶에 못지않게 하나님께 친밀하게 다가갈 수 있기" 때문이다.[78] 사실 많은 사제들이 그들의 삶의 방식을 통해서 수도사의 복장을 배반한다. 나아가서 하나님을 닮기 위한 많은 넵틱한 수단들에 관하여 기계적이거나 마술적인 것이 있지는 않은가 하고 상상하는 일이 결코 있어서는 안 된다. 기독교인의 삶의 진보에 있어서 단순한 예전이나 기계적인 연습은 적이다. 이 점에서 『필로칼리아』는 집요하다. 도덕적인 진보로 이어지지 못하는 육체의 금욕은 소용이 없다. 선한 의도든지 악한 의도든 내적 의도가 외적 행동보다 더 중요하다. 말과 언어와 단순한 이론적인 이해를 실제적인 경험과 행동으로 바꾸어야 한다.

---

76) Peter of Damascus, *Treasury of Divine Knowledge* (in *Philokalia*, 7:93); Nicodemos, *Handbook*, 176, 180, 201을 보라.

77) Maximus the Confessor, *Various Texts on Theology* 1. 27-32 (in *Philokalia*, 2:171).

78) Theognostos, *On the Practice of the Virtues* 57 (in *Philokalia*, 3:372).

『필로칼리아』에 나타난 정교회 교부들의 글에 의하면 우리가 "모든 세상의 주인"이 될 운명을 타고 났지만 삶에 있어서의 "하나의 실제적인 재난", 즉 인간이 신화되기 위해서 창조되었지만 결국 은혜에 의해 신화를 얻는 데 실패한 사실을 회피할 수 없을 것이다. 역으로 말하자면 우리가 하나님의 은혜를 이용하고 영적 각성의 삶을 살아간다면 "인간이 할 수 있는 범위 안에서 하나님을 닮는 영광스러운 성취"를 희망할 수 있다.[79]

---

[79] Maximus the Confessor, On the Lord's Prayer, and *Various Texts on Theology* 2. 88 (in *Philokalia*, 2:297, 206).

사랑의 해석학

> 정교회는 그 모든 구조에 있어서 복음과는 거리가 멀고, 기독교의 왜곡이며, 기독교를 고대 이방 종교의 수준으로 떨어뜨려 버렸다.
>
> — 아돌프 폰 하르낙

> 정교회 신학이 예술 학교에서 만들어진 음악과 같다면, 개신교 신학은 싸구려 목로주점에서 만들어진 음악과 같다. 개신교가 싸구려요 끔찍스러운 대체물이기 때문에, 자신의 신앙을 제대로 알고 있는 정교회 신자는 결코 그곳에 가지 않을 것이다.
>
> — 러시아 정교회의 사제

> 나도 어거스틴처럼 사랑의 해석학을 확언하는데, 이 해석학의 주장에 따르면 본문에 대한 완전한 이해는 기독교인이 서로 일치와 사랑 속에서 살아가는 법을 배울 때까지는 숨겨져 있다.
>
> — 도널드 블레쉬

이 장에서는 서술에서 분석으로, 해설에서 평가로 이동한다. 우리는 어떻게 하면 피터 길퀴스트와 같은 이전의 개신교도들이 발견한 정교회의 밀을 예수 그리스도의 복음을 모호하게 만들 수 있는 가라지로부터 골라낼 수 있을까? 개신교 신자는 정교회의 전통을 어떻게 평가할 것인가? 우리는 정교회로부터 무엇을 배우며 어떤 점에서 불일치한다고 말할 수 있는가?[1]

비판을 위한 맥락

정교회를 비판하기 위해서는 몇 가지 요소를 명심해야 한다. 다음의 분석은 두 가지 기준―도덕적 기준과 교리적 기준―에 의해 조명된 해석적 맥락을 전제한다.

첫째, 우리는 논쟁적인 사고방식의 위험을 의식해야 한다. 정교회는 기독교를 이방 종교로 왜곡시켜 버렸다는 아돌프 폰 하르낙의 날카로운 소리, 그리고 나의 친구인 러시아 정교회 사제의 지나치게 거친 응수에서 볼 수 있는 것처럼 상호 적대감이 표출되는 현실에서 사랑의 해석학이라는 어거스틴의 금언으로써 시작해야 한다. 정교회를 주석하려 할 때 상호불신과 보복, 그리고 무절제한 의심을 가지고 있는 한 결코 정확한 독서를 해낼 수 없다는 점을 명심해야 한다. 우리가 서로 사랑 안에서 각자의 전통이 무엇인가 상대방에게 기여할 수 있는 가치를 가지고 있을 것이라고 상상하지 않는 한 어거스틴이 지적한 바와 같이 우리는 서로 서로에게 감추어진 채 남아 있을 것

---

[1] 복음주의자들과 정교회의 관계에 대해서는 다음의 책을 참고하라. Peter E. Gillquist, *Making America Orthodox: Ten Questions Most Asked of Orthodox Christians* (Brookline, Mass.: Holy Cross Orthodox, 1984); Paul O'Callaghan, *An Eastern Orthodox Response to Evangelical Claims* (Minneapolis: Light and Life, 1984); Jordan Bajis, *Common Ground: An Introduction Eastern Christianity for the American Christian* (Minneapolis: Light and Life, 1991).

이다. 개신교와 정교회가 단순히 영적·신학적 채권자로서의 자세로 서로에게 접근하는 대신에 어느 정도 영적인 빚을 지고 있다는 채무자의 자세로 접근하면서 불행한 우리의 이웃과의 다름을 인해서 감사드리기보다는 서로에게서 무언가 배울 기회를 주신 것을 인해서 하나님께 감사드릴 수 있기를 요청하는 것은 결코 지나친 일이 아니다(눅 18: 9-14). 바울이 명령한 바와 같이 우리는 서로를 용납해야 한다(롬 15:7). 심지어 우리가 서로 불일치 하는 경우에도 그러해야 한다.

사랑의 해석학은 상대방에게서 최선의 것을 발견하도록 도와준다. 만일 우리가 현대의 정교회를 살펴보게 되면, 우리는 단지 기뻐할 수밖에 없는 놀라운 영적 삶과 활력의 징후를 발견하게 될 것이다. 개신교도들이 전 세계 정교회의 삶 속에서 긍정적인 갱신의 징후를 인식하는 것은 중요한 일이다. 신 신학자 시므온, 이집트인 마카리우스, 사로프의 세라핌 등과 같은 복음적인 신비가들을 숭상하는 움직임이 일어나는 것은 긍정적인 징후이다. 명백히 복음주의적인 운동—그리스의 조에(Zoe, 루마니아의 "주의 군대"Lord's Army, 미국의 "성 시므온 신 신학자의 정교회 형제단", 그리고 1987년에 일어난 복음주의적 정교회와 북미 안디옥 정교회의 통합 등—이 정교회 내에서 이들을 따르는 사람들 중에서 일어나고 있다.[2] 1991년에 결성된 정교회와 복음주의 연구회는 정교회 사제단의 지원을 받고 있으며, 그 연구회의 연례 모임에서는 상호 관심의 대상이 되는 신학적 쟁점을 토론하기 위해서 양 진영의 최고 석학들이 참여하고 있다.

러시아 정교회가 이 점에서 특별한 사례이다. 권력을 장악한 무신론이 70

---

2) 브래들리 나시프로 인해 나는 이러한 실례들에 관심을 갖게 되었다.

년 동안 기독교를 박멸하기 위해 애써왔고, 또한 사제(사제가 되기를 원하는 사람들이 아니라), 신학교육, 재정, 예배 처소 등의 부족에도 불구하고 러시아 정교회의 영적 삶이 갱신되고 있다는 징후를 보여주고 있다. 러시아 여론 조사 연구소의 통계에 의하면 1,650명의 응답자들 중 45퍼센트가 자신을 기독교인이라고 생각하고 있는데, 그 중 90퍼센트가 자신을 정교회 신자라고 칭하고 있다. 게다가 응답자들 중 75퍼센트가 세례를 받았다고 말했다. 젊은이들의 통계를 보면 대학 교육을 받은 사람들 중에서 신자로 간주되는 사람의 수는 고등학교만 졸업한 사람들 중의 신자 수의 두 배였다.

모스크바 교구는 놀라울 정도로 성장했다. 예를 들면 게오르기 코체토프 Georgi Kochetov 신부가 불신자들과 교회를 다니지 않았던 정교회 신도들로 이루어진 일천 명의 현대 회중들에게 말씀을 선포했을 때 회중들의 뜨거운 응답이 있었다. 레오르기 신부에게서 세례를 받기 원하는 사람들은 일 년간 계속되는 대단히 엄격한 교리문답을 완수해야 했다. 최근에는 6백 명이 세례를 받았다. 기독교 고등학교, 카세트 테이프로 공부하는 통신 강좌, 현대 러시아인들에 맞게 수정된 슬라브족의 예전, 기도와 성경 공부를 위해서 정규적으로 모이는 32개의 "기초 공동체들", 주일학교, 그리고 교회 출판사들—이 모든 것들은 게오르기 신부의 교회 내에서 성령께서 역사하고 계신다는 데 대한 확실한 증거이다.[3] 지면 관계로 우리는 러시아 정교회의 여러 기관들 중에서 몇몇 다른 예들만 언급할 수밖에 없다: 정교회 청소년 운동, 정교회 어린이 문화센터, 성 디미트리의 자비의 자매회 정교회 학교, 성 티콘 정

---

3) 불행히도 게오르기 신부는 진보주의적 입장때문에 그의 교구로부터 다른 교회로 전근 발령을 받았다. 총대주교 알렉세이 2세의 지도 하에서 발견할 수 있는 좋고 나쁜 실례들 중의 또 하나의 예이다.

교회 성경학교, 그리고 러시아 정교회 대학교 등이다.[4] 개신교와 정교회의 차이가 무엇이든지 간에 우리는 정교회가 그들 내에 일어나고 있는 진정한 영적 부흥을 인식하고 있을 뿐만 아니라 그것을 전적으로 지원하고 있으며, 또한 자신의 교회가 완전히 건강성을 회복하기를 간절히 바라며, 나아가서 우리 개신교의 선교 운동이 이전의 소비에트 연합 내에서 이미 회심한 자들을 또 다시 회심시키려 하거나 정교회 교구로부터 잃은 양을 도둑질할 의사가 없다는 것을 명백히 보여주기를 원한다.

사랑의 해석학은 보다 폭 넓은 관점을 갖게 해 줄 것이다. 기독교인 상호 간의 대화의 미로를 통해서 우리 자신의 길을 찾으려 할 때에 모든 기독교인들은 전 세계적인 관심사에 참여하는 문제를 진지하게 생각해 보아야 한다. 예를 들면 종교간의 대화와 세계의 종교적 다원주의(모든 종류의 종교적 근본주의는 차지하더라도)의 복잡성은 동료 기독교인들 간의 집안 싸움이라는 문제보다 훨씬 더 심각한 문제가 아닌가? 사려 깊은 기독교인들의 단편적인 노력보다는 일치된 노력을 간청하는 현대의 많은 사회적·윤리적 비극, 즉 전 전세계적인 기아, 극심한 빈곤, 급변하는 기술 등에 관해서도 위와 동일한 언급을 할 수 있을 것이다. 세계가 이러한 심각한 문제들에 대한 우리의 건설적인 참여를 기대하고 있는 이 때에 우리의 상호 파멸적인 갈등 관계에 대한 희미한 당혹감이 있지는 않는가? 나는 이처럼 큰 세계적 문제들에 대해서 생각함으로써 동료 기독교인들에 대해서 보다 건강한 방식으로 비판할 수 있는 마음가짐을 가질 수 있게 되었다. 이것은 기독교인들이

---

4) Noel Calhoun, "The Russian Orthodox Church 1988-1993" Unpublished paper, Harvard University, 1993).

서로의 차이점을 극소화하거나 무시하라는 뜻이 아니다. 그것은 우리가 신앙의 주요 문제들에 대해서 이미 합의하고 있음을 기억함으로써 보다 광범한 긴급한 문제들을 먼저 해결한다는 우선 순위의 원칙에서 그 차이점의 문제들을 처리해야 한다는 것을 의미한다.

둘째, 교리적 기준이 있다. 사랑의 해석학에는 필수적인 기준이다. 그러나 그것 자체만으로는 충분하지 않다. 진리에 대한 사랑이 없는 사랑은 어리석은 감상주의로 타락할 수 있다. 하나님께 대한 경배는 영과 진리 안에서 드려져야 한다(요 4:23-24). 상대방을 평가의 여지없이 받아들이기만 하는 것은 해야 할 과제의 절반만 행하는 것이다. 우리가 진리의 기준과 복음의 명료성에 비추어서 다른 세계관을 평가하듯이 정교회에 대해서도 할 수 있는 한 그렇게 평가해야 한다. 이처럼 진리의 교리적 기준은 사랑의 도덕적 기준만큼이나 필수적인 것이다.

바울은 디모데에게 다음의 두 가지에 주의하라고 명령했다: "네 자신과 가르침을 살피라"(딤전 4:16). 바울은 다른 복음을 전파하느니 차라리 죽기를 원한다고 선언했다(갈 1:6-9). 그와 유사한 많은 경고들을 인용할 수 있다. 흥미롭게도 정교회만큼 이러한 교리적 요구 조건을 충실하게 지켜 왔다고 주장할 수 있는 신학적 전통은 없다.

이러한 점에서 교리적 비판에 대한 네 가지 일반적인 언급을 하는 것이 합당할 것이다.

첫째, 다른 신앙고백을 비판할 때도 마찬가지이지만, 한편으로는 교회의 공식적인 교리적 선언 및 교회의 권위를 대변하는 신학자들의 신학, 다른 편으로는 사상가의 개인적인 교리적 해석을 구별할 수 있어야 한다. 예를 들면 러시아 정교회의 공식적인 선언과 행동은 러시아 내의 개신교에 대해서 호의적인 것이 아니었다. 1993년 여름 알렉세이 추기경이 러시아 의회로 하여금 러시아 내의 외국 종교 단체의 활동을 제거하는 것은 아니지만 심각하게 제한할 수 있는 법안을 통과시켜 줄 것을 설득하기 위해서 기울인 노력이나 이 장의 첫 부분에서 인용된 러시아 정교회의 사제인 나의 친구의 말도 이 점에서 적절한 예가 될 것이다. 모든 정황을 고려해 볼 때 만일 보리스 옐친이 그 해 가을에 러시아 의회를 해산시키지 않았더라면, 그 법은 제정되었을 것이다.

반면에 많은 정교회 사제들은 그들의 삶과 생각을 통해서 상당한 에큐메니칼 정신 및 강력한 복음주의적 경향과 함께 개신교에 대한 호의를 표방하고 있다. 언론의 자유와 민주주의의 원칙에 입각해서 위에서 언급한 법률을 반대했던 글렙 야쿠닌Gleb Yakunin 신부가 나의 마음에 다가온다. 이 점에서 나를 민스크에 새로 설립된 후마니타리안 대학의 방문 교수로 초청해 준 예브게니 그루세츠키Evgeny Grushetsky 신부도 내게는 귀한 사람이다. 게오리기 에델스타인Georigi Edelstein은 또 다른 예라고 할 수 있는데, 그는 모스크바 북부에 위치한 그의 코스트로마 교구에서 개신교도들을 공개적으로 따뜻하게 초청하여 그와 함께 일할 수 있도록 배려해 주었다. 모스크바에 있는 성 코스마와 다미안 교회의 사제요 러시아 성경협회의 회장인 알렉산더 보리소프는 순교자 알렉산더 맨의 장례식에서 복음주의 설교자도 부러워할 만큼 감동적인 설교를 했다. 개방적 목회자인 보리소프는 모스크바에 있는 러시아 대통령 조찬 기도회의 지도적인 인물이기도 하다. 그와 같은 정교회의 사제들과 지도자들이 그 외에도 존재한다.

가톨릭 교회와 대비시켜 본다면 교황무오설에 대한 바티칸의 공식적인 선언과 그 교리에 대한 가톨릭의 개인 신학자들—예를 들면 로즈마리 루터,

한스 큉, 에브리 둘레즈—및 평신도들의 이해 사이에는 차이점이 있다. 종교다원주의에 대한 가톨릭 신학자 폴 니터Paul Knitter의 입장이 가톨릭 사상의 주류는 아니다. 그와 유사한 상황이 정교회에도 적용된다. 정교회의 역사적 문서와 공식적인 신학이 한 문제에 대해서 분명한 입장을 천명했음에도 불구하고 개인적인 정교회 신학자는 자유로운 입장을 견지할 수 있다. 한 예로 신학자는 니케아 제2차 공의회(787)가 이콘의 문제에 대해서 내린 결론과는 반대로 자유로운 입장을 가질 수도 있다. 그러나 우리의 목적상 가능한 한 개인적인 신학자의 특정한 해석보다는 정교회의 공식적인 신학적 입장에 중점을 둘 것이다. 왜냐하면 개신교나 가톨릭의 경우와 마찬가지로 비록 정교회가 특정한 문제에 관해서 잘 정의되고 일치된 견해를 제시한다고 주장함에도 불구하고 우리는 다양한 신학적 차이를 발견할 수 있기 때문이다.

둘째, 아래에서 제기할 비판에서 우리가 결코 개인의 하나님과의 관계에 대해서 판단하려는 것이 아니라는 것을 인식해야 한다. 그보다는 우리는 하나님과 복음에 대한 신념들을 연구하려는 것이다. 말하자면 우리는 사람들의 삶이 아닌 그들의 신학을 분석하는 것이다. 종종 이에 대한 구별이 이루어지지 않아서 신학적 비판이 영적 · 인간적 의심으로 전락한다. 이상적으로 본다면 교리와 실천이라는 두 가지 기독교의 핵심적인 정체성(고전 4:17을 보라)은 결코 분리되어서는 안 되지만, 인간의 타락의 결과 반드시 그렇게 행해지는 것은 아니다.

우리는 불건전한 신학을 가지고 있는 사람이 하나님과의 풍성한 관계를 가지고 있는 불행한 사례들을 알고 있다. 그 대표적인 예가 프리드리히 슐라이에르마하인데, 칼 바르트는 그의 기독론이 "엄청난 이단"임에도 불구하고 천국에서 그를 만나 볼 수 있을 것으로 기대했다. 오리겐도 또 다른 예이다. 비록 그는 (그가 순교한 지 3백 년 후) 553년에 이단으로 정죄되었지만 그의 실천적인 경건은 훌륭하게 자료화되었다. 오리겐은 여러 방면에서 이단이라는 비난에 시달렸지만 언제나 자신이 "이단의 창시자가 아니라 교회의 아들"이며 또한 "[교회의] 법과 신앙의 규칙에 도전함으로써 분규를 일으킬" 의사가 전혀 없음을 표명했다.[5]

다른 편으로 때때로 기독교인들이 흠 없는 신학을 가지고 있으면서도 복음의 기본적인 요구에 걸맞는 삶을 실천하지 못하는 경우가 있다. 정화된 복음주의는 TV 복음전도자들의 도덕적 실패와 연이어 일어나고 있는 바 저명한 목사들이나 무명의 목사들의 타락에서 무언가를 배워 왔을 것으로 우리는 기대한다. 생존을 위한 불가피한 선택이었는지 소신 없는 항복에 불과한 것이었던지 간에 소련연방과의 관계에서 취한 정교회의 타협의 역사도 적절한 예가 될 것이다.

윤리적 삶과 신학적 교리의 상호 관련성과 불가분리성은 보다 심도 깊은 연구를 요청하는 필수적이고 중요한 문제이다. 왜냐하면 성경이 삶과 교리를 상호 밀접히 관련시켜 주고 있기 때문이다.[6] 디모데에게 자신의 "삶과 가르침을 면밀하게" 살펴볼 것을 권면한 바울은 고린도 교인들에게 "나의 삶의 방식은…나의 가르침과 일치하며(고전 4:17), 또한 신앙고백뿐만 아니

---

5) Origen, *Homilies on Luke* 16; idem, *Homilies on Joshua* 7.6 (cited by Hans Urs von Balthasar, *Preface to Origen*, trans. Rowan A. Greer [New York: Paulist, 1979], xi-xii). Origen의 생애에 관해서는 Eusebius, *Ecclesiastical History* 6을 보라.

6) Daniel B. Clendenin, "Barth on Schleiermacher: Yesterday and Today," in Robert Streetman and James Duke, eds., *Barth and Schleiermacher: Beyond the Impasse!* (Philadelphia: Fortress, 1988), 173-75.

라 순종이 진정한 기독교인다움을 증명한다고 말할 수 있었다(고후 9:13). 야고보는 자비의 행동으로써 믿음의 말을 입증할 것을 주장한다(약 2:14-26). 예수님이 누구인가에 대한 지식을 교정하기 위해서는("너희는 나를 누구라고 하느냐?" 마 16:15) 가난하고 헐벗고 외로운 자들에 대한 헌신 속에서 그리스도께 대한 헌신을 입증해야 한다(마 25:31-46). 그리스도에 대한 교리적 인식은 이웃들과의 윤리적 만남 속에서 성취되어야 한다. 성경적인 기독교는 결코 그 두 가지를 분리시키지 않는다.

어느 교단이나 신학적 전통이든지 탁월한 성인들을 가지고 있기 마련인데, 이 점에서 정교회도 예외가 아니다. 그리스도를 통해서 하나님과의 인격적인 관계를 가지고 있다고 하는 정교회 신자들의 주장을 일축하거나 정교회의 정치적 역사 때문에 정교회 자체를 거부하려는 개신교도는 알렉산더 맨이나 디미트리 더드코와 같은 정교회의 성인들을 기억하며, 또한 소비에트 무신론 체제 하에서 신앙 때문에 고난받고 죽임을 당한 수없이 많은 무명의 순교자들을 회상하는 것이 도움이 될 것이다.

그런 사례들이 흥미롭고 중요한 것이지만, 그것들은 우리가 여기에서 다룰 주제는 아니다. 우리는 단지 정교회 신학을 평가하려고 시도할 것이며, 정교회의 영적 삶의 활력에 대해서는 결론을 유보한 채 홀로 판단하실 권세를 가지신 하나님께 판단을 맡기기로 한다. 달리 말하자면 우리는 한 사람이 기독교인, 좋은 기독교인, 혹은 복음적 기독교인이 되면서 동시에 애매하게 정교회 내에 머무를 수 있는가 하는 문제에 대한 답변을 하려 하지는 않는다. 원칙상 나는 좋은 기독교인이 되는 것이 장로교인, 세례교인, 그리고 가톨릭 교도에게 가능한 것처럼 정교회 신자에게도 가능하다는 것을 당연하게 받아들인다. 나의 정교회 친구들의 경우에서 확인한 것처럼 세례교인(혹은 장로교인이나 감리교인)이 좋은 기독교인인지 여부를 일반화하는 것이 불가능한 것처럼 정교회 신자들이 좋은 기독교인인가 하는 문제를 일반화하는 것도 불가능하다.

셋째, 교리는 한 개인의 삶에서 열매를 맺기 때문에(그리고 그의 영원한 운명에 대해서도 그러하다), 우리는 어떤 면에서 개신교인이 정교회를 평가할 수 있는 "복음의 진리"가 정확히 무엇인가 하는 문제를 가지고 씨름해야 한다. 우리는 영들이 그리스도께 속한 것인지 거짓 선지자들에게 속한 것인지 "영을 시험"해 보아야 한다(요일 4:1). 예수께서 말씀하신 "영생"은 하나님에 관한 특정한 지식과 진리를 전제한다(요 4:23-24; 17:3). 추측컨대 그릇된 지식이 영생에의 갈구를 오도하거나 뒤엎어 버릴 수 있다.

예수님을 단순히 선지자들 중의 한 사람으로 인식하는 것은 그릇된 것이다. 모든 종류의 갱신 운동들—16세기 종교개혁, 그 뒤를 따른 재세례파, 19세기 웨슬리의 성결운동, 현대의 은사운동, 가톨릭의 평신도 갱신 운동, 10세기 및 11세기에 신신학자 시므온의 지지를 받았던 정교회 내의 주류 개혁 운동 및 수도원 개혁 운동—은 우리에게 슬픈 사실, 즉 때때로 그리스도 안의 진정한 삶과 하나님에 대한 지식은 그 왕국의 모든 완전성 내에서 다른 무엇보다도 죽은 예전주의, 정치적 타협, 혹은 상대적인 것을 절대화하고, 소수의 것을 다수의 것으로, 주변적인 문제를 중심적인 것으로 만들거나 신학적으로 비본질적인 것을 본질적인 것으로 왜곡시키는 신학적 해석들에 의해서 모호하게 되고 숨겨지고 뒤집어질 수 있음을 알려준다. 어떤 면에서 우리는 어떻게, 그리고 어느 정도까지 정교회가 이 일을 행해 왔는지를 확인해야 한다(물론 그와 동일한 비판이 모든 기독교 신앙 단체들에게 적용되어야 한다).

그러므로 우리는 비본질적인 것보다는 복음의 본질을 신앙의 규칙으로 삼아야 한다. 기독교의 역사를 통해서 볼 때 기독교의 필수요소 sine qua non 혹은 최종적 본질을 정의하려는 노력에 의해서 명백히 드러난 것처럼 그것을 정확히 정의하는 것은 결코 사소한 문제가 아니다. 요한 아른트 Johann Arndt 의 『진정한 기독교』, 죄렌 키에르케고르의 후기 작품들, 하르낙의 『기독교는 무엇인가?』, 스테픈 시케스 Stephen Sykes의 『기독교의 정체성』 및 가난한 자들의 해방과 그들을 위한 사회-경제적 선택으로서의 진정한 믿음을 정의하려는 해방신학의 노력이 그 예이다. 그러한 과정의 어려움을 너무 단순화시켜서는 안 된다. 도널드 불레쉬, 토머스 오덴, 로버트 웨버 등에 의한 최근의 노력은 모두 핵심적인 방법론적 표준이나 "합의된 전통"(오덴) 혹은 기독교 신앙의 "보편적 catholic 복음주의"(블레쉬)를 지적해 준다. 이를 5세기의 레렝의 빈센트의 말을 빌어서 표현하자면 "모든 곳에서 언제나 모든 사람에 의해서" 믿어져온 신앙의 규칙이다.

주어진 신학적 문제가 어떤 것이든 우리는 그에 대해서 복음만큼이나 명백하게 해답을 제시하려고 노력할 것이다. 죽은 자들을 위한 세례(고전 15:29)나 그리스도가 지옥에 내려가심(벧전 3:18-22) 등처럼 해결되지 않은 채 남아 있는 문제에 대해서 어느 정도의 자유를 가지고 접근할 것이다. 그리스도의 신성처럼 교회의 주석의 역사가 명백히 제시된 문제들에 대해서는 보다 정밀하고 분명한 입장을 견지할 것이다.

마지막으로 이미 분명히 드러난 대로 이 책은 정교회의 신학을 종합적인 관점에서 숙고하고 있다는 입장을 보이려 하지 않을 것이다. 교회론, 성만찬, 예전, 마리아 및 성인들의 역할, 그리고 교회-국가간의 관계의 역사 및 그 신학 등의 중요한 문제들은 다루지 않았다. 개신교와 정교회의 관계가 개선되기 위해서는 최종적으로 이러한 것들과 다른 중요한 영역들에 대한 입장이 피차간에 제시되어야 할 것이다.

정교회의 삶과 역사가 주는 교훈

기독교인들이 종종 서로를 하나님의 나라로부터 추방시키는 책임을 떠맡는 것을 보게 되는 것은 흔한 일이다. 개혁 신앙을 가진 사람들은 웨슬리주의자들을 경시하고, 세대주의자들은 은사주의자들을 비난하며, 고교회는 High Church는 저교회Low Church를 경멸한다. 물론 이러한 관계의 역전도 성립된다.

이러한 원리는 정교회에도 마찬가지로 적용되는데, 이 책 제2장에서는 정교회를 "잊혀진 가족"이라고 불렀다. 서방의 기독교인들은 대개 정교회에 대해서 무지하거나 무시하거나 가톨릭 교회와 혼동한다. 비록 정교회가 이러한 익명적 위치에 놓이게 된 합당한 이유를 몇 가지 언급했음에도 불구하고 그리스도의 몸을 분열시키는 당파적 정신에 굴복하기보다 신앙고백의 한계를 넘어서 활동하시는 성령의 완전하고 원만한 사역을 재발견해야 할 필요가 있다("나는 바울파다"라고 하는 등. 고전 1:10-17). 신학적으로 본다면 교회의 가톨릭성, 개 교회의 완전성, 그리고 시간과 공간을 초월하여 교회의 일치를 다시 경험할 필요가 있다. 왜냐하면 우리는 "다 한 성령으로 세례를 받아 한 몸이 되었기" 때문이다(고전 12:13).[7] 따라서 우리는 "평안의

---

7) Cf. Ignatius, To the Smyrnaeans 8.2: "Wherever Jesus Christ is, there is the catholic church."

매는 줄로 성령이 하나 되게 하신 것을 힘써 지켜야" 한다(엡 4:3). 정의상의 문제가 없는 것은 아니지만 이러한 보편성은 니케아신경과 사도신경에서 언급되고 있고 참된 교회의 네 가지 본질적인 징표들 중 하나로 간주되어 왔다. 그것은 획일성uniformity이 아닌 일치를, 분열이 아닌 다양성을 상징한다.

정교회의 삶과 역사 속에서 행하신 성령의 사역에 관하여 복음주의자들이 배울 수 있는 많은 교훈들 중 세 가지만 언급하고자 한다.

첫째 교훈은 정교회가 그 교회 역사의 오랜 기간, 외적인 측면에서 본다면 극도로 적대적인 정치적·문화적·종교적 조건에서 생존해 왔다는 사실에서 기인한다.[8] 지중해 동방의 네 개의 총대주교좌—콘스탄티노플, 알렉산드리아, 안디옥, 예루살렘—는 8세기부터 형성되기 시작한 무슬림의 지배 하에서 소수의 기독교 중심지로서 존재해 왔다. 전 세계 정교회의 85퍼센트를 차지하고 있는 동유럽과 구소련 연방—러시아, 세르비아, 루마니아, 불가리아, 그루지아, 알바니아, 구 체코슬로바키아—의 정교회들은 무신론적 공산주의의 지배 하에서 극심한 박해를 견뎌 왔다.

---

8) Timothy Ware, *The Orthodox Church* (Baltimore: Penguin, 1964), 126. 이슬람 치하에서의 정교회에 대해서는 다음을 보라: Steven Runciman, *The Great Church in Captivity: A Study of the Patriarchate of Constantinople from the eve of the Turkish Conquest to the Greek War of Independence* (New York: Cambridge University Press, 1968); Theodore Papadopoullos, *Studies and Documents Relating to the History of the Greek Church and People under Turkis Domination* (New York: AMS, 1973); Timothy Ware, *Eustratios Argenti: A Study of the Greek Church under Turkish Rule* (New York: Oxford University Press, 1964). 공산주의 치하에서의 정교회에 대해서는 다음을 보라: Dmitry V. Pospielovsky, *A History of Marxist-Leninist Atheism and Soviet Antireligious Policies*, 3 vols. (New York: St. Martin's, 1987-88); idem. *The Russian Church under the Soviet Regime*, 1917-1982, 2 vols. (Crestwood, N.Y. : St. Vladimir's Seminary Press, 1984).

박해받는 소수로서의 이러한 두 가지 역사적·문화적 상황 속에서 신앙을 지켜오면서 정교회는 서방 기독교인들이 배워야만 하는 성경적 진리를 경험했다. 정교회는 신약 시대의 기독교인의 정체성, 곧 종종 하나님의 백성이 고난의 백성이라고 하는 중심적인 주제에 우리의 관심을 재집중할 수 있도록 도와줄 수 있다.

심각한 종교적 박해를 거의 경험하지 못한 대부분의 서방 기독교인들은 신약 성경의 문서들, 초대 교회, 그리고 오늘날 전 세계에서 발견할 수 있는 기독교인의 고난의 의미를 재발견해야 할 필요가 있다. 예수님은 제자들에게 그 분을 위해서 고난받아야 할 것을 미리 경고하셨다(마 5:10-11; 10:18, 22; 13:21; 24:9). 누가는 그러한 경고가 성취된 것을 기록하고 있다(행 5:41). 디도서를 제외한 모든 바울 서신은 바울의 경험이든 혹은 그의 독자들의 경험이든 간에 기독교인의 고난을 언급하고 있다. 히브리서, 야고보서, 베드로서, 유다서, 그리고 계시록은 모두 초대 교회의 삶 속에서 고난이 실제적으로 존재했음을 증거하고 있다. 『폴리갑의 순교』, 『성 페르페투아와 펠리키타스의 고난』, 그리고 오리겐의 『순교에의 권고』 등과 같은 초대 기독교 문헌은 311년 4월 30일 갈레리우스 황제가 관용 칙서를 발표할 때까지[9] 초대 기독교의 삶의 주된 특징을 이루었던 이 주제를 계속 다루고 있다. 이러한 역사적 문서들을 숙고해 봄으로써 서방의 기독교인들은 이러한 기독교인의 정체성의 표식에 대한 명상을 시작할 수 있는 것이다.

서방 기독교인들은 하나님의 전능하신 행동, 승리, 번성, 그리고 기적(영광의 신학 theologia gloria)을 통해서 하나님을 추구하고 발견하는 데 민감했

---

9) Eusebius, *Ecclesiastical History* 8.17. 6-10.

다. 그러나 하나님의 궁극적인 자기 계시의 행동은 십자가 위에서의 죽음을 통해서 드러났으며, 고난의 종을 따르고자 하는 사람은 자신이 그 분의 십자가의 신학*thelogia crucis*을 본받아야 한다는 사실을 회상하는 데는 더뎠다. 어떻든 우리는 자신에게 편리한 대로 "하나님은 좋은 분이 아니신가?"라는 식의 태도를 제거해야 한다. 바울의 가르침에 따르면 하나님은 그 분의 놀랄만한 권능과 기적적인 개입을 보임으로써보다는 엄청난 고난과 시험, 그리고 인간적 연약함을 통해서 발견된다(고후 12:7-10). 정교회 신자들은 이 냉엄한 진리를 경험해 왔다. 서방의 기독교인들은 십자가의 방법을 통해서 하나님을 아는 보다 성경적인 개념을 선호하는 승리주의적인 태도를 거부함으로써 그들의 경험으로부터 배울 수 있는 지혜와 은혜를 가지고 있는 것 같다.

우리가 정교회로부터 많은 것을 배울 수 있는 두번째 영역은 사도적 전통에 대한 정교회의 의식적인 집착, 복음은 앞서 살았던 믿음의 선배들로부터 받은 상속물이라고 하는 훌륭한 역사의식, 초대교회의 삶을 따라서 전 기독교적인 정체성을 형성하려고 하는 결의, 그리고 교회의 신조와 공의회들이다. 반대로 복음주의자들은 때때로 성경을 읽고 기독교를 경험하는 가운데서 마치 자신이 그러한 진리들을 최초로 발견한 사람인 것처럼 행동한다. 우리는 또한 전 역사를 통해서 교회의 신앙과 고백과 예배의 풍부한 보고로서의 전통의 기능을 쉽게 무시하고 때로는 거부한다. 정교회는 우리로 하여금 수세기를 거쳐온 교회와의 역사적 연속성 상에 있다는 의식을 회복하기 위해서 신학적 기억상실증과 비역사적 경향성을 넘어서도록 도와준다. 무슬림 및 무신론적 환경 속에서 소수파의 지위를 강요당한 환경때문에 정교회는 오랫동안 역사적인 신앙의 유산을 보존하려는 경향을 보여 왔다. 따라서 복음주의자들은 신앙의 기반을 침식해 들어오는 현대주의의 공격으로부터 신앙을 변호하는 투쟁의 과정에서 정교회가 긴밀한 동지라는 사실을 발견했다.

기독교인의 역사적 자의식을 개발하는 것은 최소한 두 가지 이점을 가지고 있다.

첫째, 그것은 우리로 하여금 교회가 본질적인 것, 곧 협상의 여지가 없는 기독교 정체성의 핵심과 비본질적인 것, 곧 특수한 신앙 고백, 시간 및 공간에서 나온 것으로서 협상의 여지가 있는 것 사이에서 구별할 수 있도록 도와준다. 우리는 이러한 구별을 위한 원리가 초대 교부들에 의해서 이미 제시되었다는 것을 발견하게 될 것이다. 예를 들면 레렝의 빈센트의 비망록, 이레니우스의 "진리의 법", 신앙의 규범regula fidei의 개념, 그리고 아타나시우스의 "믿음의 범위" 등이다.[10] 마찬가지로 종교개혁 시대에 존 칼빈, 마틴 루터, 필립 멜랑히톤, 그리고 후일에는 존 웨슬리 등이 아디아포라adiaphora의 개념을 이끌어 내어 기독교의 본질적인 것들과 성경이 명령하거나 금지하지 않는 것들, 곧 그것들이 복음을 방해하거나 모호하게 만들지 않는 한 각 지역교회가 결정할 수 있는 중립적인 문제들을 식별할 수 있도록 했다(고전 8:1-9:23; 갈 2:3-5; 5:13-15; 골 2:16-23).[11] 이러한 역사적 배경을 염두에 두고 교리상의 새로운 우선순위 혹은 위계질서 의식(고전 15:3에서 바울이 "가장 중요한 것들"이라고 언급한 것을 참고하라), 진정으로 중요한

---

10) George Florovsky, *Bible, Church, Tradition: An Eastern Orthodox View* (Belmont Mass.: Nordland, 1972), chap. 5.

11) John Calvin, *Institutes*, 4.2.1. Wesley에 관해서는 Donald A. Thorsen, *The Wesley: QuadriLateral* (Grand Rapids: Zondervan, 1990), 159-62을 보라.

것과 그렇지 않은 것에 대한 확신과 이러한 견고한 닻을 소유한 채 덜 명료한 신학적 문제에 대해서 창조적으로 사고할 자유를 가지고 신학적 작업에 접근할 수 있다.

새로운 역사 의식이 가져다주는 두 번째 이점은 신학적 겸손의 의식, 곧 우리의 최선의 신학 작업이 우리의 제한성과 죄성과 역사적·문화적 경험에 의해 제한되어 있음을 인식하는 것이다. 또한 우리보다 앞서 살았던 모든 하나님의 성도들에게 진정한 감사를 느낄 것이다. 이러한 역사의식을 개발하기 위해서 드류Drew 대학에 재직 중인 신학자 토머스 오덴의 최근 저서들을 검토해 보는 것이 좋을 것이다. 그의 최근 저서는 역사적 합의를 이룬 신학을 전반적으로 제시하고 있다.[12]

정교회의 삶과 역사의 세 번째 뚜렷한 특징은 신학과 예배가 거의 전적으로 통합된 데 있다. 이처럼 예배와 신학을 병합함으로써 정교회는 전적으로 예전적인 성격을 보여 준다. 동방 기독교의 관점에서 볼 때 서방 기독교는 신학적 연구와 예전적 경험 간의 분열 혹은 단절을 전형적으로 보여 준다. 정교회도 이러한 유형에서 예외는 아니다. 그러나 정교회가 일부 측면에서 서방을 따라갔음이 사실이지만, 결국 자신을 그러한 자연적인 역사적 과정으로부터 단절시켰다.[13] 이는 대부분의 경우 예전에서 신학과 예배를 통합

---

12) Thomas Oden, *Systematic Theology*, 3 vols. (San Francisco: Harper and Row, 1987-92); see also Daniel B. Clendenin, "Thomas Oden," in Walter Elwell, ed., *Handbook Evangelical Theologians* (Grand Rapids: Baker, 1993), 401-11.

13) Alexander Schmemann, *Introduction to Liturgical Theology* (Crestwood, N.Y.: St. Vladimir's Seminary Press, 1986), 10; George Florovsky, *The Ways of Russian Theology*, 2 vols. (Belmont, Mass.: Nordland, 1979, 1987), 1:134. Cf. Florovsky's chapter on the "Contamination" of Orthodoxy by Western "School theology," 114-48).

한 것이 정교회의 핵심 혹은 본질이기 때문이다. 서방 교회의 신학과 예배는 분리되고 심지어 유사성이 없는 행위가 되는 경향이 있는 반면에 동방 교회의 그것들은 불가분리의 단일한 행위이다. 이것은 정교회가 왜 다음과 같은 에바그리우스의 경구에 반복적으로 호소하는지를 설명해 준다.

"만일 당신이 신학자라면 진정으로 기도할 것이다. 만일 당신이 진정으로 기도한다면, 당신은 신학자이다."[14]

그래서 많은 사람들은 정교회의 본질이 "기도와 예배의 규칙이 믿음과 교리의 규칙이다"*lex orandi est lex credendi*라는 금언에 잘 요약되어 있다고 보는 것이다.

정교회는 학문적 연구를 무시하지 않는다. 이 점에서는 복음주의자들도 마찬가지가 되어야 한다. 우리는 그렇게 함으로써 위험을 겪을 수도 있다. 그러나 서방의 신자들은 학문적 연구의 궁극적인 목적이 기독교인의 예배 공동체를 이루기 위함이라는 것을 정교회로부터 배울 수 있을 것이다. 예배의 예전적 맥락이 결여된다면 신학은 하나님을 영과 진리 안에서 예배하도록 돕는 안내자가 되기보다 가장 그릇된 의미에서의 "스콜라적"scholastic 신학으로 변질되고 만다.

---

14) Evagrios, *On Prayer* 61.

일반적 문제

정교회에도 자체의 문제와 약점이 없는 것이 아니다. 대부분의 경우 정교회의 학자들과 사제들은 이 사실을 잘 인식하고 있다. 정교회의 황당한 주장, 즉 자신만이 이 땅에 있는 그리스도의 유일한 참된 교회라는 주장은 특별히 그것이 기독교의 일치의 필요성을 무너뜨린다는 점에서 의문시되어야 한다. 이러한 주장은 비정교회 기독교인들뿐만 아니라 정교회 내의 다양한 지체들도 포함해서 전체적으로 정교회 내의 강력한 민족주의와 민족 중심적 태도를 고려해 볼 때 다소 역설적인 현상이다.

비록 1872년의 콘스탄티노플 공의회에서 공식적으로 정죄받았지만 세속 국가의 이익을 기독교 교회의 그것과 동일시하는 종족주의phyletism 및 완고한 인종주의조차도 현대 정교회의 약점으로 남아 있다.[15]

나아가서 단호한 역사의식은 역사주의, 곧 과거의 화석화로 뒤바뀔 수 있다. 정교회는 지나치게 복고적이며 중세적 사고 구조에 의해서 지배받고 있다는 비판이 전혀 근거 없는 것은 아니다. 왜냐하면 때때로 정교회가 교부들에 대해서 낭만적이고 무비판적인 태도를 보여주기 때문이다. 이와 같은 과거의 화석화는 살아 있는 성경적 증거를 왜곡시키거나 대체할 수 있다. 또 다른 문제는 교부적 유산이 때때로 정교회가 제시하는 것처럼 단일적이지도 않고 균일하지도 않다는 것이다(이 점에서 피에르 아벨라르의 말이 이치

---

15) John Meyendorff, *Living Tradition* (Crestwood, N.Y.: St. Vladimir's Seminary Press, 1978), 86-91, 105-6, 112, 120-21, 200; Ware, *Orthodox Church*, 77, 89, 174-75; Alexander Schmemann, "The Idea of Primacy in Orthodox Ecclesiology," in John Meyendorff, ed., *The Primacy of Peter in the Orthodox Church* (Crestwood, N.Y.: St. Vladimir's Seminary Press, 1992), 167-71; Nicolas Zernov, *Eastern Christendom: A Study of the Origin and Development of the Eastern Orthodox Church* (New York: Putnam, 1961), 173-74.

에 맞다). 또한 교회의 삶 속에 과거의 교리를 병합시키는 것은 현대의 문화적 이슈들과의 상황적 상호 작용을 희생시키는 경향이 있다. 과거의 교부 시대를 병합시키는 것은 필요하다. 그러나 단지 그것을 반복하는 것은 위험하다.

그와 관련된 위험은 예전에의 사랑이 기계적인 예전주의로 뒤바뀔 위험이 있다는 것이다. 예를 들면 9세기 슬라브족의 예전을 유지할 것을 주장하는 러시아 정교회의 입장이 좋은 예가 되겠는데, 현대의 러시아인들 중에서 이러한 주장을 충분히 이해할 수 있는 사람은 거의 없다. 구소련 연방에서 일부 서방 선교사들이 거둔 성공은 부분적으로는 보다 현대적인 형태의 예배와 제자화 사역에 기인한다는 것에 대해서는 의심의 여지가 거의 없다.

정교회의 뚜렷한 강조점에 대한 비판: 하나님의 장엄함과 신비

제3장에서 정교회 신학의 부정적apophatic 성격이 정교회의 전 신학적 사고의 근본적인 틀이라고 강조했는데, 이 "부인"의 "부정적 방식"이 살아 계신 하나님 앞에서의 근본적인 엎드림으로 규정된다. 하나님은 그 본질이나 본성에 있어서 절대적으로 불가해하고 접근 불가능한 분이다. 다마스커스의 요한이 지적했듯이 하나님의 본질에 있어서 이해 가능한 모든 것은 그 분의 불가해성이다.[16] 이것은 결코 우리가 하나님을 알 수 없다거나 경험할 수 없다는 것을 의미하는 것이 아니다. 그 분의 에너지 안에서 그 분의 자기 하강적 은총 안에서 우리는 타당하지만 제한된 방식으로 하나님을 알고 경험한

---

16) John of Damascus, *Exposition of the Orthodox Faith* 1.4.

다. 신 신학자 시므온과 그레고리 팔라마스는 존재론적 형언 불가능함 혹은 신학적 불가지론의 개념에 반대하여 직접적인 하나님 경험의 적법성 및 필연성을 변호했다.

정교회에 있어서 하나님의 불가해한 신비는 해독해야 할 수수께끼가 아니고 제거해야 할 결점이 아니다. 그것은 관상하고 흠숭해야 할 것이다. 신학적 신비는 신비적 연합에게로 움직인다. 따라서 동방에서 신학*theologia*은 추상적인 명제로부터 합리적인 결론을 도출해 내는 경향을 띠기보다는(비록 그러한 경향이 정교회에서 전적으로 결여되어 있는 것은 아니지만) 관상*theoria*과 비전에게로 향하는 경향을 띤다. 예를 들면 『필로칼리아』에서 "신학"은 박식의 수준에서 이해되기보다는 영적 경험의 수준에서 이해된다.

하나님의 본성에 대한 성경의 증언은 아포파티즘을 강력하게 지지한다. 어느 누구도 하나님을 보았거나 볼 수 있는 자가 없다(요 1:18). 그 분은 가까이 갈 수 없는 빛 안에 거하신다(딤전 6:16). 그 분의 길은 헤아릴 수 없고 측량할 수 없다(욥 11:7-8; 롬 11:33-36). 심지어 하나님에 대해 깊은 지식을 가지고 있는 천사들조차도 그 분을 뵈온 환상을 숨기고 있다(사 6:2). 신적 지혜와 인간적 지혜 사이에는 질적인 차이가 있다(사 55:8-9; 고전 1:18-31; 3:18-23). 시편 기자가 말했듯이 "우리 하나님은 하늘에 계셔서 원하시는 모든 것을 행하시는" 분이시다(시 115:3; 시 135:6과 비교하라).

아포파티즘은 신적 본성에 의해서만 요구되는 것이 아니라 인간적 조건에 의해서도 요구된다. 존 칼빈이 『기독교 강요』에서 지적했듯이 "둔감이라는 잘못이 우리 안에 존재한다." 우리는 제한적이다. 우리의 지적 능력과 역사-문화적 경험은 다양하고 상대적이다. 타락 및 우리 속에 내재하는 죄성은 선을 행할 수 있는 우리의 의지와 능력을 약화시킬 뿐만 아니라 선을 알 수 있는 우리의 마음 및 마음의 능력도 약화시킨다. 진리의 억압, 무가치한 생각, 그리고 어두워지고 타락한 생각은 우리의 신학적 지식을 제한한다(롬 1:18, 28; 엡 4:17-18). 우리는 종말의 때에 하나님을 아는 것 같이 지금 그렇게 하나님을 알 수는 없다(고전 13:12; 요1 3:2-3).

부정의 방법은 성경적인 신학 방법론의 필수적인 구성 요소이다. 그것은 일부 복음주의적 신학 방법론에서 드러나는 합리주의적 충동, 즉 초월적인 하나님을 내재화하려는 경향에 대한 끊임없는 경고이다. 아포파티즘은 회의주의나 불가지론의 덕목을 끊임없이 상기시켜 주기 위해 요청되는 매개물이 아니라 신학적 겸손을 상기시켜 주는 매개물이다. 진정으로 성경적인 신학 방법론은 신비를 제거하려고 하기보다 흠숭하려 한다. 여기에서 우선권을 획득한 신앙은 이해를 추구한다.[17]

정교회의 아포파티즘은 신학 방법론에서만 도움이 되는 것이 아니다. 그것은 진정으로 성경적인 신학이 지성적일 뿐만 아니라 경험적이라는 것을 상기시켜 줌으로써 신학의 본질을 숙고할 때 도움을 준다. 하나님은 단지 지적인 탐구의 대상이 되는 격리된 초월적 존재만이 아니다. 또한 그레고리 팔라마스와 신신학자가 주장했듯이 그 분은 직접 경험되어야 하는 분으로서 내재하시는 주체이시다. 예루살렘의 키릴이 지적 연구의 대상이신 하나님과 개인적 관계의 주체이신 하나님은 분리될 수 없다고 한 말이 옳았다: "경건의 방법은 이 두 가지로 이루어진다: 경건한 교리와 덕성의 실천. 하나님은 선행이 없는 교리를 받아들이지 않으며 또한 경건한 교리에 근거하지 않

---

17) Anselm, *Proslogion* 1.

은 행위를 받지 않으신다."[18]

정교회에 있어서 진정한 신학은 지적인 해박함뿐만 아니라 살아 계신 하나님과의 영적 경험도 포함한다. 이러한 개념은 명제에 대한 학문적인 숙고에 치우치는 경향이 있는 서방의 신학방법론을 교정할 수 있다.

신학의 방법과 본질에 대한 정교회의 통찰은 개신교의 전통에서도 찾아볼 수 있다. 그것은 기독교를 공식적 종교 혹은 외적 종교로 받아들임으로써 진정한 마음의 종교를 결여할 수 있는 위험에 대해서 경고하면서 진정한 신학의 경험적 혹은 실험적 성격을 주장한 존 웨슬리의 천재성에서 나타난다. 도널드 토르센Donald Thorsen에 따르면 웨슬리는 엄격하게 스콜라주의적이거나 개념주의적인 신학 방법을 교정하는 데 있어서 경험이 긍정적이고 필수적인 역할을 한다고 본다.[19] 개혁주의적 전통에서 칼빈은 단지 "머리 속에서만 스쳐 지나가는 것"이 아니라 변형시키는 힘을 가진 경건으로서의 하나님 지식을 주장했다. 그와 마찬가지로 필립 야곱 스펜서(1635-1705)는 그의 작품 『경건한 소원』Pia Desideria, 1675에서 주장하기를 영적 갱신이 신학적 교리만큼이나 중요하다고 했다. 보다 최근에 에밀 부룬너Emil Brunner, 1889-1966와 같은 신정통주의 신학자들은 하나님의 계시가 명제적일 뿐만 아니라 인격적이라고 주장했다. 하나님은 단순히 정보만 아니라 그분 자신을 계시하신다. 부룬너에 있어서 성경적인 진리의 개념은 서방의 철학적 전통과 반대로 만남이다. 성경적 진리는 단순히 나와 그것과의 관계가 아니라 살아 계신 하

---

18) Cyril of Jerusalem, *Catechesis* 4. 2.

19) Thorsen, "The Authority of Experience," in *Wesleyan Quadrilateral*, 201-25. Randy Maddox, "John Wesley and Eastern Orthodoxy: Influences, Convergences, and Differences," *Asbury Theological Journal* 45. 2 (Fall 1990): 29-53.

나님과 나와 당신의 관계 속에서 이루어지는 만남이다.[20]

　서방 전통 신학에서 신비가 상실된 경우는 없다. 어떤 사람은 쇠렌 키에르케고르와 칼 바르트를 생각하는데, 그들은 하나님의 타자성을 극단적으로 강조했다. 마찬가지로 개신교 스콜라주의는 하나님 자신에게만 알려지는 무한한 하나님 지식theologia archetypa과 피조물에게도 알려질 수 있는 유한하고 불완전한 하나님 지식theologia ectypa을 분명하게 구별했다―천사들에게든 하늘의 축복 받은 성자들에게든 이 땅에서 영적인 싸움을 싸우는 순례자들에게든theologia viatorum.

　따라서 정교회의 아포파티즘은 우리의 합리주의적인 신학방법에서 우리로 하여금 필수적으로 요청되는 지성적 신학에 인격적이고 삶을 변화시키는 만남, 즉 신비성을 병합시켜야 한다는 것을 상기시켜 준다. 나아가서 하나님의 초월성의 의미, 즉 우리의 하나님 지식은 비록 그것이 타당한 것이라 할지라도 제한되어 있다는 것이다. 그 분의 내재성은 하나님께서 자기를 계시하시면서 단지 지성을 위한 객관적인 명제가 아니라 예배 가운데 흠숭받는 사랑의 주체이시라는 것을 상징한다.

그리스도의 형상: 이콘들

　개신교와 정교회 건축물의 내부를 비교해 보면, 개신교는 하얀 벽으로, 정교회는 장방형의 내부 전부가 미술적인 장식으로 덮여 있는 것을 발견할 수

---

20) Emil Brunner, *Wahrheit als Begegnung* (Zurich: Zwingli, 1938); *Truth as Encounter*, rev. ed. (London: SCM, 1964)을 보라.

있다. 단순히 건축 양식을 비교하는 것만으로도 개신교와 정교회의 세계가 얼마나 판이한지를 알 수 있다. 개신교와의 차이점들 중에서 가장 뚜렷하고 논쟁거리가 되는 것은 정교회의 이콘일 것이다.

역사적으로 보면 개신교는 거의 성상파괴론의 입장에 서 왔다. 우리는 신학과 예배에서 금욕주의의 역할을 정중하게 무시하는 입장을 견지해 왔거나 때때로 다소 의도적으로 성상파괴주의의 입장에 서 있었다. 개신교의 종교개혁자들은 그러한 형상으로 장식된 교회의 벽을 하얗게 바꾸어 놓았다. 현대의 예로 패커J. I. Packer는 광범위한 영향을 끼친 그의 책 『하나님을 아는 지식』에서 기독교인은 예배에서 하나님을 시각적, 혹은 그림으로 묘사하는 어떤 형상도 사용하지 말아야 한다고 주장한다: "제2의 계명은 우리로 하여금 예배 속에서 성부의 그림이나 조상statue뿐만 아니라 그리스도의 그림이나 조상도 배제하도록 강요한다는 데 추호도 의심의 여지가 없다."[21]

쟈끄 엘룰Jacques Ellul의 『말씀의 겸비』Humiliation of the Word는 말씀의 우선권과 기독교 공동체 내에서 형상이 초래할 수 있는 위험을 강조하는 개혁주의적 성상파괴주의의 또 다른 본보기이다.

이콘의 사용에 대해 의문을 제기할 훌륭한 이유가 있는 것은 사실이지만, 754년의 성상파괴 공의회의 표현을 빌자면 개신교도들이 이콘을 사용하는 기독교인들을 "그리스도의 교회로부터 축출하고 저주할 것"을 고려하는 데까지 나아갈 필요가 있는가? 이콘의 사용과 관련된 복잡한 신학적·정치적 역사에도 불구하고 우리는 어떻게 에큐메니칼 공의회가 마침내 이콘 사용

---

21) J. I. Packer, *Knowing God* (Downers Grove, Ill.: Inter-Varsity, 1973), 3940. Cf. Donald Bloesch, *A Theology of Word and Spirit* (Downers Grove, Ill.: Inter-Varsity, 1992), 94-102.

을 재가했는가 하는 문제를 생각해 보기 위해서 잠시 멈추지 않겠는가? 대바실에 의해서 채택된 정교회의 신학 및 전략에 대한 호소는 우리로 하여금 신학의 자원으로서의 예전적 전통의 역할을 재고해 보도록 도와주는 것이 아니겠는가?

역으로 말하자면 정교회에 대해서 그와 관련된 질문들을 던질 수 있다. 정교회는 이콘의 최종적 승인을 둘러싼 복잡한 정치적·역사적·신학적 요소들이 반강제적으로 이콘을 사용하도록 할 수 있었을 것이라는 점을 인정할 수는 없겠는가? 초대 교회의 역사를 통해서 볼 때 이콘에 대한 기독교 변증가들의 수많은 부정적 진술은 차치하고라도, 이콘의 사용이 일치된 지지를 얻지 못했음이 분명하다. 교회의 지지가 성상파괴론의 전장에서 가장 강력한 무기 중의 하나였다는 사실을 인정하는 게오르그 플로로브스크의 입장은 이 문제를 이해하는 데 도움이 된다. 나아가서 이러한 모호한 이콘 신학의 역사를 통해서 볼 때 787년의 공희회와 함께 이콘의 사용을 거부하는 기독교인이 악하고 해로우며 체제 전복적인 이단이라고 계속 주장하는 것이 진정 소용이 있는 일인가? 오늘날에도 매년 843년의 공의회를 기념하면서 성상파괴론의 입장을 가진 신자들을 공개적으로 저주하는 것이 그리스도의 과업에 봉사하는 데 도움이 되는 것인가? 나는 그렇지 않다고 생각한다. 그 대신 이콘은 단지 개신교도와 정교회 신자들에 의해서 아디아포라의 범주에 포함될 수 있는 이슈가 될 수 있을 뿐이다.

정교회의 이콘은 개신교 기독교인들에게서 전반적으로 외면되어 왔지만 중요한 신학적 질문―폭넓게 존재하는 진정한 기독교 미학의 본질과 기능―을 제기한다. 개신교도는 692년의 공의회 법령 82조가 선포한 것처럼 창조와 성육신의 교리가 물질세계의 선함에 관하여 어떤 의미를 내포하고 있는가 하는 질문을 탐구하기를 꺼려 왔다. 신학에서 미학에 대한 이러한 무시 혹은 적대감이 있음은 무엇을 의미하는가? 우리는 물질세계를 악한 것으로 취급하는 가현설적Docetic, 혹은 영지주의적Gnostic 경향에 반대하여 끊임없이 싸워야 할 것 같다. 물질에 대한 성숙한 기독교 형이상학이 표방하는 입장과 같이 인간의 감각의 성화 및 물질의 영화에 관한 다마스커스의 요한과 박식한 테오도르의 진술은 이 점에서 도움이 될 것이다.

그러나 기독교 미학 혹은 물질주의의 합법성을 인정한 후에도 개신교도는 787년의 공의회의 결정과 같이 복음이 차지하는 지위와 기능을 이콘에게 부여하는 것이 타당한가 하는 의문을 제기할 수 있다. 정교회는 진정 성경의 본문이 말로 제시하는 내용을 단순히 색깔로써 적절하게 전달할 수 있다고 확언하기를 원하는가(869년의 공의회)? 신학은 말로써 보다는 형상으로써 가장 명료하게 전달되고, 교육받지 받지 못한 사람들의 경우에는 이콘이 말씀을 충분히 대체할 수 있다는 정교회의 주장 속에 건전하지 못한 점이 내재하고 있는 것이 아닐까? 단적으로 말해서 이콘은 결코 우리들에게 "우리가 알아야 할 모든 것"—왜 그의 교회가 보다 많은 교리 교육을 제공하지 않는가 하는 질문에 대한 한 정교회 사제의 답변—을 충분히 가르쳐 주는 수단이 될 수 없다.[22] 이콘이 결코 말씀을 대체하거나 뒤엎을 수 없다. 그러나 올바로 이해되기만 하면 이콘은 예배의 내용 자체를 보충할 수는 없다 할지라도 예배의 방식을 보충할 수 있는 좋은 수단이 될 수 있다.

정교회는 하나님에게만 드려져야 할 절대적 예배와 이콘이나 성자 혹은 심지어 상호 간에 드릴 수 있는 상대적인 존경이나 경배를 뚜렷이 구분한다.

---

22) Harvey Cox, *Many Mansions* (Boston: Beacon, 1988), 132.

나아가서 정교회는 이콘에 상대적인 경배를 표할 때 물질적 형상 자체가 아니라 그 원형인 하나님 자신만 예배한다고 주장한다. 개신교도는 이러한 구별이 주는 도움을 인정해야 하며, 또한 비록 경배의 외적인 형태가 절대적 예배와 동일하게 보일지 모르나 실제로 내적인 의도는 매우 다르다는 테오도르의 인식에 공감해야 한다.

그러나 정확히 이 점에서 개신교도는 다시금 하나의 중요한 질문을 제기한다. 정교회의 교리와 실제적인 이콘 사용의 관습 사이에 종종 명백한 모순이 존재하지 않는가? 얼마나 많은 정교회의 평신도가 예배의 본질에 관한 복잡한 신학적 구별을 이해하며 따르고 있는가? 이콘의 사용이 너무나 쉽게 하나님과의 만남을 방해하는 장애물로 전락해 버리지는 않는가? 물론 이것은 답변하기 어려운 질문이다. 왜냐하면 핵심적인 쟁점은 그 개인의 내적인 의도이기 때문이다. 그리고 누가 그 내적인 의도를 결정할 수 있겠는가?

아마도 개신교 전통에서 나온 하나의 유비가 이 문제의 해결에 도움이 될 것이다. 유아세례의 실제적인 남용이 폭넓게 이루어지면서 유아세례의 신학적 정당성이 위협받게 되었기 때문에 일부 루터파 및 개혁파 신학자들—키에르케고르, 바르트, 위르겐 몰트만—은 유아 세례의 폐지를 권고했다. 마찬가지로 루터와 칼빈은 이콘의 남용에 좌절한 나머지 이콘 사용에 반대하는 신학적 논쟁을 벌이지 않았는가? 만일 정교회가 주장하는 것처럼 예전적 관행이 신학적 입장을 지지할 수 있다면 예전적 남용도 신학적 책임을 지고 있으며 그에 깊이 연관되어 있다. 심지어 아디아포라도 복음을 방해하거나 모호하게 만들 수 있다. 정교회 내에서 어떤 신학자들은 이 문제에 주목하기 시작했다.[23] 더 나아가서 『필로칼리아』는 감관 지각에 의해서 우리의 감수성이 기만될 수 있다는 사실을 폭넓게 경고하고 있다.

성령의 증언: 성경과 전통

제5장에서는 정교회가 개신교의 '오직 성경'의 원리와 가톨릭 교회의 교황무오설로부터 어떻게 자신을 구별하려고 애썼는지를 보았다. 정교회는 성경이나 교황의 외적인 권위대신에 성령의 영적 · 내적인 권위를 주장한다.

이미 살펴보았던 바와 같이 정교회는 성경과 전통의 관계에 관하여 전혀 일관성을 보이지 않는다. 전통보다 성경이 절대적인 우위에 있다는 정교회의 진술이 있음에도 불구하고, 대부분의 경우 정교회는 다른 형태의 전통들—이콘 · 공의회 · 에큐메니칼 신조—이 그와 동일하거나 무오한 신학적 권위를 가지고 있다고 주장한다. 개신교는 신약성경의 정경이 형성된 사실만으로도 초대 교회가 다른 모든 신학적 권위를 이차적인 것으로 간주했다고 선언한 것이라고 응답했다. 교회가 정경을 받아들인 사실은 정경이 "위경 문헌과 구전 전통의 혼동스런 주장의 와중에서 명확한 권위"를 인정받았음을 보여준다.[24]

한편 개신교는 정교회가 전통을 강조하는 역사적 맥락을 인식해야 할 필

---

23) Cf. Alexander Yelchaninov, in George P. Fedotov, *A Treasury of Russian Spirituality*, 2 vols. (Belmont, Mass.: Nordland, 1975), 2:451, 463-64.

24) Heiko Oberman, "Quo Vadis? Tradition from Irenaeus to Humani Generis," *Scottish Journal of Theology* 16 (1963): 250.

요가 있다. 기독교의 초기 몇세기 동안 교회는 성경을 자신의 목적에 따라 사용하려 한 영지주의 및 아리우스파 이단들의 주장과 씨름해야 했다. 예를 들면 레렝의 빈센트는 그의 저서 『비망록』*Commonitorium*에서 모든 이단들이 그들의 입장을 지지해 주는 성경적 근거를 가지고 있다고 주장한다고 불평한다. 그러한 주장에 대한 답변으로 초대 교회는 전통, 기독교 진리의 규범, 혹은 표준의 개념을 개발하여 말씀에 대한 그릇된 주석으로부터 진정한 주석을 구별하려고 했다. 역사적인 관점에서 보면 종교개혁이 그 고유한 역사적 상황에서 성경이 전통보다 우위에 있다고 강조한 것을 이해할 수 있듯이, 초대 교회가 전통을 강조한 것 역시 이해할 수 있다.

또한 우리는 일반적으로 정교회는 교부들과 신조와 공의회에 대해 호소하는 데 있어 충분할 정도로 비판적이지 않다는 것을 주목해야 한다. 정교회가 종종 다소 로맨틱하게 이해하는 이러한 정경 외적 요소들은 때때로 암시되는 것과 같이 통일적이거나 단일하지는 않다. 전통은 성경 안에서 성령의 증언를 지지할 수 있을 뿐만 아니라 성령의 증언를 왜곡시킬 수도 있다는 종교개혁의 통찰을 회복할 필요가 있다.

그러나 만일 정교회가 이러한 교부적 자료들에 대해서 충분히 비판적인 입장을 가지고 있지 않다면 개신교는 그 자신의 입장에서 성경의 역사적·교회정치적 맥락에 충분히 관심을 기울이지 않는다는 점이 지적되어야 한다. 정교회의 세계에 들어가는 것은 성경을 비역사적 맥락에서 읽으려 하는 개신교의 경향성을 교정하는 데 도움이 된다. 개신교는 전통이 기독교 공동체의 삶과 예배와 자기반성에 있어 일정한 역할을 한다는 사실을 이해해야 한다. 그러한 이해에 이르기 위해서 그들은 '오직 성경'의 원리가 정확히 무엇을 의미하는지 올바로 이해해야 한다. 많은 사람들이 전통적인 제도 및 갖가지 전통들이 복음을 모호하게 만들거나 왜곡시킨다고 보았던 종교개혁의 역사적 맥락에서(그리고 20세기 초반의 근본주의의 역사적 맥락에서), 오직 성경에만 호소하는 것이 이해할 만하고 심지어 필요했을 것이다. 그러나 해롤드 브라운이 지적하듯이, 다른 관점에서 본다면 "성경이 교회를 창조했다고 생각하는 것은 그릇된 것"이다. 정교회(그리고 가톨릭)와 함께 개신교는 교회가 성경보다 먼저 존재했고 교회를 출생시켰다는 것을 인정해야 한다. 나아가서 "성경만이 기독교인의 삶과 예배의 모든 구조를 창조할 수 있다고 생각하는 것은 그릇된 것"이다. 다양한 형태의 전통은 긍정적이든 부정적이든 성경의 본문을 확대한다. 브라운은 다음과 같이 결론을 맺는다: "오늘날의 복음주의 개신교는 심지어 우리가 '오직 성경'라는 규범적 원리를 주장할 때조차도 초대의 회중들은 성경이라는 원리의 산물이거나 최소한 '오직 성경'라는 원리의 산물이라는 허구를 더이상 주장할 수 없다."[25]

그렇다면 성경이 기독교인의 삶과 신학에 있어서 주된 원천인 것은 사실이지만 독점적인 원천은 아니라고 개신교도는 주장해야 한다. 성경은 자체로 *sui generis* 이러한 원천이 되는 것은 사실이지만, 전통은 실제적인 불가피성―누구도 그것을 피할 수 없다―이며 해석학적 필연성이다. 수세기를 거슬러 올라가면서 성경을 해석했던 교회의 정신을 탐구하게 되면 우리는 사적이고 주관적인 해석들이 초래하는 심각한 위험을 피할 수 있게 된다.

또한 개신교도는 사도적 진리의 계승은 단일한 혹은 집단적인 위계 구조의 책임이 아니라 전체 교회의 책임이라고 주장하는 점에서 정교회와 친밀

---

25) Harold O. I. Brown, "Orthodoxy: An Evangelical Perspective"(Paper given at the Society for the Study of Eastern Orthodoxy and Evangelicalism, Wheaten, Ill., September 26, 1992), 5.

감을 느낀다. 로마의 주교가 동일한 자들 중에서 첫째 지위를 누리지만 결코 최고의 권력을 가지고 있는 것은 아니라고 보는 점에서 개신교는 정교회와 일치할 수 있다. 복음 진리의 수호자로서의 모든 사제와 주교, 모든 교회, 그리고 모든 하나님의 백성의 존재론적 동등성은 가톨릭 교회의 경향에 대한 건전한 교정책이다. 정교회의 위계질서가 실제적으로 교회정치적 주도권을 장악하려는 경향을 피할 수 있었느냐 하는 것은 별개의 문제이다.

마지막으로 궁극적인 교회정치적 권위는 성령의 역사와 증거에 있다는 영적인 이해는 개신교도들이 종종 무시하는 진리를 상기시켜 준다. 외적 형태의 신학적 권위의 합법성, 심지어 필연성을 인식하면서도 동시에 우리는 이러한 형태의 권위들이 그 본질상 준궁극적이라는 사실을 인식해야 한다. 지옥의 권세에 대한 복음의 최종적 승리(마 16:18)는 궁극적으로 하나님 자신의 사역에 의존한다. 성경적 권위의 교리에 있어서 성령의 역사를 회복하는 것이 개신교도에게는 건전한 도전이 된다.

인간의 신화: 테오시스

정교회에 있어서 테오시스의 중심성은 이콘의 중심성과 마찬가지로 개신교 신학에는 매우 낯선 것이다. 제6장에서 테오시스(신화)가 최소한 세 가지 상호 관련된 의미를 가지고 있음을 살펴보았다. 그것은 하나님과의 신비적 연합으로서 이로 인해 신자가 변형된다: 죽음·필멸성·부패로부터 생명·불멸성·부패하지 않는 상태로의 이동과 하나님의 형상(모든 사람이 소유하고 있는)으로부터 그 분을 닮음(하나님의 변형시키시는 은혜와 협동하는 사람들에게 주어진)에게로의 상승.

비록 그리 많은 성경적 지원을 받고 있지는 않지만 테오시스는 확실하고 유서깊은 교부적 유산을 가지고 있는 영역이다. 테오시스는 개신교의 복음주의자들에 의해서 거의 탐구되지 않은 분야이다. 그들은 그리스도의 사역을 묘사하는 성경적 은유의 아름다운 옷차림에 경의를 표하지만, 그럼에도 불구하고 주로 이신칭의와 대속적 속죄에만 주의를 기울인다. 그러나 교회의 역사를 연구해 보면 교회사가 기독교 인간학을 교회 비전의 중심에 위치시키는 바 잘 정의된 동방의 주석적 전통을 지지하고 있다는 사실을 깨닫게 된다. 지난 두 세기 동안 기독교에 대한 주된 거부는 인간학적 비판—다윈, 마르크스, 프로이드—에 근거를 두고 있었고, 우리 시대의 많은 핵심적인 문화적 문제들—낙태, 안락사, 기아, 문맹—이 강건한 신학적 인간학의 출현을 간구하고 있기 때문에 개신교도는 인간이 하나님의 형상으로 창조되었다는 것과 인간과 그 분과의 연합이 담고 있는 의미에 대해서 우선적인 관심을 가지고 자신이 고수해 온 기존의 관점을 재고해 보기를 원할지도 모른다.

정교회가 테오시스의 교리를 선언하는 가운데 범신론적인 뉘앙스를 명백히 거부하기 위해서 신중한 입장을 견지한다는 사실을 개신교는 기억해야 한다. 신자들은 신적 본성과의 신비적 연합을 통해서 변형된다는 일반적 개념은 바울의 가르침에서 지지를 받는다. 그는 인간의 타락에 의해서 왜곡되었지만 상실되지는 않은 하나님의 형상이 우리 안에서 점진적으로 갱신되고 있는데(골 3:10), 이로써 우리는 점차적으로 그리스도를 닮은 존재로 변형되고 있다고 주장한다(롬 8:29). 바울의 말에서 우리는 그리스도와 하나님을 보다 많이 닮아간다. 베드로의 용어 속에서 우리는 신의 성품을 함께 나누게 된다.

하나님의 은총이 인간의 협동을 필요로 한다는 정교회의 주장이 『필로칼리아』에서는 "넵틱"한 투쟁으로 이해되고 있는데, 이것은 개신교도 가운데서 따뜻한 환영을 받아야 마땅하다. 바울은 자신에 대한 성찰을 통해서 그의 삶 속에서 행하신 하나님 은총이 무익하거나 헛되지 않은 것은 그 자신이 "열심히 일했기" 때문이었다고 깨달았다(고전 15:10-11; 고후 6:1). 하나님께서 우리 안에서 일하시기 때문에 우리는 스스로의 노력에 의해서나 혹은 내재하는 힘에 의해서가 아니라(펠라기우스) 우리 안에서 품으신 뜻을 이루기 위해서 일하시는 하나님의 변형시키는 은총에 의해 우리의 구원을 이루기 위해 힘쓴다(빌 2:12-13). 야고보도 또한 진정한 믿음은 인간의 행위에 의한 반응에 의해서 입증되거나 정당화된다고 강조한다(약 2:14-16). 하나님의 은총에 대한 인간의 반응의 중요성을 강조하는 정교회의 입장은 동시에 이는 행위 구원의 개념을 명확하게 거부하는데, 이는 (왜곡된) 법정적 구원관으로부터 야기될 수 있는 무정부주의적 경향을 경계하는 건강한 신인 협동적 선례가 된다.

개신교는 테오시스의 신학에 대해서 세 가지 차원의 비판을 제기할 수 있다.

첫째, 정교회는 테오시스의 성경적 증거가 단지 두 개의 본문에서만 빈약하게 발견되며(벧후 1:4; 요 10: 34-35) 그 증거조차도 의문시되고 있다는 사실에 입각해서 전체 신학적 구조 안에서 테오시스 교리가 불균형하게 강조되고 있다는 지적에 귀를 기울일 필요가 있다. 만일 테오시스에 대한 강조로 인해서 정교회가 그리스도의 사역을 묘사하는 중심적인 성경적 주제들을 무시하거나 이신칭의와 같은 다른 성경적 주제들은 바울적 개념이라기보다는 어거스틴주의적인 왜곡에 불과하다고 주장한다면, 테오시스 교리는 재고될 필요가 있다. 일부 정교회 사상가들은 그리스도의 사역에 대한 완전한 성경적 증거를 잘 인식한다. 예를 들면 블라디미르 로스키는 대속적 죽음을 명시적으로 승인한다.[26]

둘째, 형상과 닮음간의 구별과 같은 테오시스에 대한 일부 증거는 현대의 성경 학계에서 거의 지지를 받지 못하고 있다(이 점은 일부 정교회 사상가들도 인정하고 있다).

셋째, 성경신학에서 구원의 교리와 성화의 교리를 구별하는 것이 중요하다.[27] 구원을 경험하는 신자는 누구든 성화를 경험할 수 있으며 또 그러해야 한다고 주장하는 것이 타당하지만, 이로 인해서 그 두 가지 경험이나 교리를 동등시해서는 안 된다. 테오시스를 구원의 경험이라기보다 성화의 경험으로 이해하는 것이 옳으며, 정교회가 이 점에서 그 두 경험을 혼동하고 있다는 주장이 제기될 수 있다.

테오시스와 그리스도의 사역을 묘사하는 다른 성경적 은유들을 상호 모순적인 것으로 이해할 필요는 없다. 그것들이 서로 보완적인 것이라고 보지 못할 이유가 없다. 동방은 신비적 연합과 신적인 변형이라는 중요한 개념을 강조한다. 반면 서방은 거룩하신 하나님 앞에 선 신자의 법정적 지위를 강조하는 경향이 있다. 이 양자의 개념은 성경의 지지를 받고 있으며 완전한 신학적 표현을 받기에 합당하다.

복음의 증거는 본질적으로 교회의 일치에 의존한다. 오직 신자들이 "완전한 일치"에 이를 때(요 17:23), 우리가 서로 온전히 사랑할 때 세상은 하나

---

26) Vladimir Lossky, *Orthodox Theology: An Introduction* (Crestwood, N.Y.: St. Vladimir's Seminary Press, 1978), 110.

27) Bajis, *Common Ground*, 253 n. 45.

님께서 그리스도 안에서 세상을 사랑하신다는 사실을 이해할 것이다. 칼빈이 『기독교 강요』에서 지적했듯이 교회는 "많은 결점 속에서 모여 있다." 그러나 그 때에도 우리는 결코 그가 "과도한 엄격성"이라고 불렀던 죄를 저질러서는 안 된다.

웨슬리 또한 유용한 모델을 제공해 준다. 비록 그가 가톨릭과 상이한 입장을 가지고 있었고, 그의 생각에 복음의 본질을 타협하도록 강요받는 상황이 왔을 때에는 단호하게 그러한 차이점들을 지적하기를 주저하지 않았음에도 불구하고 그는 또한 화해적 자세가 신자들이 따라야 할 의무라고 일관되게 말했다.[28]

복음의 증거는 또한 올바르게 정식화되고 명확하게 선포된 진리의 말씀에 본질적으로 의존한다. 신학적 내용과 표현의 방식 모두가 중요하다. 복음의 내용은 명료하게 정식화되어야 한다. 그 다음 복음은 복된 소식을 효과적으로 선포하는 교회론적 가죽부대에서 표현 방식을 발견한다. 복음 전도의 수단은 명확하고 뚜렷한 메시지의 목적에 맞아야 한다.

사랑의 해석학을 확신 있게 실천하고 기독교 가르침의 비본질적인 것들보다는 본질적인 것들을 주장함으로써 개신교와 정교회 기독교인들은 진정한 그리스도의 몸의 표식—하나의, 거룩하고, 전교회적이고 사도적 교회—을 구현하며 우리 주님의 분명한 명령에 순종하기 시작한다.

---

[28] Thorsen, *Wesleyan Quadrilateral*, 159-62.

참고문헌

Alexeev, Wassilij, and Theofanis G. Stravrou. *The Great Revival: The Russian Church under German Occupation*. Minneapolis: Burgess, 1976.

Anglican-Orthodox Dialogue: The Dublin Agreed Statement of 1984. Crestwood, N. Y. : St. Vladimir's Seminary Press, 1985.

Anglican-Orthodox Dialogue: The Moscow Agreed Statement of 1976. London. S. P. C. K., 1977.

Arseniev, Nicholas. *Mysticism and the Eastern Church*. Crestwood, N. Y. : St. Vladimir's Seminary Press, 1979.

Atiya, Aziz S. A History of Eastern Christianity. Notre Dame. University of Notre Dame Press, 1968

Bajis, Jordan. Common Ground: An Introduction to Eastern Christianity for the American Christian. Minneapolis: Light and Life, 1991.

Baker, Derek. The Orthodox Churches and the West. Oxford: Basil Blackwell, 1976.

Beeson, Trevor. *Discretion and Valour: Religious Conditions in Russia and Eastern Europe*. Rev. ed. Philadelphia: Fortress, 1982.

Benz, Ernst. *The Eastern Orthodox Church: Its Thought and Life*. Translated by Richard and Clara Winston. Garden City, N. Y. : Anchor Books, 1963.

Billington, James H. *The Icon and the Axe: An Interpretive History of Russian Culture*. New York: Random House, 1966.

___. Russia Transformed: Breakthrough to Hope. New York: Free, 1992.

Blackmore, R. W., et al. *The Doctrine of the Russian Church*. Willits, Calif. : Eastern

Orthodox Books, 1973.

Bociurkiw, Bohdan R., and John W. Strong, eds. *Religion and Atheism in the U.S.S.R. and Eastern Europe*. Toronto: University of Toronto Press, 1975.

Bourdeaux Michael. *Gorbachev, Glasnost and the Gospel*. London: Hodder and Stoughton, 1990.

___. *Patriarch and Prophets: Persecution of the Russian Orthodox Church Today*. New York: Praeger, 1970.

___. *Religious Ferment in Russia: Protestant Opposition to Soviet Religious Policy*. New York: St. Martin's 1968.

___. *Risen Indeed: Lessons in Faith from the USSR*. Crestwood, N. Y. : St. Vladimir's Seminary Press, 1983.

___, and Lorna Bourdeaux. *Ten Growing Soviet Churches*. Bromley, Kent: MARC Europe, 1987.

Bratsiotis, Panagiotes. "Fundamental Principles and Main Characteristics of the Orthodox Church. " In *the Orthodox Ethos*, edited by A. J. Philippou, 23-31. Oxford: Holywell, 1964.

___. *The Greek Orthodox Church*. Notre Dame: University of Notre Dame Press, 1968.

Bulgakov, Sergius. *The Orthodox Church*. Rev. ed. Cerstwood, N. Y. : St. Vladimir's Seminary Press, 1988.

___. *The Wisdom of God: A Brief Summary of Sophiology*. New York: Paisley, 1937.

Buss, Gerald. *The Bear's Hug; Christian Belief and the Soviet State*, 191 7-86. Grand Rapids: Eerdmnan, 1987.

Calian, Carnegie S. *Icon and Pulpit: The Protestant-Orthodox Encounter*. Philadelphia: Westminster, 1968.

___. *Theology without Boundaries: Encounters of Eastern Orthodoxy and Western Tradition*. Louisville: Westminster/John Knox, 1992.

Cavarnos, Constantine. *The Icon: Its Spiritual Basis and Purpose*. Belmont, Mass.: Institute for Byzantine and Modern Greek Studies, 1973.

Chmykhalov, Timothy, and Danny Smith. *The Last Christian. The Release of the Siberian Seven*. Grand Rapids. Zondervan, 1986.

Chrestou, Panagiotes. *Partakers of God*. Brookline, Mass.: Holy Cross Orthodox, 1984.

Chrysostomos, Archimandrite. *Contemporary Eastern Orthodox Thought: The Traditionalist Voice*. Belmont, Mass.: Nordland, 1982.

Coniaris, Anthony M. *Introducing the Orthodox Church: Its Faith and Life*. Minneapolis: Light and Life, 1982.

Conquest, Robert. *The Great Terror: Stalin's Purge of the 1930's*. New York: Oxford University Press, 1990.

___. *The Harvest of Sorrows: Soviet Collectivization and the Terror-Famine*. New York: Oxford University Press, 1986.

___. *Religion in the U.S.S.R.* New York: Praeger, 1 968.

___. ed. *The Last Empire: Nationality and the Soviet Future*. Stanford, Calif. : Hoover Institution Press. 1986.

Constantelos, Demetrios J. *The Greek Orthodox Church: Faith, History, and Practice*. New York: Seabury, 1967.

Copleston, Frederick C. *Philosophy in Russia*. Notre Dame: University of Notre Dame Press, 1986.

___. *Russian Religious Philosophy*. Notre Dame: University of Notre Dame Press, 1988.

Curtiss, John S. *Church and State in Russia: The Last Years of the Empire, 1900-1917*. New York: Octagon, 1967.

___. *The Russian Church and the Soviet State, 1917-1950*. Boston: Little, Brown, 1953.

Demetrakopoulos, George H. *Dictionary of Orthodox Theology: A Summary of the Beliefs, Practices, and History of the Eastern Orthodox Church*. New York Philosophical Library, 1964.

Doulis, Thomas, ed. *Journey to Orthodoxy: A Collection of Essays by Converts to Orthodox Christianity*. Minneapolis: Light and Life, 1986.

Dudko, Dmitrii. *Our Hope*. Crestwood, N. Y: Saint Vladimir's Seminary Press, 1977.

Durasoff, Steve. *Pentecost behind the Iron Curtain*. Plainfield, N. J : Logos International, 1972.

___. *The Russian Protestants: Evangelicalis in the Soviet Union, 1944-1964*. Rutherford, N. J. : Fairleigh Dickinson University Press, 1969.

Devornik, Francis. *Byzantium and the Roman Primacy*. New York: Fordham University Press, 1966.

Ellis, Jane. *The Russian Orthodox Church: A Contemporary History*. Bloomington: Indiana University Press, 1986.

Evdokimov, Paul. The Art of the Icon: A Theology of Beauty. Torrance, Calif. : Oakwood, 1990.

___. *L'Orthodoxie*. Paris: Delachaux and Niestle, 1959

Fedotov, George P. *The Russian Religious Mind*. New York: Harper and Row, 1965. (2 vols. Cambridge, Mass.: Harvard University Press, 1946, 1966. Vol. 1, *Kievan Christianity: The Tenth to the Thirteenth Centuries*; Vol. 2, *The Middle Ages: The Thirteenth to the Fifteenth Centuries*.)

___. *A Treasury of Russian Spirituality*. 2 vols. Belmont, Mass. : Nordland, 1975.

Feuter, Paul. "Confessing Christ through the Liturgy: An Orthodox Challenge to Protestants." *International Review of Missions* 65 (1976): 123-28.

Fletcher, William C. *Religion and Soviet Foreign Policy, 1945-1970*. New York: Oxford University Press, 1973.

___. *The Russian Orthodox Church Underground, 1917-1970*. New York: Oxford University Press, 1971.

___. *Soviet Believers: The Religious Sector of the Population*. Lawrence, Kans.: Regents Press of Kansas, 1981.

___. *Soviet Charismatic*. New York: Peter Lang, 1985.

___. *A Study in Survival: The Church in Russia, 1927-1943*. New York: Macmillan, 1965.

Florensky, Pavel. *The Pillar and Ground of the Truth* (in Russian). Godstone. Eng. : Gregg, 1971.

Florovsky, George. *Collected Works*. 14 vols. Belmont, Mass.: Nordland, 1972-79 (vols. 1-5); Vaduz, Liech.: Bühervertriebsanstalt, 1987-89 (vols. 6-14). Vol. 1, Bible, Church, Tradition (1972); Vol. 2, *Christianity and Culture* (1974); Vol. 3, Creation and Redemption (1976): Vol. 4, Aspects of Church History (1975); Vols. 5-6, The Ways of Russian Theology (1979, 1987); Vol. 7, *Eastern Fathers of the Fourth Century* (1987); VoI. 8, Byzantine Fathers of the Fifth Century (1987); Vol. 9, Byzantine Fathers of the Sixth to Eighth Centuries (1987); Vol. 10, *Byzantine Ascetic and Spiritual Fathers* (1987); Vol. 11, *Theology and Literature* (1989);Vol. 12, Philosophy (1989); Vols. 13-14, *Ecumenism* (1989).

Fouyas, Methodios. *Orthodoxy, Roman Catholicism, and Anglicanism*. New York: Oxford University Press, 1972.

French, Reginald M. *The Eastern Orthodox Church*. New York: Hutchinson's University Library, 1951.

Gill, Joseph, and Edmund Flood. *The Orthodox: Their Relations with Rome*. London: Darton, Longman, and Todd, 1964.

Gillquist, Peter E. Becoming Orthodox: A Journey to the Ancient Christian Faith. Brentwood, Tenn. : Wolgemuth and Hyatt, 1989.

___. *Making America Orthodox. Ten Questions Most Asked of Orthodox Christians*. Brookline, Mass. : Holy Cross Orthodox, 1984.

___. ed. *Coming Home: Why Protestant Clergy Are Becoming Orthodox.*

Goricheva, Tatiana. *Talking about God Is Dangerous: The Daily of a Russian Dissident.* New York: Crossroad, 1987.

Greek Orthodox Theological Review 22. 1 (1977): 357-463; 27. 1 (1982): 2-82 (Orthodox Southern Baptist dialogues).

Hadjiantoniou, George. A. Protestant Patriarch: The Life of Cyril Lucaris. Richmond: John Knox, 1961.

Hebly, J. A. (Hans). *Protestants in Russia.* Grand Rapids: Eerdmans, 1976.

Hill, Kent R. *The Soviet Union on the Brink: An Inside Look at Christianity and Glasnost.* Portland: Multnomah, 1991.

___. *Turbulent Times for the Soviet Church.* Portland: Multnomah, 1991.

Hopko, Thomas. *All the Fullness of God: Essays on Orthodox, Ecumenism and Modern Society.* Crestwood, N.Y. : St. Vladimir's Seminary Press, 1982.

___. "Criteria of Truth in Orthodox Theology." *St. Vladimir's Theological Quarterly* 15. 3 (1971): 121-29.

___. *Lenten Spring: Readings for Great Lent.* Crestwood, N.Y.: St. Vladimir's Seminary Press, 1983.

___. *The Orthodox Faith.* 4 vols. Crestwood, N.Y.: St. Vladimir's Seminary Press, 1984.

___. *Winter Pascha: Readings for the Christmas-Epiphany Season.* Crestwood, N.Y.: ST. Vladimir's Seminary Press, 1984.

___. *Women and the Priesthood.* Crestwood, N.Y.: St. Vladimir's Seminary Press, 1983.

House, Francis. *Millennium of Faith: Christianity in Russia, 988-1988.* Crestwood, N.Y.: St. Vladimir's Seminary Press, 1988.

Hussey, Joan M. *The Orthodox Church in the Byzantine Empire.* New York: Oxford University Press, 1986.

Karmiris, John. *A Synopsis of the Dogmatic Theology of the Orthodox Catholic Church*. Scranton. Pa.: Christian Orthodox Edition, 1971.

Kline, George L. *Religious and Anti-Religious Thought in Russia*. Chicago: University of Chicago Press, 1968

Landmarks: A Collection of Essays on the Russian Intelligentsia, trans. Marian Schwartz (New York: Karz Howard, 1977).

Lane, Christel. *Christian Religion in the Soviet Union: A Sociological Study*. Winchester, Mass.: Allen and Unwin, 1978.

Lapeyrouse, Stephen L. *Towards the Spiritual Convergence of America and Russia*. Santa Cruz, Calif.: Stephen L. Lapeyrouse, 1990

Lossky, Vladimir. *In the Image and Likeness of God*. Crestwood, N.Y.: St. Vladimir's Seminary Press, 1974.

___. *The Mystical Theology of the Eastern Church*. Crestwood, N.Y.: St:. Vladimir's Seminary Press, 1974.

___. *Orthodox Theology: An Introduction*. Crestwood, N.Y.: St. Vladimir's Seminary Press, 1978.

___. *The vision of God*. Crestwood, N. Y. : St. Vladimir's Seminary Press, 1963.

Makrakis. Apostolos. *An Orthodox-Protestant Dialogue*. Chicago: Orthodox Christian Educational Society, 196.6

Maloney, George A. *A History of Orthodox Theology since 1453*. Belmont, Mass.: Nordland, 1976.

Mantzaridis, Georgios, I. *The Deification of Man*. Crestwood, N.Y.: St. Vladimir's Seminary Press, 1984.

Marshall. Richard H., Jr, ed. *Aspects of Religion in the Soviet Union, 1917-1967*. Chicago: University of Chicago, Press, 1971.

Medvedev, Roy A. *Let History Judge: The Origins and Consequences of Stalinism*. Rev. ed.

New York: Columbia University Press, 1989.

___. *On Stalin and Stalinism*. New York: Oxford University Press, 1979.

Meyendorff, John. *The Byzantine Legacy in the Orthodox Church*. Crestwood, N.Y.: St. Vladimir's Seminary Press, 1974.

___. *Byzantine Theology: Historical Trends and Doctrinal Themes*. New York: Fordham University Press, 1974.

___. *Byzantine and the Rise of Russia*. Crestwood, N. Y.: St. Vladimir's Seminary Press, 1989.

___. *Catholicity and the Church*. Crestwood, N.Y.: St. Vladimir's Seminary Press, 1983.

___. *Christ in Eastern Christian Thought*. Crestwood, N.Y.: St. Vladimir's Seminary Press, 1975.

___. *Imperial Unity and Christian Divisions*. Crestwood, N.Y.: St. Vladimir's Seminary Press, 1989.

___. *Living Tradition*. Crestwood, N.Y.: St. Vladimir's Seminary Press, 1978.

___. *The Orthodox Church*. Crestwood, N.Y.: St. Vladimir's Seminary Press, 1981.

___. *Orthodoxy and Catholicity*. New York: Sheed and Ward, 1966.

___. *St. Gregory Palamas and Orthodox Spirituality*. Crestwood, N.Y.: St. Vladimir's Seminary Press, 1974.

___. *The Vision of Unity*. Crestwood, N.Y. : St. Vladimir's Seminary Press, 1987.

___. ed. *The Primacy of Peter in the Orthodox Church*. Crestwood, N.Y.: St. Vladimir's Seminary Press, 1992

___, and Joseph McLelland, eds. *The New Man: An Orthodox and Reformed Dialogue*. New Brunswick, N.J.: Agora Books, 1973.

___, and Robert Tobias. *Salvation in Christ: A Lutheran-Orthodox Dialogue*. Minneapolis: Augsburg, 1992.

Nesdoly, Samuel J. *Among the Soviet Evangelicals*. Carlisle, Pa.: Banner of Truth, 1986.

New Valamo Consultation: The Ecumenical Nature of Orthodox Witness. Geneva: World Council of Churches, 1978.

Nichols, Robert L., and Theofanis G. Stavrou. *Russian Orthodoxy under the Old Regime*. Minneapolis: University of Minneapolis Press, 1978.

Niesel. Wilhelm. *Reformed Symbolics: A Comparison of Catholicism, Orthodoxy, and Protestantism*. London: Oliver and Boyd, 1962.

Nissiotis, Nikos. "The Unity of Scripture and Tradition." *Greek Orthodox Theological Review* 11. 2(Winter l965-66): 183-208.

O'Callaghan, Paul. *An Eastern Orthodox Response to Evangelical Claims*. Minneapolis: Light and Life, 1984.

Oden, Thomas. *Two Worlds: Notes on the Death of Modernity in America and Russia*. Downers Grove, III. : Inter-Varsity, 1992.

The Orthodox Church and the Churches of the Reformation: A Survey of Orthodox-Protestant Dialogue. Faith and Order paper 76. Geneva: World Council of Churches, 1975.

The Orthodox Church in the Ecumenical Movement: Documents and Statements, 1902-1975. Edited by Constantin G. Patelos. Geneva: World Council of Churches, 1978.

Orthodox Study Bible. Nashville: Thomas Nelson, n.d.

Ouspensky, Leonid. *Theology of the Icon*. Crestwood, N. Y. : Saint Vladimir's Seminary Press, 1978. (2 vols. Crestwood, N. Y. : St. Vladimir's Seminary Press, 1991.)

___, and Vladimir Lossky. *The Meaning of Icons*. Rev. ed. Crestwood, N.Y.: St. Vladimir's Seminary Press, 1982.

Pain, James, and Nicolas Zemov, eds. *A Bulgakov Anthology*. Philadelphia:

Westminster. 1976.

Paraskevas, John E., and Frederick Reinstein. *The Eastern Orthodox Church: A Brief History*. Washington, D.C.: El Greco, 1969.

Parsons, Howard L. *Christianity Today in the U.S.S.R*. New York: International Publishers, 1987

Paul of Finland, Archbishop. *The Faith We Hold*. Crestwood, N.Y.: St. Vladimir's Seminary Press, 1980.

Pelikan, Jaroslav. "Fundamentalism and/or Orthodoxy." In *The Fundamentalist Phenomenon*, edited by Norman J. Cohen, 3-21. Grand Rapids: Eerdmans, 1990.

___. *Imago Dei: The Byzantine Apologia for Icons*. Princeton: Princeton University Press. 1990.

___. *The Spirit Of Eastern Christendom (600-1700)*. Chicago: University of Chicago, Press, 1974.

Petro, Nicolai N., ed. *Christianity and Russian Culture in Soviet Society*. Boulder, Colo.: Westview, 1990.

Philokalia. Translated and edited by G. E. W. Palmer, Philip Sherrard, and Kalllistos Ware. 3 vols. London: Faber and Faber, 1979-90.

Pollock, John C. *The Faith of Russian Evangelicals*. New York: McGraw-Hill, 1964.

___. *The Siberian Seven*. Waco: Word, 1979

Pomazansky, Michael. *Orthodox Dogmatic Theology: A Concise Exposition*. Platina, Calif.: St. Herman of Alaska Brotherhood, 1983.

Pospielovsky, Dimitry V. *A History of Marxist-Leninist Atheism and Soviet Antireligious Policies*. 3 vols. New York: St. Martin's, 1987-88

___. *The Russian Church under the Soviet Regime 1917-1982*. 2 vols. Crestwood, N.Y.: St. Vladimir's Seminary Press, 1984.

Powell, David E. *Antireligious Propaganda in the Soviet Union*. Cambridge, Mass.: MIT Press, 1975.

Pushkarev, Sergei, and Gleb Yakunin. *Christianity and Government in Russia and the Soviet Union: Reflections on the Millennium*. Boulder, Cole.: Westview, 1989.

Quenot, Michel. *The Icon: Window on the Kingdom*. Crestwood, N.Y.: St. Vladimir's Seminary Press, 1991.

Rametr, Pedro. *Cross and Commissar: The Politics of Religion in Eastern Europe and the U.S.S.R.* Bloomington: Indiana University Press, 1987.

Sahas, Daniel J. *Icon and Logos: Sources in Eighth-Century Iconoclasm*. Toronto: University of Toronto Press, 1986.

Sawatsky, Walter. *Soviet Evangelicals since World War II*. Scottdale, Pa.: Herald, 1981.

Schaeffer, Frank. *Dancing Alone: The Quest for Orthodox Faith in the Age of False Religions*. Brookline, Mass.: Holy Cross Orthodox, 1993.

Scheffbuch, Winrich. *Christians under the Hammer and Sickle*. Grand Rapids: Zondervan, 1974.

Schmemann, Alexander. *Church, World, Mission: Reflections on Orthodoxy in the West*. Crestwood, N.Y.: St. Vladimir's Seminary Press, 1979.

___. *The Eucharist: The Sacrament of the Kingdom*. Crestwood, N.Y.: St. Vladimir's Seminary Press, 1988.

___. *For the Life of the World: Sacraments and Orthodoxy*. Crestwood, N.Y.: St. Vladimir's Seminary Press, 1973.

___. *The Historical Road of Eastern Orthodoxy*. Crestwood, N.Y. : St. Vladimir's Seminary Press, 1977.

___. *Introduction to Liturgical Theology*. Crestwood, N.Y.: St. Vladimirs Seminary Press, 1986.

___. *Of Water and the Spirit: A Liturgical Study of Baptism*. Crestwood, N.Y.: St.

Vladimir's Seminary Press, 1974.

___. "Russian Theology. 1922-1972." *St. Vladimir's Theological Quarterly* 16.4 (1972): 172-94.

___. "Towards a Theology of Councils." *St. Vladimir's Theological Quarterly* 6.4 (1962): 170-84

___. ed. Ultimate Questions: An Anthology of Modern Russian Religious Thought. Crestwood, N.Y: St. Vladimir's Seminary Press, 1977.

Schneirla, William. "Orthodoxy and Ecumenism." *St. Vladimir's Theological Quarterly* 12.2 (1968): 86-88.

Sherrard, Philip. *The Greek East and the Latin West*. New York: Oxford University Press, 1959.

Solovyev, Vladimir. *Lectures on Godmanhood*. New York: Hilary, 1948.

___. *Russia and the Universal Church*. London: N.p., 1948.

___. *A Solovyev Anthology*. Edited by S. L. Frank. Westport, Conn.: Greenwood, 1974.

Solzhenitsyn, Alexander, ed. *From under the Rubble*. Chicago: Regnery Gateway, 1981.

Spinka, Matthew. *The Church and the Russian Revolution*. New York: Macmillan, 1927.

___. *The Church in Soviet Russia*. Westport, Conn.: Greenwood, 1980.

Stamoolis, James 1. *Eastern Orthodox Mission Theology Today*. Maryknoll, N.Y.: Orbis, 1986.

Staniloae, Dumitru. *Theology and the Church*. Crestwood, N.Y.: St. Vladimir's Seminary Press, 1980

Stavropoulos, Christoforos. *Partakers of Divine Nature*. Minneapolis: Light and Life, 1976.

Stroyen, William B. *Communist Russia and the Russian Orthodox Church, 1943-1962*. Washington, D.C.: Catholic University of America Press, 1967.

Struve, Nikita. *Christians in Contemporary Russia*. New York: Scribner, 1967.

Szczesniak, Boleslaw, ed. *The Russian Revolution and Religion: A Collection of Documents concerning the Suppression of Religion by the Communists, 1917-1925*. Notre Dame: University of Notre Dame Press, 1919.

Tarasar, Constance, ed. *Orthodox America, 1794-1976: Development of the Orthodox Church in America*. Syosset, N.Y.: Orthodox Church in America, 1975.

Theological Dialogue between Orthodox and Reformed Churches. Edited by Thomas E. Torrance. Edinburgh: Scottish Academic Press, 1985.

Thrower, James. *Marxist-leninist 'Scientific Atheism' and the Study of Religion and Atheism in the U.S.S.R.* Hawthorne, N. Y: Mouton, 1983.

Ugolnik, Anthony. *The Illuminating Icon*. Grand Rapids: Eerdmans, 1989.

___. "The Orthodox Church and Contemporary Politics in the USSR." Unpublished paper, 1991.

Ware, Timothy. *The Orthodox Church*. Baltimore: Penguin, 1964.

___. *The Orthodox Way*. Crestwood, N.Y.: St. Vladimir's Seminary Press, 1990

Yancey, Phil. *Praying with the KCB: A Startling Report from a Shattered Empire*. Portland: Multnomah, 1992.

Zermov, Nicolas. *Eastern Christendom: A Study of the Origin and Development of the Eastern Orthodox Church*. New York: Putnam, 1961.

___. *Moscow, the Third Rome*. New York: Macmillan, 1937.

___. *The Russian Religious Renaissance of the Twentieth Century*. New York: Harper, 1961.

___. *The Russians and Their Church*. Crestwood, N.Y.: St. Vladimir's Seminary Press, 1978.

색인

ㄱ

가이사랴의 유세비우스 142
가톨릭 20
가톨릭 주의 52
갈레리우스 56, 257
감각의 성화 270
개신교 20
개신교와 정교회 217, 245, 247, 254, 267, 268
개신교와 정교회간의 차이점 171
게르마누스 146
게르마누스 1세 144
게오르기 코체토프 246
게오리기 에델스타인 249
경건한 소원 266
계시의 원천 167
고교회 34, 255
고든 워커 16
고백록 131
고백자 막시무스 61, 91, 93, 99, 105, 106, 199, 221, 227
고트프리드 빌헬름 라이프니츠 80
관상(theoria) 264
교리와 믿음(lex credendi) 194
교황무오설 186, 249, 272
교황 수위권 7, 68, 169, 171
교황의 무오성 173
교황제 34, 52, 172, 173, 174, 182
교회의 일치 15, 32, 36, 65, 255, 278
구스타프 아울렌 185
금욕자 마크 219
기독교 강요 213

ㄴ

나지안주스의 그레고리 54, 58, 59, 99, 104, 118, 208, 223

니쯔니 노보고로드 23
니케타스 스테타토스 110
니케포루스 114
니케포루스 1세 146
니콜라스 모토빌로프 224
닛사의 그레고리 58, 94, 95, 98, 99, 104, 118, 223, 235

ㄷ

다마스커스의 요한 27, 54, 61, 88, 106, 118, 124, 129, 142~147, 192, 214, 223, 228, 234, 238, 263, 270
대 레오 172
대 바실 54, 58, 103, 118, 203, 232, 269
도널드 블뢰쉬 40, 83
도널드 토르센 266
동방교회에 대한 무지 23
동일 본질(homoousios) 57
두 종류의 의 213

ㄹ

레렝의 빈센트 27, 190, 196, 197, 254, 259, 273
레오나드 오우스펜스키 157

레프 쉐스토프 84

ㅁ

마르시온의 영지주의 56
마틴 루터 213
마틴 셈니즈 166
무한한 하나님 지식 267
민족주의 262
민족주의와 종족주의 36

ㅂ

바실 크리보케인 111, 112, 113
베드로의 수위권 173, 174, 176
보리스 옐친 30, 75, 249
보편성 197
불완전한 하나님 지식 267
붉은 줄 위의 꼭두각시 36
붉은 학살 35
브래들리 나시프 28, 245
블레이즈 파스칼 205
비밀 가톨릭교도 168

ㅅ

성 블라디미르 정교회 17

성 블라디미르 정교회 신학교 38	153, 194, 203, 210, 216, 226
성상옹호론자들 144, 154, 155, 156, 157, 162, 166	아토스의 니코데모스 200, 207, 237
성상파괴론자들 139, 146, 149, 150, 152, 154, 155, 156, 158, 161, 163	아포파틱 92, 114, 116, 119, 226
성 소피아 교회 23, 62, 66, 69, 123, 130, 142	안셀름 212
세계 교회 협의회 36	알렉산더 쉐메만 38, 39, 40, 41, 45, 231
슐라이허르마허 206	알렉산드리아의 클레멘트 54
시리아인 에프렘 225, 226	알렉세이 코미아코프 22, 52, 84, 133, 168
시민신학 35	
신교자유 칙서 56	앤소니 스코트 15
신 신학자 시므온 91, 92, 107, 114, 221, 233, 245, 264	앤소니 우골리닉 35, 81, 128
	앤소니 우글리닉 42
신신학자 시므온 95, 253	야로슬라브 펠리칸 20, 114, 157, 158, 200, 215
신앙의 규범 259	
신은 왜 인간으로 태어났는가 212	어거스틴주의적 법적 개념 212
신학(theologia) 264	에른스트 벤츠 21, 211
심신상관적 기도 방법 116	에밀 부룬너 266
십자가의 신학 258	에베소 공의회 34, 59, 198
◎	에스카톤 43
	에토스 20
아디아포라 259	연도 219
아타나시우스 54, 57, 58, 60,	예배와 기도 194

예배 혹은 경배	50	제2차 바티칸 공의회	54, 173
예브게니 그루세츠키	249	제임스 스타물리스	19, 40, 169, 214
오리겐	54, 56, 141, 176, 194, 222, 251	조에	17, 245
오리겐의 『순교에의 권고』	257	조지 타바드	167, 181
요한 크리소스톰	60, 61, 62, 103, 165, 176, 195, 220, 231	존과 테오도르	147, 149, 150, 152, 153, 157
위-디오니시우스	105	존 메엔도르프	39, 90, 168, 212
윌 헤르베그	20		
유노미우스를 반박함	58	존 모리스	15
유사 본질	57	존 칼빈의 『기독교 강요』	180
유세비우스	56, 58, 155, 157, 159	종족주의	35, 36, 262
		ㅋ	
유티케스	198	카네기 캘라이언	42, 43, 45
이반	32, 64, 65, 75, 86	카파도키아 교부	58, 176
이집트인 마카리우스	100, 220, 227, 245	카파도키아 교부들	222
		칼 바르트	15, 88, 206, 250, 267
성화벽	23	칼케돈 공의회	34, 53, 55, 59, 60, 162, 172
에큐메니칼 공의회	200		
		칼케돈 공의회의 법령	177
ㅈ		케노스	18
장로 일리아스	220	켈수스	56
저교회	34, 255	코미아코프	24, 25, 34, 38, 40, 52, 85
정교회와 개신교 간의 관계	36		
정교회와 유대교간의 관계	36		

콘스탄티나	155, 159	폴 니터	250
콘스탄티노플 공의회	53, 58, 59, 199, 262	프랜시스 쉐퍼	15
		프랭크 쉐퍼	15
크리소스톰	54	피우스 9세	173
클레르보의 베르나르	215	피터 길퀴스트	16, 17, 18, 28, 47, 48, 49, 243
키프로스의 레온티우스	154	필로칼리아	236, 237, 238, 264

ㅌ

테오도투스 1세	146
토머스 돌리스	51
토머스 둘리스	19, 126
톰 워커	15

ㅍ

파나기오테스 크레스투	232
팔라마스의 그레고리	6, 107, 109, 116

필리오케	52, 67, 68, 69, 171
필립 스펜서	266

ㅎ

하이코 오버만	167, 178
핵심적인	109
혐오주의	25, 32

색인 299